信息化条件下
特大城市
犯罪治理研究

金泽刚　李　勃◎著

上海人民出版社

目录 C O N T E N T S

序 言

　　站在历史的肩膀上远眺,这是一个日新月异的时代。互联网的发展、信息科技的创新,以一种神奇的力量改变了人们的生产生活方式。但随之而来,犯罪同样在改变,而治理犯罪之道当然也应该改变,其中,信息化治理就成为犯罪治理研究的重中之重,本书的研究方向正是在这个信息化日趋发达的新时代背景下作出的选择。

一、研究设想与主要目标

　　犯罪治理是一个没有国界的共性议题。随着信息化时代的到来,美国是最早将信息化技术引入城市犯罪治理实践的国家。无论是20世纪90年代初,Compstat治安信息管理系统在纽约的实际运用,还是2010年后洛杉矶警察局将犯罪历史数据与现代数学复杂算法相结合,依托数学模型预测犯罪热点,数据和信息越来越成为美国城市犯罪防控决策的基础。伴随丰富的犯罪信息化治理实践,国外城市犯罪研究在近二十年有了显著成果,尤其是在城市犯罪刑事政策研究、城市防卫空间研究,以及基于空间、社会、人口等大数据城市犯罪预测等领域都取得了进步。在21世纪初期,国外犯罪信息化治理在犯罪风险分析、热点探测、防控布局优化、预警预测等方面都为我们提供了可资借鉴的经验。

在我国,2015 年 4 月中共中央办公厅、国务院办公厅印发的《关于加强社会治安防控体系建设的意见》将"以信息化为引领"明确为加强治安防控工作的指导思想。在信息化时代,"用数据说话"已成为认知世界的一种重要方法,基于犯罪数据分析、运用信息化技术创新社会治安防控体系正当其时。国内学者对于城市犯罪治理的比较研究、社会治安防控的基础理论研究,以及城市犯罪的技术防控研究等都进行了非常深入的探讨。

然而,我国城市犯罪治理的信息化水平总体上还较为有限,国内研究对特大城市的城市空间、人口、社会结构,以及管理者的法治思维等因素关注不足,加上犯罪大数据分析和人工智能的运用刚刚起步,在犯罪治理领域如何依托互联网、大数据、人工智能等技术,探索具有中国特色的犯罪信息化治理路径,形成带有普遍指导性意义的理论成果,就成为本书研究的问题。

具体而言,本书立足"互联网 + 犯罪治理"这一视角,系统阐述特大城市犯罪治理的现代化转型问题,探讨基于"互联网 + 物联网 + 人联网"融合的犯罪信息化治理策略,结合城市网格化管理模式,以信息化技术为支撑,整合传统意义上的"人防""物防""技防"机制,从探寻特大城市犯罪治理的多重困境出发,思索信息化条件下特大城市犯罪治理的新型路径,注重厘清犯罪治理信息化的法律边界,并在立法和司法上加以前瞻,提出针对特大城市犯罪进行信息化预测的种种思路,最后以非法集资类犯罪和交通类犯罪为例,对犯罪治理信息化进行具体分析、阐述。

二、研究背景与逻辑进路

信息化条件下的犯罪治理就是将信息化技术科学地运用于犯罪治理的全过程,信息化条件下的犯罪治理也可被称为犯罪治理信息化。从实然角度来看,信息化条件下的犯罪治理依赖于整个社会层面的治理,但从应然角度来看,信息化条件下的犯罪治理是社会治理不可或缺的重要组成部分。

东汉文字学家许慎曾说过:"城,所以盛民也。"美国现代哲学家刘易斯·芒福德亦断言："城市是一种特殊的构造,这种构造致密而紧凑,专门用来流传人类文明的成果。"还有人打比方说,城市是躯干,人便是在躯干中奔流不息的血液。说到底,民乃城之本,城市是人民的城市,人民是城市的主人,也是城市的灵魂。社会、环境、个人等多种因素相互作用,城市的发展繁荣也伴随着犯罪的滋生、存在和发展不断变化。如何治理城市犯罪是国家治理和社会治理不可忽视的重要问题,对该课题的研究无疑具有重大现实意义。

改革开放以来,随着城市快速发展,我国涌现了一批人口规模巨大的城市。2014 年 10 月国务院印发《关于调整城市规模划分标准的通知》,对原有城市规模划分标准进行了调整,明确了新的城市规模划分标准以城区常住人口为统计口径,将城市分为五类七档。其中,认定城区常住人口 500 万以上 1 000 万以下的城市为特大城市;城区常住人口 1 000 万以上的城市为超大城市。根据住房和城乡建设部于 2023 年 10 月公布的《2022 年城市建设统计年鉴》,全国共有超大城市 10 个,特大城市 13 个,其中,我国超大城市包括上海、北京、深圳、重庆、广州、成都、天津、东莞、武汉、杭州;特大城市包括西安、佛山、南京、沈阳、青岛、济南、长沙、哈尔滨、郑州、昆明、大连、苏州、合肥。这意味着我国特大及以上城市(以下统称"特大城市")已达到一定数量。

以人口数量为基础,特大城市空间规划、经济能级、政治地位以及文化内核等因素都赋予特大城市研究成果以特殊价值,其中最具代表性的因素是城市 GDP。从国际上看,人均 GDP 突破 2 万美元,就意味着跻身发达经济体俱乐部。[①]据统计,北京市 2023 年全年实现地区生产总值 43 760.7 亿元人民币,按常住人口计算,全市人均地区生产总值为 20.0 万元人民币。[②]

[①] 世界银行 2018 年数据显示,美国人均 GDP 为 62 794.6 美元,韩国为 31 362.8 美元,日本为 39 290.0 美元,中国澳门为 87 208.5 美元,中国香港为 48 675.6 美元,摩纳哥则高达 185 741.3 美元。根据国际货币基金组织的数据,截至 2024 年 9 月 1 日,卢森堡人均 GDP 达到 143 740 美元,中国澳门紧跟其后,约为 134 140 美元,爱尔兰为 133 900 美元,新加坡为 133 740 美元,美国则为 85 370 美元。

[②] 参见《北京市 2023 年国民经济和社会发展统计公报》。

这意味着北京的人均 GDP 达到了发达国家水平。从 2023 年的数据看，中国有 31 座城市跨过了这一门槛。排在前十的分别是鄂尔多斯、克拉玛依、无锡、北京、榆林、深圳、苏州、上海、常州、无锡、南京。①这些城市是中国经济发展的先进者，也是城市社会治理的先行者。同样地，它们在犯罪治理方面的探索也走在前列。因为犯罪治理是社会治理的重要环节和组成部分。在这里，李斯特的那句名言"最好的社会政策就是最好的刑事政策"或许是最好的注脚。可以说，本书的研究恰逢我国城市发展的强盛时期，这也增加了研究的意义。

与此同时，学者们也注意到特大城市发展的风险防控问题，这无疑与刑法中的风险社会理论暗合，与犯罪治理关联密切。例如吴晓林在《特大城市风险防控的"属地责任"与空间治理——基于空间脆弱性视角的分析》一文中就曾表述过："在 2020 年，21 座特大城市的建成区面积为 17 279.52 平方公里，占全国国土面积的 0.18%，城区人口占全国人口的 14.4%，占全国城镇人口的 22.5%，GDP 总额达到 333 535.71 亿元，占全国 GDP 的 32.9%。"②虽然特大城市所占国土面积不大，但是人口数量、经济总量都占据极重要地位，更何况特大城市在创新能力、政策试行、文化因素等方面的战略价值，让我们不能忽视其所产生的问题，并积极探索该如何解决。尤其在当前风险社会时代，越来越多的因素都在诱导着这种风险实际"兑现"。这里所言"风险"显然包括犯罪及犯罪所带来的风险。

总而言之，一方面，近些年科学技术突飞猛进，极大促进了经济的发展，城市越来越发达；另一方面，城市经济发展也带来了各种风险，尤其是违法犯罪滋生的问题。继工业化后信息化科技革命时代的到来，传统犯罪形态发生变化，更伴随着新的犯罪类型不断产生。在新的社会情势背景下，特大

---

① 参见《2023 年人均 GDP 超 2 万美元城市最新公布：杭州超广州，榆林第 5》，搜狐网，https://www.sohu.com/a/756942627_121612813，2024 年 10 月 16 日。

② 吴晓林：《特大城市风险防控的"属地责任"与空间治理——基于空间脆弱性视角的分析》，载《学海》2021 年第 5 期。

城市的风险防控尤其是犯罪治理问题亟待重新审视。近几年来,特大城市社会治理以开展"智慧化"建设为显著特色,这也为城市犯罪治理提供了新的契机。

随着《"十四五"数字经济发展规划》等国家政策性文件的发布,数字经济、数字社会、数字政府、数字生态日渐成为特大城市建设的愿景目标。智慧司法、数字法治、数字公民等治理新元素亦应运而生。特大城市社会治理更有条件形成全覆盖、网格化、安全共享、敏捷高效的数字化治理体系。进入数字时代后,万物数字化、一切在线化深刻地改变了人们的生活方式与行为方式,以至于每个自然人又是一个"数字人"和"信息体",身体也随之成为"人联网"的一个技术平台。数智治理的平台化态势,更是通过一网通办、一网统管、一网协同等方式,把人、事、物变成网格化管理的一个个运行节点。[1]上海是较早探索智慧城市建设的特大城市。上海的网格化城市管理由过去的网格员巡查,发展到现在通过传感器发现问题、预判预警问题,通过人工智能给出精确解决问题的建议。人工智能帮助形成风险地图,建立预警机制,督促及时响应和处置,但同时还需要"管理智慧"。城市的管理者要以人为本,借助技术手段将不被关注的细节、问题及时辨识、及时预警。城市管理智慧化就是要用智慧的手段、方法、路径去精准施策、科学施策。[2]2020年4月13日上海举行"一网通办""一网统管"工作推进会,标志着上海城市运行"一网统管"进入全面建设阶段,智慧城市治理再上新台阶。作为上海城市大脑的重要组成部分,城运系统充分利用智慧公安建设成果和大数据、云计算、物联网、人工智能等先进技术,创造性地推出了一套较为完整的城市运行体征指标体系。这套系统汇聚了100多个数据项,包括1495万个城市部件、2.68万公里地下管线、1.4万多个住宅小区、3000多处历史保护建筑和实时的城管执法车辆、网格巡逻人员数据。通过地图汇聚的方式,

---

[1] 马长山:《数智治理的法治悖论》,载《东方法学》2022年第4期。

[2] 孙建平等:《如何筑牢城市的安全底线》,文汇网,https://wenhui.whb.cn/zhuzhanapp/xueren/20200630/357668.html,2020年6月30日。

在市、区、街镇三级平台上实现了可视化、便捷化、标准化的共享和交互,在一个端口上实现城市治理要素、对象、过程、结果等各类信息的全息全景呈现。"一网统管"的"管",是在保持各部门原有业务系统、工作格局基本架构的同时,通过技术与管理上的深度融合,实现资源聚合、力量融合。"一网统管"不仅在功能上要实现"观"和"管",还要实现对风险预警研判、快速响应的"防"和"救"。"一网统管"推动城市治理从数字化、智能化到智慧化,实现超大城市的精细化治理。①2019年1月,据第三方零点公司调查,2018年度上海公众安全感指数和对公安工作满意度指数连续六年实现"双提升",创历史新高。②上海市公众安全感明显增强,无疑受益于智慧城市建设,在某种程度上也体现出犯罪治理信息化初见成效。

北京在城市治理方面近年也采取了一系列改革举措,比如管理重心下移、激发基层社会的活力、构建扁平化治理体系的"街乡吹哨,部门报到"的改革方案。城市,虽是"陌生人"空间,但最终需要在城市空间中重建共同体(社区),这就要求基层职能部门越"强壮"越好,形成民众有诉求,基层政府就能解决的良性局面。因此,街道办等基层部门"下沉"到街巷,深入到街头巷尾,熟悉社情民意,倾听民声,通过职能部门甚至跨部门合作,解决社区中的疑难杂症。把可能发生的犯罪风险化解在萌芽状态,这应是"街乡吹哨,部门报到"改革方案的要义所在。

2017年起天津市以谋划工业互联网发展、促进智慧城市建设、培育壮大大数据产业为目标,通过世界智能大会平台引进相关龙头企业,布局新型基础设施建设,稳步推进天津传统基础设施的"数字+""智能+"升级。"津治通"就是天津市打造的市、区、街道(乡镇)、社区(村)四级一体化社会治理

---

① 任鹏:《上海探索超大城市精细化管理新途径》,载《光明日报》2020年4月16日。

② 2018年,上海公安机关以首届进博会安保工作为主线,以智慧公安建设为引擎,高标准、高质量完成了各项安全保卫任务,确保了社会治安持续稳定。全市公安机关深入推进"严扫净保"专项行动,全市报警类110警情、违法犯罪案件接报数同比分别下降18.2%、20.8%,连续四年保持命案全破,火灾起数、道路交通事故数同比分别下降10.7%、11.6%。参见《上海公众安全感指数创新高 连续六年实现双提升》,载《文汇报》2019年1月7日。

信息化平台,已实现全市域贯通应用。随着数字经济加快发展,天津积极谋划大数据发展,成立天津市大数据管理中心,推动数字天津和智慧社会建设。近年来,天津市相继出台了《天津市大数据发展规划(2019—2022年)》《天津市促进数字经济发展行动方案(2019—2023年)》《天津市全面深化大数据发展应用行动方案(2020—2022年)》《天津市公共数据资源开放管理暂行办法》《天津市促进大数据发展应用条例》等政策文件,为进一步加快构建天津大数据发展应用新格局,培育数据驱动、人机协同、跨界融合、共创分享的智能经济形态提供了行动指南,极大助力了人工智能先锋城市建设。

正是在全国智慧城市建设的基础上,国家层面也提出了推进智慧社区建设的指导意见。2022年5月,民政部、中央政法委、中央网信办、发展改革委、工业和信息化部、公安部、财政部、住房和城乡建设部、农业农村部等九部门印发《关于深入推进智慧社区建设的意见》。该意见提出,"到2025年,基本构建起网格化管理、精细化服务、信息化支撑、开放共享的智慧社区服务平台,初步打造成智慧共享、和睦共治的新型数字社区,社区治理和服务智能化水平显著提高,更好感知社会态势、畅通沟通渠道、辅助决策施政、方便群众办事"。无论是构建智慧社区服务平台和新型数字社区,还是提高社区治理和服务智能化水平,都应该包含着对各类风险的研判,包括对违法犯罪的惩治和预防,而这些都离不开网格化管理以及信息化支撑,所以在统一编制智慧社区建设规划过程中,要增加犯罪信息化治理的内容,健全民情反馈与应急响应机制,实行统筹规划综合施策,特大城市无疑更有条件深入探索。

近年来,一些特大城市在智慧化建设过程中逐步增强了犯罪治理的信息化举措,其典型表现就是"AI+社会治安防控",以"雪亮工程"建设作为提升社会治安治理智能化的龙头工程,实现公共安全视频监控的规模化、集约化、共享化,形成立体化的社会治安防控体系。在理论上,"雪亮工程"运用了"灯下黑"的犯罪学原理,是党和政府坚持群众路线这一根本工作路线的新时代体现。它是指以基层(县、乡、村三级)综治中心为指挥平台、以综治信息化为支撑、以网格化管理为基础、以公共安全视频监控联网应用为重点的"群众性治安防控工程"①。其将安全防范的措施延伸到群众身边,发动社会力量并鼓励广大群众共同参与。通过"AI+雪亮工程"建立综合的信息共享应用管理平台,对各类重要视频监控、社会资源进行整合、接入和管理,高效地实现了社会治安防控和应急指挥视频图像资源的一体化调用和共享。同时对辖区内的报警联网资源及社会报警监控资源统一控制和管理,利用人工智能技术分析甄别,实现犯罪预防的"实体防护+态势侦控",进而达到治安防控"全域覆盖、全网共享、全时可用、全程可控"。有的城市还构建起智慧政法平台,推进大数据跨部门办案平台建设,强化政法部门之间的协调联动、数据集成、数据融通和数据应用,实现信息化手段贯穿执法办案和日常勤务全过程。还有城市针对道路交通新形势、新问题,推进智慧交管项目建设,依托车型识别、秒级感应等新型技术手段,实现自动配时,优化交通组织,监控通行车速,提高路口通行效率,实现安全与效率的统一。

总之,城市发展与风险防控并存,而风险防控中最突出的问题就是犯罪治理。特大城市犯罪治理体系需要在政府管理、经济发展、社会环境和公民权益保护等要素之间进行调整与优化,尽量把致罪因素和违法犯罪苗头控制在萌芽状态,对已然发生的犯罪及时侦破并加以惩治。一方面,我们认同犯罪信息化治理需要依托社会治理和智慧城市建设的大背景;另一方面,犯罪治理信息化除了要正确处理科技与法治的关系外,还要把握犯罪自身的发展规律,遵循国家的政策法律,形成独立而有效的治理体系。

三、研究内容和主要特色

本书着眼特大城市的犯罪治理,其一,特大城市都是经济较为发达的地区,社会信息化水平较高,运用信息化手段治理犯罪的水平也较高。其二,

---

① 王明峰:《"雪亮工程"保平安》,载《人民日报》2017 年 6 月 14 日。

特大城市一般也是新型犯罪的前沿地区,而且犯罪活动的信息化程度更高,研究的价值更大。其三,在举例说明或者列举实证材料时,可能也包括非特大城市的事例或资料,但用它们来说明问题并不违背犯罪治理的基本原理,与"特大城市"的主题没有冲突。

在具体研究过程中,本书基本遵循了原有的研究进路,也作了不少修正和强化。原来的总体框架是从特大城市犯罪治理中的突出问题和信息化治理困境出发,提出"互联网 + 物联网 + 人联网"三网融合背景下的犯罪治理转向,包括治理模式、治理重心、治理主体以及治理的决策支持转向等,在此基础上,再论述特大城市犯罪治理信息化的专题,包括智慧治理、综合治理、空间治理、源头治理等,最后是信息化治理的法律边界及其保障机制,包括信息化治理的顶层制度设计等。完成后的内容由七个部分构成,前五部分基本上是在上述理论框架基础上进行研究,略有修正和发展,而后两部分完全是新增内容,是将前述的信息化治理理论运用于实践,对两种常见的犯罪类型及其治理展开的具体研究。

本书第一部分研究的是特大城市犯罪治理的问题与困境,主要是城市结构脆弱与基层治理薄弱,犯罪态势高位徘徊与社会问题相互交织,城市治理与犯罪治理策略同质化严重,进而提出犯罪治理信息化的困局待破。第二部分研究特大城市犯罪治理信息化的思路转型,这一部分先界定信息、信息化社会治理与犯罪治理信息化的概念,探讨信息化影响犯罪治理的域外经验与发展趋势,分析我国信息化条件下犯罪治理存在的问题与障碍,论述特大城市犯罪治理的信息化转型重点,包括(1)"互联网 + 物联网 + 人联网"融合成为必然趋势;(2)从平面到立体的犯罪治理模式转向;(3)从事后打击到"预测预警预防"的治理重心转向;(4)从国家专属到社会共同参与的治理主体转向;(5)从经验式反应到智慧治理的决策治理机制转向。第三部分研究特大城市犯罪治理信息化的路径展开,包括(1)智慧治理:以人工智能及大数据分析为例;(2)空间治理:基于地理信息系统的犯罪热点应对;(3)综合治理:传统策略与新信息技术的有机融合;(4)源头治理:从外来流动人口和社会支持体系切入;(5)国际合作治理:从海外追逃看犯罪治理的国际合作。第四部分是特大城市犯罪治理信息化的法律边界,该部分研究社会治理信息化的限度、信息化治理与防止技术滥用以及信息化治理的顶层制度设计,在此基础上,重点对犯罪治理信息化的刑事立法及司法进行了前瞻性思考。第五部分则研究特大城市犯罪治理之信息化预测,该部分在论述犯罪预测的意蕴和存在的难题的基础上,借鉴域外信息化犯罪预测系统的实践与经验,着力探寻我国特大城市信息化犯罪预测的对策,具体包括应然层面的理论对策与实然层面的预测实践。

其后则是对两类具体犯罪的信息化治理进行研究。第六部分研究交通犯罪及其治理,这一部分先论述交通犯罪的范围界定与立法沿革,以及交通犯罪的类型表现与原因分析,在此基础上,重点研究交通犯罪的信息化治理问题,不仅从总体上探讨了交通犯罪信息化治理的各种措施,而且特别研究了网约车引发的犯罪问题及其治理,以及无人驾驶引发的犯罪问题及其治理。第七部分研究非法集资类犯罪及其治理。这一部分系统探讨了非法集资类犯罪的定义、具体表现、成因、现行治理措施、存在的问题和治理对策。首先,界定了非法集资类犯罪的概念,指出其非法性、利诱性、公众性三大特征,并列举了多种表现形式。其次,分析了非法集资类犯罪的成因,包括社会背景、政策异化、宣传诱导等多方面因素。再次,介绍了行政监管与综合治理、刑事司法规制等治理措施,并指出了当前治理存在的问题,如行政监管的被动与滞后、刑事规制手段的越位与异化等。最后,提出了一系列治理对策,包括贯彻落实《防范和处置非法集资条例》、对重点领域进行"穿透式"监管和打击、实现行政监管与刑事处罚的有效衔接,以及促进科技监管与加强信息化防范手段等,旨在构建更加完善的非法集资防范和处置体系。

从以上内容可以看出,本书的研究从特大城市犯罪治理存在的问题出发,经由分析问题到解决问题的思路,坚持信息化治理这条主线,从宏观到微观,由理论及实践深入论证了特大城市犯罪治理信息化面临的困境和解

决的路径,整体而言具有以下三个方面的特色:

其一,倡导从治罪到治理的犯罪信息化治理新理念。在犯罪结构出现轻罪为主的变化后,信息化治理应该紧跟这个特点,基于轻罪与重罪存在的差异,对轻罪着力实现罪前预防,对重罪则要强调罪后之治(破案和处罚)。信息化治理对于轻罪更有效,所以更要加以重视,即提倡重罪当重治、轻罪需重防。从治罪到治理,信息化尤其是数字化、智能化为此提供了良好的技术工具。科技也是一把双刃剑,大数据与人工智能技术越是发达,对犯罪治理的积极影响越大,同时也会产生越多的新型犯罪。强化轻罪的信息化治理并不否认严重犯罪的存在,但新时代的犯罪信息化治理要更加突出轻罪,这是时代进步、法治进步,也是刑法迈向良法善治的要求。

其二,提出现象型犯罪与规范型犯罪双层治理各有侧重的信息化治理模式。犯罪治理具有双层含义,一是出于一般人的日常观念,对于社会层面的违法犯罪现象(并未定罪量刑)进行治理,这是通常意义的犯罪治理,重在违法犯罪的预防性治理,针对的是违法犯罪的类型现象;二是对于规范意义上的犯罪进行治理,重在司法追究,这是司法机关依照法定程序定罪量刑的过程。二者是一种递进式的发展关系,如果前者得不到及时防治,很可能发展到后者。因此,特大城市的犯罪治理信息化,包括社会层面的犯罪治理信息化与专门机关犯罪治理信息化,这种划分还与犯罪预防密切相关。前一类型的治理重在事前预防,更有利于对街头犯罪的防控,但对于经济犯罪、职务犯罪来说,如何加强信息化预测、预警并不容易。由于这些犯罪并不暴露于表面,信息化特征不明显,如何通过大数据分析,提供早期预测、预警尚有较大的研究空间。事实上,经济犯罪和职务犯罪大都成为后一种犯罪信息化治理的对象。相较而言,犯罪信息化治理更强调诉源治理,凸显由治罪到治理的社会现代化转型。

其三,贯彻犯罪学与刑法学一体并行的犯罪治理信息化研究方法。犯罪首先是一种社会现象,是一般人眼中的恶,这是犯罪学中的犯罪。犯罪信息化治理必然要以社会现象为基础,但犯罪现象一旦发展为刑法中的犯罪行为,就成为规范意义上的犯罪,刑法为规制犯罪而存在,所以犯罪的治理既要溯源于社会现象,进行提早预防,最好将其扼杀于萌芽状态,也要依据刑法,对已经成型的犯罪行为加以惩治。在现实生活中,对犯罪现象的信息化治理,离不开参照刑法的评价与定位,并作出罪与非罪的区分并采取相应的对策,否则可能是空洞无效的;而对于已涉嫌犯罪的行为,进行定罪量刑,同样也要考虑犯罪背后的原因、追责后的效果等。特别是在轻罪越来越多的现代社会中,犯罪治理措施需要多元化,更需要强化犯罪学与刑法学一体并行的犯罪治理信息化研究方法。比如,2022年6月唐山事件后,从上到下各个层面立即开展严打黑恶势力与街头犯罪的整治行动,但仅依据刑法的严打还不够,只有深挖其背后延伸的社会问题,找到犯罪的根源,才能治标又治本,这也正是开展大整治的犯罪学缘由。除了大整治,还应该通过日常大数据分析,寻找"潜在犯罪人",进而预防这类案件的发生,这也是从犯罪学视角研究犯罪信息化治理的优势。

数字时代已经到来,数字化、智能化技术还在不断向前发展,只要犯罪存在,犯罪治理信息化就永远在发展的路上。但当信息社会的技术拥有了权力的属性时,前行的技术也要警惕过度或越界。就此而言,信息化条件下特大城市的犯罪治理需要保持权力的理性,维持技术与权利的平衡,在此意义上,或许本书的研究只是一个新的开端。真诚地期待同行们评阅和指正。

第一章　特大城市犯罪治理的问题与困境

　　特大城市犯罪治理是特大城市社会治理的一部分,犯罪治理是针对恶的惩治与防范,一般的治理是要使社会政治经济文化各方面发展进步。尽管向美向善的治理有利于治恶防恶,并不排除考虑防治犯罪的问题,但它毕竟不是针对犯罪的治理,没有专门针对犯罪原因和犯罪规律寻求治理之道,而这些却是犯罪治理的主要目标。因为要把犯罪治理归入整个城市社会治理的宏伟蓝图之中,所以社会治理中的问题会与犯罪治理中的问题出现交织重叠,犯罪治理中的问题与困境离不开社会治理的大环境,针对社会治理中发现的问题与困境,利用信息化的方式予以破解就是特大城市犯罪治理的根本路径,而发现这些问题与困境则是本章需要重点论述的。

一、城市结构脆弱与基层治理薄弱

　　在犯罪治理问题与困境的产生方面,规模体量大、人口结构复杂、流动性强、技术应用广等均成为特大城市风险变化的原因,一是复杂的结构更容易引起风险与产生犯罪;二是风险与犯罪一旦发生往往因聚集效应而难以控制。同时,这种犯罪治理的困境也体现在基层治理的问题上,当前社会处于转型期,面对各种不稳定因素,基层治理整体表现为碎片化、机械化、任务化,没有从联系的视角去解决问题。

（一）城市结构的脆弱

特大城市的脆弱性早有理论上的预见与研究。一些学者直指人口聚集、住商混合、人车混行所形成的物理空间可能面临的问题，包括硬质空间拥堵、柔质空间不足、外部空间隔离的"空间风险"，安全事故频发、人身财产受损的"安全风险"，业主与市场组织矛盾、居委会与基层政府职责超载、长期发展"贫民窟化"的"治理风险"。①这些风险的聚合验证了城市结构的脆弱性，并且主要表现为人口与空间结构的脆弱性。

1. 城市结构脆弱与人口因素关系

人口规模是衡量特大城市的核心指标，相应地，就主体性而言，特大城市结构脆弱最先表现在人口结构方面。特大城市人口密度大且人员复杂，这均加大了犯罪治理的难度。一是人口数量与密度的问题。我国住建部2021年10月公开的《2020年城市建设统计年鉴》中，包含2020年全国城市人口和建设用地图表，记录了不同城市的城区人口、城区暂住人口以及城区面积，城区人口密度可通过"（城区人口＋城区暂住人口）/城区面积"公式计算获得。排除部分特大城市城区暂住人口未公布导致无法计算等情况，最终运算得出，在超大城市中，成都与广州城区人口密度较大，分别为0.69万、0.61万人每平方公里（北京、上海、深圳等城市缺乏城区暂住人口数据），而在特大城市中，哈尔滨、郑州、西安城区人口密度较大，分别为1.07万、0.94万、0.7万人每平方公里（长沙等城市缺乏城区暂住人口数据）。

当然，因城区面积有可能将人口密度不大的城乡接合部，以及人口密度极小的城市湿地、山地、公园也纳入计算范围，所以为更好凸显特定特大城市人口密度的最高值，有的学者建议在计算人口密度时，采用建成区面积的标准，所谓建成区主要指市行政区范围内经过征收的土地和实际建设发展起来的非农业生产建设地段，即以"（城区人口＋城区暂住人口）/建成区面积"的公式计算人口密度。如果按此标准计算，特大城市人口密度还将大幅提

①　吴晓林：《城中之城：超大社区的空间生产与治理风险》，载《中国行政管理》2018年第9期。

升。在超大城市中,即使将上海、深圳的暂住人口视为 0(暂住人口数据缺失),人口密度也已达到 1.96 万、1.41 万人每平方公里,除了成都为 0.91 万人每平方公里外,其他超大城市每平方公里人数均已过万。特大城市中杭州、佛山、郑州人口密度较大,分别为 1.22 万、1.19 万、1.12 万人每平方公里。

这些数据还只是以城市整体为单位进行计算,如果将范围再缩小,以城市中的某个区或某个街道为单位进行计算,那么人口密度极有可能还会继续增加,也就是说不仅特大城市人口密度大,特大城市中的局部、个别区域还存在一些人口密度更大的地方,这共同组成了特大城市的人口结构特点。加之人口结构中外来人口多、人口流动广,这均成为特大城市新的不稳定因素,而且影响了城市公共品的平等供给。[①]而这种不稳定因素的背后也包括人口规模所带来的犯罪风险,为了确定人口与犯罪风险的关系,一些西方学者,如 Bettencourt 以实证研究方法予以调查,发现"城市规模与犯罪数量遵循超线性关系,例如如果人口规模增大 100%,犯罪率可能增加 120%"。[②]有的学者在上述研究的基础上,进一步分析了 1995—2010 年间美国大约 250个超过 10 万人的城市的 11 种犯罪类型,发现"城市犯罪数量与城市规模之间的关系无一例外地遵循超线性幂函数"。[③]这种关系在我国司法实践中同样被验证,四川省检察院公布《2020 年度四川省刑事犯罪情况》,其中说明刑事犯罪地域特征明显。与人口总量、经济体量相对应,刑事犯罪地区特征较为明显。从地区分布来看,成都作为该省唯一的特大城市连续 5 年起诉人数居全省第一。

总体而言,人口规模越大,城市结构越脆弱,城市犯罪风险、犯罪实行概率越高。特大城市人口结构,尤其是人口规模因素,与城市犯罪数量、概率

[①] 俞可平:《城市治理现代化与城市治理创新》,中国社会出版社 2016 年版,第 53—58 页。

[②] L. M. A. Bettencourt, et al., "Growth, Innovation, Scaling, and the Pace of Life in Cities", Proceedings of the National Academy of Sciences of the United States of America, Vol.104, No.17 (2007), pp.7301—7306.

[③] Chang, Yu Sang, et al., "Number of Crime—Is the Relationship Super—Linear?", SSRN Electronic Journal(2013), pp.1—24.

通常呈正相关。其中既存在因特大城市本身庞大人口基数而演化为犯罪的可能性，也存在因为人员混杂，但疏于治理或未科学治理而引发的犯罪案件。特大城市结构的脆弱性主要源于人口因素的问题，这些问题不仅产生犯罪风险，更易促使犯罪最终发生，这无疑加剧了特大城市犯罪治理的困境。

2. 人口与其他结构的辩证视角

城市结构的脆弱性，还表现在资源、空间等结构上，但这些结构最终依然与人口结构相关联。这里并不否认以资源、空间等结构的视角来审视城市结构以及犯罪治理，但如果通过现象看本质，这些结构依然在不同程度上与人口结构产生联系，或者说回归到人口结构的问题予以表述，这需要我们以辩证、联系的视角看待问题。

（1）资源结构。有的学者将这种犯罪治理难题的缘由归于特大城市资源的供给不公。典型体现为有限资源与无限情况之间存在的捉襟见肘问题。[①]但实际上，这种资源论同样可以从人口结构、规模角度予以阐述。具体而言，特大城市资源有限，但人口规模大导致人均资源少，加之贫富差距进一步加剧两极分化。在这种情况下，人们对于资源获取、掠夺的期望，以及对于未公平供给的不满，均可能导致犯罪的发生，从而加大犯罪治理难度。例如非法经营罪有可能基于当事人对于资源获取的需求而产生；再如盗窃、抢劫罪涉及对资源的掠夺；当然还有故意杀人、故意伤害等犯罪，可能是由犯罪者对资源分配的不满情绪所导致。总之，不少犯罪治理问题在直接或间接上离不开与城市人口结构的联系。

（2）空间结构。不少城市空间结构问题同样可以回归到人口结构进行解释，人口基数大所以分配给人均的空间就小，又因为空间结构的极化、封闭加剧了民众的落差感、不信任感，也就带来了新的风险生长点。[②]为应对

[①] 褚强、柴俊勇等：《城市空间区域功能转型与社会末梢治理创新研究——以上海市新华路派出所辖区治理为例》，载《公安研究》2023 年第 3 期。

[②] 李琼、詹夏情：《空间治理视角下的城市社会稳定风险评估与防控研究——基于 S 市河道整治工程的调查》，载《同济大学学报（社会科学版）》2020 年第 5 期。

庞大人口规模的需要,不得不建设"纵横交错"的复杂空间,如道路交通,人们对这种空间复杂结构的不适应或不满,均有可能导致违法、犯罪行为的产生。例如可能导致交通肇事罪的产生,这并不是把该罪的发生原因全部归于空间复杂问题,但至少存在该犯罪情况是受这种城市空间复杂结构影响的可能。此外,特大城市空间结构脆弱性还与人口流动相关,特大城市人口流动量大、犯罪多、跨区域、跨空间的犯罪交流、延伸均增加了犯罪治理的难度。例如环境类犯罪有可能打破原有特大城市的空间束缚,而给其他城市带来破坏;再如流窜型犯罪,犯罪者以跨空间的方式流动,加大了追逃罪犯的难度。

(3)其他结构。当然,特大城市结构脆弱还表现在其他方面,如文化结构脆弱。由于承载着多元文化,文化间的冲突不可避免,也有可能引发犯罪。但这些特大城市结构的问题,最终可以回到人口结构之上。人口结构不仅包括人口规模要素,也包括人口类型、人口个性等,而绝大部分的犯罪又最终需要通过人为实施,无论基于什么样的空间、怎么样的文化,犯罪的问题最终会成为对人为行为的评价。这从反面同样可以论证,如果一个城市中品行恶劣的人较多,那么犯罪治理难度也越大,无论这座城市的空间结构、资源结构如何,都无法避免治理困境的问题。

整体而言,城市人口规模与密度导致人均资源、空间以及其他结构之间存在紧张关系,那么基于利益的考虑就有可能催生犯罪。相对应,如果想预防犯罪、处置犯罪、实现犯罪治理,离不开对人口结构所带来的特大城市脆弱性的思考。

(二)基层治理薄弱

党的二十大报告指出:"完善社会治理体系。健全共建共治共享的社会治理制度,提升社会治理效能。"基层治理指政治制度框架或政治结构之中最基层的权力运作过程,以合作、协调为核心,与管制和控制相互区别,其目标为促进公共利益实现。

1. 特大城市基层犯罪治理特征

当前国内外学者对基层治理研究颇丰,如美国学者罗伯特·达尔认为基层治理是多元权力主体交织、参与的过程①,再如我国学者陈家刚将基层治理视为现代国家建构方式,是为了在社会转型过程中实现一种理性、规范的制度。②不同的学者虽然理解的视角不同,但在总体上也达成了一些共识,即基层治理内涵包括多元主体参与、考虑区域实际情况、协商合力运行、系统科学公益,以及实现公共利益最大化,这些内涵也均体现在犯罪治理方面。当前,特大城市基层治理以及基层犯罪治理被政府重视,在多年践行上,表现出区别于一般城市的特征。

一是特大城市犯罪治理空间的延展性。特大城市在空间上呈现纵深发展趋势,不仅在平面上不断规划、设置各种结构单位,不同的功能区域、单位不断压缩,尽可能以小的空间实现更多的设定,而且在纵向上也在不断开发、利用新的空间,如越来越多的高楼大厦、高架道路、无人机区域等。这些均属于犯罪可能出现的空间场所,特大城市的空间结构为这种治理提供了现实的难度,特大城市要对每一单位的犯罪治理考虑更多的因素。

二是特大城市犯罪治理领域的多样性。特大城市的人口结构决定了其需要综合考虑各类需求,这一方面源于特大城市本身的人口规模,不同人的观点、爱好、需要等各不相同;另一方面特大城市多样、丰富的环境也让这样的需求被释放,从而拼凑成不同的需求类型。一旦需求难以达到预期以及在追寻需求中产生不满情绪,极有可能产生纠纷甚至引发犯罪,这是基层犯罪治理不得不考虑的因素。

三是特大城市犯罪治理行动集体性弱化。当前,如果说部分乡村还尚且保存一些"熟人社会"行为习惯的话,那么特大城市则相对抛弃了这种"秉性"。特大城市格局紧凑、节奏快、人口流动大、相互间依赖弱化、个体意识增强等特征都渐渐导致城市集体性、社会向心力弱化,这又容易引发另一方面的问题,即认同危机、社会隔离以及机械式的陌生人社会。在这种处境下,相互间的信任、协同、合作变得越来越困难,犯罪治理意图通过熟人间的

①　参见[美]罗伯特·达尔:《多元主义民主的困境》,周军华译,吉林人民出版社2011年版。
②　陈家刚:《基层治理——转型发展的逻辑与路径》,载《学习与探索》2012年第2期。

人情、规律、劝说等调解纠纷、实现犯罪预防目的同样也更难达到了。

四是特大城市犯罪治理的复杂性加剧了风险。"特大城市作为人流、物流、资金流、信息流等多种生产要素高度聚集的现代社会空间单元"①,让各种利益、资源存在更多交集、互动的可能性,在不同的情况下不可避免会引发更多冲突,甚至产生各种不确定、复杂的风险,社会失序、空间拥挤、资源极化以及公共用品不足等都有可能带来风险加剧的结果。而在这诸多风险之中,在冲突下的极端化表现即犯罪风险。

2. 特大城市基层犯罪治理方式不足

上述特大城市基层犯罪治理特征,无不在阐释治理本身的难度。相较一般城市,特大城市存在基层犯罪治理更大的困境,换言之,哪怕其具备较强的治理能力,但总体来说其基层治理依旧薄弱,这种薄弱至少表现在如下几个方面:

一为基层治理倾"稳"而忘"实",容易掩盖实际情况导致纠纷愈演愈烈,最终引发犯罪。当前各类矛盾、纠纷事件频发,在现代标准与问责体制下,特大城市基层治理对于纠纷、争议的态度相对保守,多数优先考虑求稳策略。当事件得不到合理的解决,或者只能遥遥无期的等待,那么一些群体或个人很可能会采取更为尖锐、极端的反抗手段。这样的治理方式既不能保障行为人的权利,也无形增加了基层工作的负担。

二为过度依赖治理技术理性或完全不依赖而导致非制度化问题。这与刑法平等、公正理念背道而驰,与行政法合法、合理原则也相左。以工具理性为基础的韦伯科层制组织形态仍是当前基层治理主体的主要形态。在特大城市治理技术理性的框架内,指标、标准等属于工具模型,以此进行基层治理,相对人治更加公平。当前,技术理性作为现代性成果,广泛适用于特大城市基层治理的实践之中,也解决了治理过程中很多"走后门、提篮子"的问题。但是也在一些情况下走向了另外的极端,即过度依赖。所有的治理

---

① [荷兰]冯·巴克、王丽:《社会的发展趋势》,载《社会科学》2006 年第 7 期。

边界问题都可以计算,并且以规矩、标准作为界限。结合信息技术的广泛应用,"技术理性往往僭越价值理性成为唯一的理性原则"①,在特大城市基层治理中这种过度依赖典型体现在业绩考核不考虑问题实际解决情况,只考虑解决了多少问题,这自然消解了行为处事的弹性,导致基层治理的表面化、形式化,导致基层治理的机械、死板以及没有人情味。这不仅违背行政法的合理原则,更有可能使当事人因为不满而产生矛盾,埋下犯罪风险的隐患。

与过度依赖治理技术理性相反,一些基层治理所采取的手段与方式,无视制度、规制,导致治理的差异化与随意化。特大城市基层治理涉及事项多、范围广,在治理过程中存在大量的自由裁量空间,这也为非制度化治理创造了条件,而这种治理方式最终导致的结果即是对公平、公正的亵渎,不仅容易引发公众对于政府的信赖危机,而且也有可能滋生犯罪,如产生渎职、贪污、受贿等犯罪。

三为"碎片化"的治理方式,容易导致"案了事未了",激化矛盾为犯罪创造条件。基层治理涉及职能分工,由此涉及不同职能结构、机构。不同的职能机构虽被纳入同一行政系统之中,但必然有自身利益最大化的内在动力以及自我考虑。一方面,特大城市基层治理涉及事务繁多,尤其是一些事务涉及交叉领域,该由哪些机构治理是首要问题。衍生到实践之中,就是不少问题往往被利益所导向。另一方面,特大城市一些基层的事务需要不同职能机构统筹、协同治理,例如针对家暴问题,就需要公安、妇联、村居委会等协作治理,一旦协同不善,就很容易产生基础治理的碎片化问题,比如公安制止家暴,妇联告诫、教育,村居委会调解劝和等,在表面上各个机构完成各自工作,但这个家暴事件是否能够解决,以及是否能预防不再发生等还很难说。这在应然上都属于基层治理的范围,离不开各个机构的通力协作以及思考更好的解决方案。当前特大城市基层治理仍存在一些问题,包括治理

---

① 韩志明、韩阳:《技术理性与行政之恶——读〈揭开行政之恶〉》,载《理论探索》2013年第1期。

项目仅针对表面问题,缺乏深层次的思考、整体性的策略方案。"整体性的公共管理项目目标往往被各种项目碎片化了,不同项目之间的协调越来越困难。"①在现代性的一些问题中,工作看似越来越专业、分工越来越明确,但实际上也带来了不少被割裂的,没有从联系、发展的角度看待的问题。这最终导致所要治理的问题并没有得到彻底的解决,争议、矛盾依旧存在,并且随着一次又一次的隐忍而最终爆发,导致犯罪产生。现实中很多家暴案件最终以受害者暴力反抗结束,可能就是因为在一开始,这个问题只在表面上被解决了,却没有预防犯罪风险。

二、犯罪态势高位徘徊与社会问题相互交织

近年来,伴随社会经济发展、人民素质提升、网络科技进步等因素影响,特大城市对犯罪有了更专业化、动态化、智能化的监控与处理机制,这是犯罪治理的进步。但从整体的角度及从发展的角度来看,特大城市犯罪形势依然严峻,呈现犯罪态势高位徘徊趋势,且高态势犯罪与各种社会问题交织,为特大城市犯罪治理带来难题。

(一)特大城市犯罪态势仍处高位

《2023年中国统计年鉴》统计数据显示,2022年全国刑事案件立案总量较之前有所下降,但立案数仍高达442万余起。②笔者还以近5年最高检和最高法向全国人大作的工作报告为样本进行分析,无论是检察机关批捕和起诉的刑事案件人数,还是人民法院判决的刑案人数,在总体上表现"平稳",波动幅度并不大(见图1),2017年至2021年这五年间,仅2017年和2020年涉案人数相对较少,处于160万以下。批捕和判决的人数相对减少,特别是批捕人数总体上呈现下降的趋势,其原因除了近年来实行认罪认

① 李友梅:《我国特大城市基层社会治理创新分析》,载《中共中央党校学报》2016年第2期。
② 《中国统计年鉴—2023》,国家统计局官网,http://www.stats.gov.cn/sj/ndsj/2023/indexch.htm,2024年10月16日。

罚从宽制度外,还有立法增设的大量的轻罪取代了之前的重罪。同时,重罪的减少不排除信息化治理的确起到了一定积极作用,而大量轻罪的出现对于信息化治理提出了新的需求。

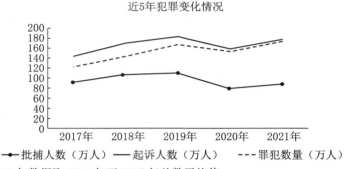

注:2017年数据取2013年至2017年总数平均值。

图1 2017—2021年涉案人数变化情况

资料来源:作者自制

特大城市犯罪态势始终居高不下,主要体现在犯罪数量庞大、犯罪结构多变、涉黑涉恶犯罪屡禁不止等方面。近年来,杭州许某利杀妻碎尸案、重庆张某摔死亲生儿女案、成都张某军杀死女婿一家三口案等均震惊全国。发生在2022年6月的唐山围殴女青年案造成极其恶劣的影响。在众多特大城市中,由于上海在经济发展程度、人口数量、社会结构等方面具有典型意义,因此,下文将主要依据上海市的相关数据分析说明特大城市犯罪态势。

1. 犯罪数量

由于人口规模、情况复杂,特大城市的犯罪数量相较一般城市更为庞大,这种量级的犯罪数量是治理中不能忽视的。以上海为例,从《2021年上海统计年鉴》主要年份公安机关立案刑事案件情况统计来看,上海自2000年至2019年,刑事案件数量持续增加。其中,上海公安在2000年刑事案件立案104 946起,2010年立案119 691起,2019年立案154 097起,2020年立案101 579起。在统计中可以发现,2019年刑事立案达到峰值,虽说2020

年刑事立案基数有明显下降,但近20年来,上海基本每年都有10万起以上刑事案件立案。①如果再深入探讨具体犯罪的数量,那么一些犯罪治理的问题就更明显了。一方面,相较历年数据,抢劫、盗窃等涉财产犯罪数量大量减少(如公安刑事立案中涉抢劫罪数量在2000年有3 033起,2010年有1 558起,而到2020年仅有72起;再如涉盗窃罪数量在2000年有77 912起,2010年有78 322起,而到2020年仅有17 508起)。这离不开在特大城市犯罪治理中情势的变化以及技术的应用,如当前线上支付导致财产数字化,一些传统的扒窃行为难以实施,再如监控技术、定位技术等发展迅速,抢劫行为也难以实施。另一方面,一些涉人身犯罪的数量仍处高位,并且一些新的犯罪类型成为治理的难点。例如上海公安刑事立案中涉强奸罪案件数量在2000年有396起,2010年有448起,而到2020年仍有461起。此外,有一组数据需引起警惕,即其他类犯罪立案数,2000年有13 375起,2010年有20 046起,2020年增长至29 331起。这意味着新技术、新情势的变化,也引起了一些新犯罪的出现,尤其是信息类、网络类、知产类、虚拟类犯罪,在近年相继出现,也被广为讨论。

2. 犯罪主体

在抓获的犯罪嫌疑人中,外来流动人口、跨境境外人员逐渐增多,特大城市犯罪主体特征趋向复杂性、流动性、隐蔽性。预备犯罪与犯罪人员的跨区域流动、物理空间与虚拟空间的不定期切换等,均给特大城市犯罪治理加大了难度。

流动人员犯罪长期处于高位比重。《中国流动人口发展报告2017》数据显示,2016年我国流动人口规模为2.45亿人。上海作为大都市,外来流动人口保持增长趋势,截至2015年,上海外来人口就已有981.7万人。虽说大量的人口流入为城市的建设和发展作出了贡献,但也让外来人口犯罪问题日益严峻。据上海公安数据统计,上海外来流动人口犯罪人数比重在

---

① 《2021年上海统计年鉴》,上海统计局官网,http://tjj.sh.gov.cn/tjnj/nj21.htm?d1=2021tjnj/C2303.htm。

2002 年已经高达 51.9％，占到全部犯罪数量比例的一半以上，并且这种比重呈现逐年递增的趋势，2006 年超过 70％，到 2009 年甚至高达 76.9％，流动人口犯罪已由城市犯罪的次要组分转变为主要组分。总体而言，自 2006 年起，上海外来人口犯罪人数比重上升并保持在 70％以上，2016 年更是达到了流动人口总数的 78％①，长期保持着高位比重。

跨境境外人员犯罪不可小觑。由于交通、技术以及政策等原因，以跨境方式实施犯罪的行为快速增加，尤其是涉及黄赌毒犯罪。2020 年 12 月，据央视新闻报道，上海市公安局以"零容忍"的态度严打跨境赌博犯罪，并且通报了典型案例，即网络摄像头直播，赌博机远程下注。犯罪团伙使用摄像头对准设立在境外的赌博机并设置好程序，只要成功转账即可自动投注，参赌人员还可以通过客服发送的二维码观看设立在境外的赌博机的实时画面。虽说境外人员犯罪基数不大，但也时有发生。

3. 犯罪结构

特大城市的犯罪结构多变，主要表现为犯罪类型多元化，以及犯罪性质加重化。伴随社会发展、科技进步，各种新的犯罪类型不断出现，尤其是在经济条件发达、网络技术先进的特大城市。在 2020 年上海公安机关立案的 10.1 万起刑事案件中，除杀人、伤害、抢劫、强奸、诈骗、盗窃等常规刑事犯罪之外，其他类型的刑事案件也有近 3 万起②，说明常规罪名以外的犯罪已经达到了刑事案件立案总量的三分之一，其中，涉网络犯罪、信息犯罪是近年来不得不关注的重点、难点。2019 年 11 月，最高人民法院召开新闻发布会，发布《网络犯罪司法大数据专题报告》，报告显示网络犯罪案件量及占比逐年上升，30％以上的网络犯罪案件涉及诈骗罪。2018 年案件显著增加，同比升幅为 50.91％。大部分网络犯罪案件分布在东南沿海地区，尤其是上海、杭州、深圳等特大城市。

---

① 余红、丁骋骋：《中国农民工考察》，昆仑出版社 2004 年版，第 135 页。
② 《2021 年上海统计年鉴》，上海统计局官网，http://tjj.sh.gov.cn/tjnj/nj21.htm?d1 = 2021tjnj/C2303.htm。

在 2022 年，上海市检察院发布的《上海网络犯罪检察白皮书(2021)》指出："2021 年，上海检察机关共受理网络犯罪审查逮捕案件 5 938 件 11 806人，同比分别上升 126.6％、106.1％；受理审查起诉案件 5 705 件 11 075 人，同比分别上升 122.7％、86.3％。"①这些随网络经济、虚拟货币等产生的新型犯罪，呈现诈骗手段不断翻新、犯罪目标精准明确、链条化产业化态势明显的特点，有的通过诱使被害人下载不法 APP，通过后台修改支付金额实施诈骗；有的利用邮币卡、区块链等投资概念设置虚假投资理财平台实施诈骗。这些犯罪行为的犯罪人员隐蔽、犯罪事件持续、受害人数众多。总体来看，特大城市的犯罪结构正不断发生变化，这也意味着犯罪治理对策应及时调整，以便能应对各种新的情况。

4. 犯罪性质

伴随居高不下的刑事案件数，特大城市的重大刑事案件也逐年增多，时常发生性质恶劣、后果严重的犯罪。这类犯罪尤其是暴力犯罪、危害公共安全以及涉黑、涉恶等犯罪，由于其涉及面广、影响深远、具有强"破坏力"，是特大城市犯罪治理必须直面的"黑暗"。

首先，特大城市中暴力犯罪的恶性程度仍处高位。例如 2020 年 1 月《上海市人民检察院工作报告》显示，2019 年上海检察机关依法严惩危害国家安全犯罪和故意杀人、绑架等严重暴力犯罪，批准逮捕 676 人，同比持平；提起公诉 647 人，同比下降 8％。从整体上看，特大城市恶性犯罪虽有下降，但仍需优化犯罪治理手段，以在更大程度上减少犯罪数量。如果从具体事件来看，特大城市恶性犯罪通常与残忍手段相伴。例如上海 6.22 上海宝山重大暴力犯罪案件、朱某东杀妻藏尸冰柜案、杭州许某利杀妻分尸案等，杀人分尸、一次杀死多人等命案时有发生，这类案件均在突破人类道德的底线。

其次，造成大范围损失的危害公共安全犯罪也占有一定数量。由于特

---

① 《上海网络犯罪检察白皮书(2021)》，上海检察微信公众号，https://mp.weixin.qq.com/s/40UtV0pGtcj83go-2FSBTA，2022 年 1 月 6 日。

大城市空间结构复杂、拥挤，相较一般城市更容易引发危害公共安全犯罪，尤其是交通类型犯罪一直处于高位。在上海各法院 2021 年审结的 2.8 万件一审刑事案件中，包括醉酒驾驶、竞速飙车、高空抛物等危害公共安全类犯罪案件多达 4 447 件。①2020 年 11 月，上海市长宁区人民检察院发布《危害公共安全典型案例白皮书（2020）》，白皮书显示，自 2019 年 1 月至 2020 年 10 月，长宁区检察院共办理涉危害公共安全案件 809 件 840 人，案件总量呈上升趋势。从罪名分布看，危险驾驶案件数量约占案件总量的 85%，其次为交通肇事罪。同时，特大城市的危害公共犯罪更有可能伴随严重的后果，典型案例如大渡河路开车撞人致 5 死 7 伤案等公共性案件。这些犯罪往往伴随严重危害性，对群众生命安全造成威胁。

最后，特大城市涉黑涉恶犯罪屡禁不止。黑恶势力是社会健康发展的毒瘤，特大城市虽在治理能力与体系上具有优势，但其特大城市空间的特征也便于涉黑恶势力的生存。2021 年 1 月《上海市高级人民法院工作报告》指出，2020 年依法审结涉黑涉恶犯罪案件 513 件 1 961 人，判处五年有期徒刑以上刑罚 444 人。在这些涉黑涉恶案件中，不乏案件性质恶劣、结果严重，引起社会广泛关注的案件，例如上海赵某强涉黑系列案。多数涉黑犯罪嫌疑人经常出入娱乐场所、集贸市场、车站码头、地下赌场等地，经常参与寻衅滋事、聚众斗殴、故意伤害、敲诈勒索等行为，容易破坏城市的秩序与和谐。对涉黑涉恶犯罪的处置能够体现治理价值。

不过，虽然以上数据说明特大城市犯罪态势仍处高位，但综合来看，可以发现，犯罪数量波动不大，原因在于重罪相对减少而轻罪明显增多②，有的学者将这种以轻罪轻刑为主的犯罪现象归纳为犯罪内部结构的"双降"与

---

① 《2021 年上海法院审结一审刑事案件 2.8 万件，处置涉黑财产 1.5 亿元》，新浪网，https://k.sina.com.cn/article_6192937794_17120bb4202001r0vl.htm。

② 我国以往的司法统计均以宣告刑五年有期徒刑作为重刑、轻刑案件的分界，近年来以三年有期徒刑作为分界线得到了更多的肯定。

"双升"。"双降"是指近年来严重暴力犯罪的犯罪率逐年下降和重刑率下降;"双升"是指轻微犯罪大幅度上升和轻刑率上升。[1]随着犯罪结构发生明显变化,社会治理进入新的阶段,犯罪治理也迎来了新的挑战。轻罪、新罪已成为主要治理对象,相应地,既有的犯罪治理体系及思想观念也应调整完善。[2]在这种意义上,为了提升犯罪治理的效能,完善社会治理体系,推进犯罪治理信息化就成为一个重要的发展方向。

(二)特大城市犯罪常与社会问题交织

与此同时,特大城市刑事犯罪与社会问题相互交织,呈现愈发复杂的特征。不少刑事犯罪起因于社会问题,行为人常常因社会问题愈演愈烈,而最终采取非法、恶劣手段。当前,特大城市出现了许多的社会问题,简单概括包括人口数量、城市环境、劳动就业、青少年犯罪、住房保障、婚姻家庭等问题。人口问题是特大城市最主要的社会问题之一,人口压力使社会难以满足居民的基本生活条件,更不用说提高人民生活水平。这一问题在上文中已作具体阐述,这里不再赘述。但需要强调的是,人口问题可能是引发其他社会问题的导火索,并且可能进一步促使违法犯罪行为的出现。

1. 城市环境压力

巨大的人口压力带来的首先是城市环境的压力,城市就像一个容器,每个城市都有其固定的承载容量,一旦饱和或者超出正常的承载容量,就容易产生问题。例如人口过多导致的交通拥堵问题,据有关统计数据,2021 年,北京、上海、天津位列百城通勤时耗榜单前三位,年度平均通勤时耗分别高达 47.60 分钟、42.89 分钟、42.45 分钟[3],这意味着北京、上海、天津等地的人民每天将花费大量时间用于通勤。在一些极端的通勤数据中,上海还有部

---

① 袁彬:《适应犯罪结构变化强化轻罪区别治理》,载《检察日报》2022 年 6 月 8 日,第 3 版。

② 卢建平:《以犯罪现象之变"再定位"刑法治理》,载《检察日报》2022 年 5 月 25 日,第 3 版。

③ 《2021 年度中国城市交通报告》,百度地图网,https://baijiahao.baidu.com/s?id=172760 61498800080282&wfr=spider&for=pc。

分人群在上下班路途中花费超 2 小时的时间,这极大降低了生活的美好度,甚至影响个体的心理健康①,常见的"路怒症"即是这种不健康心理的具体表现。这种愤怒的情绪虽不一定必然导致社会问题或犯罪,但至少带来了负面的影响。再如人口密度与城市环境、空间的问题,汽车尾气也逐步成为城市环境恶化的主要污染源,早在 2015 年就有调查显示,机动车是北京、杭州、广州、深圳的首要污染源,汽车尾气在这四个城市大气污染源的比重分别为 31.9%、21.9%、21.7% 和 41%②,过多人口通勤、出行需要均提高了汽车的使用频率以及尾气的排放量。在特大城市有限的空间范围内,人口基数大而人均自由空间少,加上环境的污染等系列问题,极易使个体对个体或社会产生不满的情绪以及消极的感情,这对犯罪的治理均属不利因素。

2. 劳动就业

虽然中国的劳动就业结构不断优化,但仍面临巨大的就业压力,尤其在特大城市中优秀人才聚集、岗位竞争激烈,也由此产生"内卷"文化。一直以来,特大城市劳动就业问题一直存在,近年来主要体现在如下方面:其一,劳动力结构性矛盾突出。特大城市往往是新兴事物产生的地方,新兴产业的崛起使其对先进的生产工艺、高级的管理方式以及高技术人才有着大量的需求,部分劳动力的劳动技能和素质无法满足行业需求,只能被迫淘汰,而一些高新技术岗位却缺乏相应技术人才,就出现了劳动力供求结构失衡的问题。其二,毕业大学生就业困难。近年来,高校毕业生就业问题愈发严峻。一方面,多数高校课程设置与当前社会实践存在脱节,导致学校人才培养与社会实际需求难匹配;另一方面,劳动力市场对毕业生也存在不同程度的偏见,包括毕业学校、工作经验、性别等均束缚招聘用工。当然,当前大学生的就业选择、就业心态等,也一定程度上加剧了就业矛盾。其三,困难群

---

① 苗瑞凯、王俊秀:《通勤时间对心理健康的影响:基于美好生活的视角》,载《心理科学》2021 年第 3 期。

② 《北杭广深大气污染 首要污染源机动车》,人民网,http://politics.people.com.cn/n/2015/0402/c70731-26786019.html。

体再就业难问题。困难群体主要包括从农村转移的劳动力，以及下岗失业人员等。这部分群体普遍存在年龄偏大、文化程度偏低、知识结构落后、学习能力较差等问题，在特大城市日益更新的产业结构下难以找到适合的工作岗位。失衡的劳动就业结构不仅让城市经济发展结构失衡，也影响了失业人员最基本的生活。这些问题如不能妥当解决，势必导致一些人另辟蹊径、铤而走险，最终引发犯罪。

3. 青少年犯罪

近年来，青少年犯罪问题日趋严重，具有犯罪次数增多、犯罪年龄提前、犯罪手段残忍、反复性增强等特点。一直以来，各城市一直关注青少年犯罪预防、控制，虽取得一些成效，但也存在治理盲区、治理方式单一以及多元主体协作有名无实等问题。这些问题既是社会问题，也是犯罪治理的问题。在治理的盲区中，流动青少年犯罪占比居高不下。以上海为例，自 2000 年以来，外地来沪未成年人犯罪比重逐年上升，2011 年已经达到了全市未成年人犯罪人员的 81.7%①，犯罪类型主要集中在盗窃、抢劫、寻衅滋事、故意伤害、聚众斗殴五类罪名。流动青少年大多在沪无监护人、无固定住所、无经济来源，他们既无法融入主流社会，又不可能回到老家，久而久之便成为社会边缘人群，加之生活困难以及负面感情影响，逐渐滋生了扭曲的价值观念和不当情绪，久而久之也更容易引发犯罪，例如 2007 年浦东发生的"7.19"暴力袭警案，是非常典型的外地来沪青少年犯罪，在被抓获的 9 名犯罪嫌疑人中，年龄最小的仅 16 岁，最大的也不过 26 岁。其实，青少年犯罪一直是社会需反思的问题，这涉及老生常谈的教育问题。虽说当前道德与法治教育被广泛强调，但是社会、学校、家庭教育是否真正有协同地将之贯彻实施又是另一回事。

4. 生活保障

生活保障问题也成为特大城市中突出的社会问题，尤其是住房问题。

---

① 陈泽乐：《上海地区外来流动人口犯罪与治安防控体系研究》，华东政法大学 2018 年硕士学位论文。

住房是人们赖以生存、发展的基本物质条件,住房因素与幸福感话题一直被学界热议,住房产权、住房数量、住房面积等均与个体幸福相关。例如获得房屋产权能让家庭获得满足、安全感,但如果产权是通过大量借贷获得的,又会使家庭产生沉重债务负担,也将影响实际生活与情绪。①一直以来,特大城市的房价上涨以及房价高的问题,让部分家庭难以承受。为此,有的学者也着手研究房价与幸福感的问题,发现城市房价上涨对居民幸福感具有显著的负面影响,房价上涨越快,居民幸福感越低②,类似的研究还有很多。概言之,特大城市的住房保障几乎决定性影响着人们的幸福感。在特大城市中,住房资源紧张,房价急速高涨,对于普通民众来说,在特大城市购买一套房子不仅耗费积蓄,还要背负债务。在这种大量居民负债的情况下,一些个体通过节衣缩食、降低品质、减少消费,以勤劳致富方式解决问题;而一些个体可能产生投机倒把、金钱至上的价值观念,这样的观念容易引发权钱交易的贪污贿赂犯罪、以欺骗手段获取金钱利益的诈骗犯罪、铤而走险赚快钱的走私犯罪等。特大城市人口密度大,一些资源较为紧张,除了住房保障问题外,还有其他的生活问题让人们产生困扰,如物价、消费等问题,这些问题均左右着个体情绪,改变人们的观念。

5. 婚姻家庭

婚姻家庭问题也成为特大城市常见的社会问题。在快节奏、高消费、现代化、市场化的特大城市中,人们的生存、生活、学习、工作等各个方面都承受了巨大的压力,更容易让人出现心情郁结、心理压抑、思想偏激、消极极端的心理问题。除了个别心理问题,不少婚姻家庭问题都可能因其他压力而产生。当然,对于婚姻家庭问题的解决方式多种多样,例如沟通、冷静、调解等,但是也存在一些人面对这些问题时选择采取极端、激进的方式,例如大打出手,甚至最终引发犯罪。在典型因婚姻家庭问题引发的犯罪中,轻则如

---

① 冷晨昕、祝仲坤:《住房保障对居民幸福感的影响——来自中国综合社会调查的经验证据》,载《中国经济问题》2021 年第 2 期。

② 林江、周少君、魏万青:《城市房价、住房产权与主观幸福感》,载《财贸经济》2012 年第 5 期。

侵犯妇女儿童权益的家庭暴力犯罪、侵犯未成年人和老人权益的虐待罪和遗弃罪等，重则有可能造成严重的故意杀人罪、故意伤害罪，例如上海的杀妻分尸案、重庆的生父将两幼童推下 15 楼坠亡案等。这些因婚姻家庭问题所导致的犯罪并非个例，2020 年 4 月 8 日，上海五部门联合发布的《上海市妇女儿童权益司法保护工作白皮书（2019 年度）》显示，上海市各级妇联全年接受和处置仅家庭暴力类投诉便有 465 件，其中 88％为男性对女性实施暴力。各级法院全年受理人身安全保护令案件 81 件。婚姻家庭问题可能引发侮辱、遗弃、虐待、非法监禁等犯罪，这均有可能成为犯罪治理的问题，"清官难断家务事"，该如何在犯罪治理中兼具法理与情理，考验着城市治理的能力。

6. 其他社会问题

当前，特大城市的结构日益完善也日益复杂，所产生的社会问题也远不止上述种种。除上述问题外，贫富不均、食品安全、空气污染、消费成本、公共服务、医疗教育等问题都让普通人的生活处于一种紧张、竞争以及不满的情绪之中。一般紧张理论（以下简称"GST"）是一种常用的犯罪学理论，根据 GST 的分析，紧张倾向于产生负面情绪，产生纠正措施的压力，如犯罪和违法行为。[1]这让我们不得不反思特大城市所带来的社会问题，是否会让一些个体处于紧张的情绪之中，如果是，那么这就是犯罪治理需要关注的地方。例如贫富不均的问题，近年来，仇富型犯罪在特大城市也较易发生。"由于诸多方面因素的限制，部分国民无法通过现有合法途径迅速致富，从而产生了强烈的自卑感与无力感，个人情绪型仇富心理由此形成。在此心理的作用下，有些行为人通过实施犯罪，强制社会对自己进行补偿，以此弥补自身的自卑感与无力感。"[2]生存与情绪的问题引发的犯罪不在少数，不同时期刑法的变化离不开对利益较量、情绪宣泄等问题的审视。很多社会问题虽不至于立刻导致犯罪，但极有可能成为一些犯罪的导火索。特大城

---

[1] 孙懿贤、陆海山、吴瑜宁、林文旭、吴一澜：《紧张、负面情绪和中国被监禁妇女的犯罪水平》，载《警学研究》2020 年第 2 期。

[2] 张旭、刘健：《个人情绪型仇富心理与犯罪》，载《山东警察学院学报》2015 年第 5 期。

市犯罪治理关键在于预防,针对社会问题实现有效预防需要从根源处着手。

三、城市治理与犯罪治理策略同质化

特大城市为应对治理的问题,相继提出了各自的治理策略,这种治理的思路也自然延续到了对于城市的犯罪治理之上。当前,一些城市治理策略一般围绕在多元主体协同参与、网格化管理方式、考虑区域具体情况、利用视频监控技术等方面。这些策略的研究与实践为城市治理与犯罪治理提供了思路与方向,但是也使思路相对局限,导致策略的同质化,不同的特大城市所采用的治理策略大同小异。特大城市该如何深化城市治理以及犯罪治理,在方法论层面应被进一步研究。一方面,想要脱离犯罪治理策略同质化的困境离不开对于上位概念即特大城市治理策略的研究。特大城市治理对策研究涵盖犯罪治理的研究范围,是一种共性的规律;另一方面,一些研究与实践从特大城市犯罪治理专题着手,此视角从相对个性、特殊的角度阐述了对策存在的问题,值得深入探讨。总体而言,应以共性与个性的辩证统一来研究同质化的问题。

（一）特大城市治理相关研究成果

不少学者结合特大城市的具体情况,提出治理中存在的问题,以及对治理策略的思考。有关特大城市治理问题的典型研究流程,即选取具体的特大城市,有的研究会细化到中心城区,分析各个社区治理的特征,来解析当前的治理现状。在现状研究的基础上,多数研究会结合特大城市的实际情况分析困境。有的学者以武汉这一特大城市为例,在综合分析城市治理现状的基础上,认为武汉在近年来虽推出一系列举措,但仍面临多重困境,包括快速城镇化与治理相对滞后的矛盾日益突出、中心城区过度扩张加剧交通拥堵、多元社会治理主体难以形成合力、社会组织缺乏社会公信力和资金等。[①]

① 黄璐:《构建特大城市治理的"武汉模式":目标与策略》,载《四川行政学院学报》2018年第6期。

有的学者选取更微观的调研范围,即以特大城市的中心城区为例,分析当前城市治理的难题,包括社区治理体制机制不畅、多部门与多主体协作不力、社区基层组织行政化严重、基础主体力量功能缺失、社区自治水平较低、社会力量缺少有效引导等。①当然,也有学者更倾向于在理论视阈下进行研究,从价值、权力等视角高度概括,提出特大城市治理的困境,包括"以人为本"的治理价值有弱化倾向、特大城市现代化建设注重外延却忽视内涵建设、行政权力与社会权力边界不清、忽略优秀传统文化对风险预防的作用等。②

所有对于特大城市治理难题的分析,都为治理策略的产生作铺垫。正是基于解决问题的需求,才引起了对治理对策的反思。为此,截至 2022 年 3 月 22 日,笔者以"特大城市治理"为关键词在中国知网检索论文共获得 191 篇,以核心期刊为条件筛选出 72 篇作为样本文章。在样本文章中仅有 1 篇撰写于 2010 年,其他文章均发表于 2014 年及以后,在此以时间顺序介绍对于特大城市治理对策的讨论。

2010 年,陶希东在《中国特大城市社会治理模式及机制重建策略》一文中就作出了前瞻性的思考,提出从治理主体结构、社会服务机制、社会协商机制、利益表达机制、社会平衡机制、社会服务机制、文化融合机制、危机应对机制等方面进行对策之思。

2014 年,对于特大城市治理对策的思考,主要集中在社会参与层面,重点发挥社会组织重要作用③,强调整体性治理的维度,要求整合协同治理主体,以应对特大城市治理过程中的碎片化问题④。当然也有学者在强调主体协作的同时,从其他层面佐证治理的系统化问题,包括建立有效信息传播

① 卢磊:《特大型城市中心城区社区治理:现实困境、实践策略与发展路径——以 B 市 X 区为例》,载《中共福建省委党校(福建行政学院)学报》2020 年第 2 期。
② 衡霞、陈果:《特大城市集成治理创新研究》,载《吉林大学社会科学学报》2018 年第 3 期。
③ 李伟东:《特大城市社会治理反思》,载《北京社会科学》2014 年第 11 期。
④ 范逢春:《特大城市社会治理机制创新研究——基于整体性治理的维度》,载《云南社会科学》2014 年第 6 期。

机制、健全公共安全体系等。①

2015 年，不少研究开始关注特大城市的人口、灾害、风险等问题，并以此提出对策思考，例如针对北京人口过度聚集而导致"城市病"爆发问题，不少学者提出解决方法，包括人口动态监测、促进人口疏解②、优化空间结构、提高交通效率等。③再如不少专家就特大城市风险治理提出过治理对策，认为治理应当做到跨部门整合、动员，通过设置激励机制让主体参与治理其中等。④当然，也有学者站在特大城市的整体高度讨论治理的对策，如需强化日常管理，考虑城市内外统筹，包括管理人口流动、交通通勤、房屋购买租用、市场秩序、社区治安、生产生活"三废"等，并且从环境、资源、交通、信息、防灾等方面提供思路。⑤

2016 年，一些学者开始重视特大城市火灾、生态灾难治理的研究，如崔小璐以上海为例，认为未来对火灾的治理策略，不应只是针对灾害预测、控制和救援科技，还应对火灾的社会特征给予正确认识并纳入制度改造的考量。⑥纵观这一时期的研究，特大城市治理研究开始有同质化的表现，不少对策思考从城市的空间、功能着手，认为治理空间应疏解、治理功能应优化、治理主体应多元化，以及应以主体为核心带动城市治理模式、社会管制方式和城市发展多元化⑦，这与往年研究观点类似。此外，这一时期的研究也开始关注技术的策略作用，认为治理应注重技术开发与安全保障⑧。

---

① 陈新光：《创新社会治理体系，防范中国特大城市社会风险》，载《中国统计》2014 年第 1 期。

② 谭日辉：《北京特大城市人口治理的现状、原因及其对策研究》，载《城市发展研究》2015 年第 11 期。

③ 宋梅：《北京城市综合治理体系研究》，载《城市发展研究》2015 年第 2 期。

④ 李友梅：《城市发展周期与特大型城市风险的系统治理》，载《探索与争鸣》2015 年第 3 期。

⑤ 李仙：《特大城市治理的基本思路》，载《经济研究参考》2015 年第 20 期。

⑥ 崔小璐：《特大城市火灾的社会特征及治理研究——以上海为例》，载《武汉大学学报（哲学社会科学版）》2016 年第 1 期。

⑦ 陈雪莲：《管控型特大城市治理模式分析——以北京市"城市精简"治理为例》，载《中共天津市委党校学报》2016 年第 3 期。

⑧ 阙天舒、王建新：《"指尖政府"：特大城市移动服务微治理研究》，载《天津行政学院学报》2016 年第 1 期。

2017 年，整体研究成果较少，研究存在不少对同质问题的探讨，如空间拥挤、主体单一、功能疏解、碎片治理等问题，相对应，也存在一些与往年大同小异的对策，如为解决空间拥挤问题，要求改善城市规划、发展公共交通、改革城市管理体制、改革城市综合治理体系等。[①]对于特大城市治理碎片化、主体未合力、社会组织发育慢等问题所提对策也有一些新视角，如开始强化特大城市社区治理理念、居民的主人翁意识与认同，以及重视法律政策规范的问题。[②]

2018 年，在特大城市治理的研究成果中，由于针对的问题相同、相似，治理对策在以往成果基础上虽有一些深化思考，但也存在大量同质化内容，例如一些研究虽以通勤压力、城市规划为表述内容，但实质上针对的仍是人口、空间的问题，特大城市治理碎片化的问题再次被探讨。所提对策也存在同质化的问题，包括合作共治治理理念、多元主体协同治理、均等化资源服务供给、城市空间改造工程、提供就近住宿条件[③]等依旧被提及。当然，研究并不全是同质化的内容，也有一些深化的视角，如李祥等《从碎片化到整体性：我国特大城市社会治理现代化之路》一文，其既有同质化对策内容，也有一些相对体系化、深化的思考，如应从治理能力、结构、过程等方面系统着手，阐述包括信息技术治理工具更新、扁平化治理组织结构转变、治理主体权力适度制衡、公共服务错位灵活供给、对公众需求及时回应等对策。[④]

当然，该时期也有一些创新视角、创新做法的研究成果，概括后大致可分为如下两个方面：一为对于特大城市风险治理的研究，包括对公共安全、拆迁、心态等风险治理的研究，这些文章主要从风险的识别、防范方面讨论

---

① 李宏、杨桓、刘仁忠：《论我国特大城市空间拥挤的制度根源与治理路径——基于空间政治的视角》，载《湖北社会科学》2017 年第 9 期。

② 原珂：《试析特大城市社区冲突治理面临的困境及其成因》，载《社会主义研究》2017 年第 6 期。

③ 戈艳霞：《特大城市外来人才的通勤压力、形成原因与治理对策》，载《河北大学学报（哲学社会科学版）》2018 年第 3 期。

④ 李祥、孙淑秋：《从碎片化到整体性：我国特大城市社会治理现代化之路》，载《湖北社会科学》2018 年第 1 期。

治理策略的问题,如针对公共安全风险治理,有的学者就提到设置前置预警体系,利用大数据技术加强社会治安综合网建设,在日常生活中形成立体化、系统化的社会安全防控网络,以信息化手段推动风险预警的准确性与科学性。[1]二为在特大城市治理对策中尝试构建治理评估体系,试图通过构建逻辑框架、指标体系、方法流程以及应用机制等,促进特大城市社会治理体系完善和治理能力现代化。[2]

自 2019 年后,对于特大城市治理的对策开始集中探索信息化、技术化的路径,尤其是在特大城市风险治理领域,以人工智能为技术核心,结合数字治理规则的转变,促进治理整体现代化。例如,张龙辉在《人工智能应用下的特大城市风险治理:契合、技术变革与路径》一文中就对智能化路径有相对系统概括:"人工智能的应用推动了特大城市风险治理过程中的权力运行的技术化、治理结构的网络化、治理过程的协同化和治理结果的精准化等技术变革,并为特大城市风险治理提供了一个技术路径"[3],以及通过这些路径完善风险预警机制、提升政府行政能力、推动风险协同治理。除了一些老生常谈的人口流动、风险防控的治理问题与对策外(有的研究看似从不同角度分类,但是在对策上与以往相对同质,在此不赘述),这两年的研究成果开始追求特大城市治理精细化。从对策上来看,这一方面的研究重点从防控机制层面提出城市精细化治理策略,包括风险识别、评估、预警、决策、沟通、响应和追责等,实现与技术的结合,配置常态与非常态的手段。[4]

2021 年至今,该时期文章在大致的对策路径上相对同质,如在问题上讨论风险与空间、在手段上建议与信息技术结合、在机制上提倡防控一体

---

① 刘博:《特大型城市公共安全风险新动向及其应对》,载《理论月刊》2018 年第 5 期。

② 张锋、罗翔:《特大城市社会治理评估体系构建研究——以上海为例》,载《城市发展研究》2018 年第 9 期。

③ 张龙辉、肖克:《人工智能应用下的特大城市风险治理:契合、技术变革与路径》,载《理论月刊》2020 年第 9 期。

④ 董幼鸿:《精细化治理与特大城市社区疫情防控机制建设——以上海基层社区疫情防控为例》,载《社会科学辑刊》2020 年第 3 期。

化、在体系上设置权责体系等。①这些对策、方法在以往年份的研究中已有阐述。这一阶段的对策研究在大致上相似，但在细节或深度上有所创新，例如在理论层面论证特大城市治理的及时性②，提出文化机制的动力因素包括规则、心理、风俗、习惯等，促使治理的社会性联结③等，在此不一一举例。

（二）由城市治理到犯罪治理策略同质化反思

总体而言，伴随着特大城市的治理研究、实践，治理对策的同质化越来越明显。治理作为上位概念，本身涵盖犯罪治理，其对策同样适用特大城市的犯罪治理问题，无论是视角上的共治理念、风险防控、纠纷处置等，还是方法上的多元协作、空间规划、技术联系等，这些都在犯罪治理中被提及、论述以及试行。可以说，在治理现代化的背景下，才有犯罪治理现代化主题的成立，犯罪治理的研究以治理研究为前提，而治理对策同质化问题是导致犯罪治理对策的同质化最直接的原因。

如果将这种证明视为证据一，那么证据二即是以"特大城市犯罪治理""城市犯罪治理"为关键词进行的文献研究。截至 2022 年 3 月 24 日，以"特大城市犯罪治理"为关键词在中国知网检索得到文献 1 篇，该文主要从信息化的角度提出对策。以"城市犯罪治理"为关键词在知网检索得到文献 40 篇，其中 13 篇发表于核心期刊（这在某种意义上反证了研究特大城市治理对策的必要性，直接以犯罪治理为关键检索，所得研究样本也不够多，在治理上位概念基础上再探讨犯罪治理问题，一来两者本身紧密联系，让研究更具衔接性；二来两者相互证成，协同证成策略同质化的命题）。这些文章的主题虽然限缩在"城市"范围，但在研究时也以"特大城市"为例，因此属于本书主题范围。多数文章的研究范围为所有城市，既包含特大城市，也包含一

---

① 吴晓林：《特大城市社会风险的形势研判与韧性治理》，载《人民论坛》2021 年第 35 期。

② 于文轩：《奔跑的大象：超特大城市的敏捷治理》，载《学海》2022 年第 1 期。

③ 刘亚秋：《特大城市基层社区治理与重建社会性联结——基于成都市社区调查资料的分析》，载《社会科学辑刊》2021 年第 5 期。

般城市,这些文章从共性的角度谈治理问题,也与主题密切相关。当然,也存在一些文章以一般城市为研究范围,这些文章针对性似乎不那么强,但鉴于具有参考价值也纳入研究样本范围。最终,删去两者检索相同或无关的文章,本书以 39 篇文章为研究样本,来分析城市犯罪治理对策的理论、实践情况。

因研究方法与上述治理对策部分类似,在此不再重复介绍,也不再按时间顺序综述,而直接从整体上进行系统的归纳与概括。整体而言,有关城市与特大城市犯罪治理对策研究与治理类似,不可避免要从人口、空间等问题着手,发现犯罪治理的难题,再予以对策的思考。伴随着时间的延续与情况的发展,对策的思考总体上呈现由浅入深、由粗到细的发展。纵观多年研究,这些成果存在犯罪治理对策同质化讨论,但也会涉及一些创新的观点,需要辩证看待。在辩证统一的态度上,犯罪治理的策略同质化问题大致体现在如下方面:

1. 从空间结构看城市犯罪治理策略同质

自 2003 年后,城市犯罪治理研究对空间要素有广泛的讨论,涉及空间要素的文章在讨论治理策略时,主要从空间防控的角度进行研究。一方面,一些学者将空间类型化,区分物理空间(区分公共空间、非公共空间)、虚拟空间、特殊空间、边际空间等,再予以具体讨论,如王胜男等以非公共空间为例,从警戒设备(如电子设备)、警戒措施(如安保制度)、警戒水平(如警亭)、警戒效果(如警讯通畅)等方面,来构建犯罪治理的防控体系。[①]另一方面,一些学者在空间类型化研究基础上,进一步从整体上概括犯罪治理以及防控力量体系,包括强化城市居民个体、社会团体、专门人员、设备产品、空间环境等防控能力,进而提升犯罪治理效果[②]。

在城市犯罪治理的空间问题上,王发曾发表的文章较早、较多,形成了

---

① 王胜男、吴国玺、王助国:《城市犯罪问题中的非公共空间盲区微观环境分析》,载《资源开发与市场》2012 年第 9 期。

② 王发曾:《我国城市犯罪空间防控研究二十年》,载《人文地理》2010 年第 4 期。

一定的体系,后继一些学者研究,尤其针对空间盲区研究,难以避免在对策上产生同质化问题,如一些学者谈到犯罪预防理念、改造热点空间、多元主体参与、完善环境设计等举措①,其实很难脱离上述五种防控力量体系。不仅如此,这些举措还与特大城市治理上位概念对策范围同质,该文发于2016年,但从上文文献综述中可以发现,这些举措在2016年前有关"特大城市治理"的对策成果中都能找到缩影。

2. 从人口因素看城市犯罪治理策略同质

在人口因素方面,对于城市犯罪治理的讨论主要集中在流动人口、外来人口、农民工、青少年等主体视角上。在对上述人口类型进行犯罪治理分析时,不同的文章都有提到一些同质对策,这些对策大致如下:一是谈及流动人口、外来人口、农民工等犯罪治理时,不少文章都会提及有关公平对待的问题,包括通过调整社会治理措施、政府转变治理观念、消除制度歧义、建立公平的社会保障体系、促进法律规范与司法公平(立法或政策应适当倾斜农民工以实现实质公平)②等策略,防止因受不公待遇而产生负面情绪或糟糕处境,而做出违法、犯罪行为。不公平本身就与法律,尤其是刑法的观念不符。二是针对流动人口,文献所涉及的犯罪治理对策,虽然手段不同、形式各异,但概括而言主要从管理、文化、技术等层面着手,如有序规范流动、规范行政管理③、净化文化市场、加强法律宣传、利用信息技术、采取科学手段等。三是随着城市犯罪治理研究的深入,以青少年为主题的研究相继开展,该主题下治理对策的同质化更为明显。就治理主体而言,绝大多数的文章都谈及政府、学校、社区、家庭等在青少年犯罪预防中的作用,不少文章还补充说明社会组织、团体能为青少年健康成长提供教育、文化、维权等社会资源。④

---

① 刘仁文、单勇:《中国城市更新中的空间盲区治理》,载《辽宁大学学报(哲学社会科学版)》2016年第4期。

② 杨德敏:《城市农民工犯罪与社会治理》,载《行政与法》2004年第10期。

③ 蔡永彤:《城市外来人口违法犯罪高发时区论》,载《江苏警官学院学报》2004年第3期。

④ 吕红培:《治理视角下城市青少年违法犯罪预防探析——以昆明市五华区为例》,载《思想战线》2013年第S2期。

就治理手段而言,多数成果谈及以教育手段为核心,辅以社会引导等手段①,综合运用多元手段最终实现引导、教育青少年向善,将道德与法治教育相融。

3. 从犯罪类型看城市犯罪治理策略同质

新时期,我国城市与特大城市出现若干热点犯罪问题,包括"侵财犯罪居高不下;网络犯罪猛增;涉众型犯罪、暴恐犯罪社会危害严重;职务犯罪立案数持续增长,且大案要案屡创新高;食品药品犯罪和环境污染犯罪问题增长明显等"。②面对这些问题,有关对策的研究主要从预防和控制城市犯罪的角度出发,这既需要不断更新犯罪治理的理念,又需要综合考虑经济、机制、技术、法治等多元要素,运用多元手段结合现实情况作出处理。以公共安全犯罪为例,在《情景预防视阈下城市轨道交通公共安全治理研究》一文中,在其构建的对策体系中,强调增强意识、加强宣传等即从理念、观念角度提出对策,而提及制定规范、加强监管、安全检查等即从机制、法治角度提出对策。③当然,也有一些文章是从犯罪打击的角度来构思城市犯罪治理的策略,如一些论述城市恐怖犯罪治理的文章,就提出对于这种犯罪最有力、最主要的应对策略就是打造情报网、打击网,利用群众力量、技术力量打击犯罪。④

4. 从信息技术看城市犯罪治理策略同质

在某种意义上,犯罪治理是城市治理的组成部分,当今社会城市治理呈现信息化、智慧化趋势,智慧城市建设过程中如何增加犯罪治理的内容亟待探索。无论是智慧城市治理⑤,还是犯罪治理,都与信息技术密切相关。但

---

① 薛菲:《城市社区治理中预防青少年犯罪途径研究》,载《赤峰学院学报(汉文哲学社会科学版)》2017 年第 6 期。
② 丛梅:《新时期我国城市犯罪若干热点问题分析》,载《河南警察学院学报》2019 年第 5 期。
③ 袁桂娟、薛怀祖:《情景预防视阈下城市轨道交通公共安全治理研究》,载《都市快轨交通》2021 年第 4 期。
④ 周维方、周永:《恐怖犯罪新趋势及城市应对策略研究》,载《江苏警官学院学报》2018 年第 4 期。
⑤ 智慧城市治理在本书的第二部分还有专门介绍。

信息技术也容易被"滥用"。从研究来看,不少涉及信息技术对策的文章都会论及城市犯罪治理应充分利用技术手段,包括数据技术、监控技术、网络技术、AI技术等。技术的变革带来功能的发展,让人们获得便利,城市犯罪治理适用新技术无可厚非。但关键是该如何具体适用,该如何将技术与治理融合,真正的对策需要论证可行性,以及具体该如何施行。总体来看,城市治理的问题缺乏从工具更新到规则变化、工具实际应用以及深入发展的研究。

四、犯罪治理信息化的困局

自始至终,信息化本身就是一种进步,不可否认犯罪治理信息化的价值。但本着深化发展的目的,特大城市犯罪治理信息化同样需要改进、优化。当前,虽说一些特大城市开始开展信息技术深化的研发运用,但多数仍停留在犯罪治理信息化1.0版本,例如仅简单普及适用监控技术、话单分析技术等,并没有进行深入的技术发掘;再如当前技术与犯罪治理缺乏联系,更谈不上技术与治理体系的有机联系。这些问题均需要置于当前的语境、未来的趋势下,进一步的说明、论证。

(一)当前犯罪治理信息化的趋势与特征

党的十八届三中全会通过的《中共中央关于全面深化改革若干重大问题的决定》提出:"推进国家治理体系和治理能力现代化。"[①]在法治中国与国家治理体系建设的新时代背景下,犯罪治理成为国家治理体系中的重要组成部分。改革开放多年以来,中国已从农业社会过渡到工业社会、商业社会,更是在信息化技术迅猛发展的形势下快速进入信息化社会。为顺应信息化社会的发展需求,犯罪治理模式也进入信息化模式变革的浪潮中,以加快实现社会治理能力的现代化。犯罪治理信息化便是在这样的时代背景下

---

① 《中共中央关于全面深化改革若干重大问题的决定》,中华人民共和国中央人民政府官网,http://www.gov.cn/jrzg/2013-11/15/content_2528364.htm,2013年11月15日。

应运而生的，在信息文明时代，物联网、云计算、大数据、空间地理信息集成、人工智能等新一代信息网络技术推动着犯罪治理模式的深刻变革，近年来，党和国家逐步将"网络法治建设"提上法治国家、法治政府、法治社会一体化建设的日程，网络治理社会化、智能化、专业化与法治化水平取得显著提升。①2015年，党的十八届五中全会提出实施"国家大数据战略"，首次将大数据战略上升为国家战略，2017年，在党的十九大报告中也提出要"推动互联网、大数据、人工智能和实体经济深度融合"。可见，信息化技术已融入社会生活的方方面面，不断推进犯罪治理模式信息化发展。"犯罪治理呈现出整体性的技术转向，犯罪的技术治理模式蔚然成型"②，将信息技术运用到犯罪治理的全过程已经成为时代发展的必然趋势。

在信息化的浪潮中，绝大多数的问题都无法跳过信息化，信息化已经深入我们的生活难以抽离。在这样的大背景下，犯罪治理同样需要不断进行信息化拓展。一直以来，信息技术在司法实践中更多扮演的是工具的角色，这是信息化1.0版本。尤其是针对部分可被取代的人为工作，信息技术以一种自动化但也相对比较机械的方式介入，例如简单的视频监控、数据记录、信息统计等。当前，在犯罪治理中多数区域的信息化还仅停留在这个层面。当然也存在一些特大城市开始进行犯罪治理信息化的深化发展，信息化2.0版本有了初步的构思及实践。例如在笔者调研时，据某特大城市信息技术研究专家介绍，其在监控技术的基础上，开始构建自动化分析视频中人物的行为姿态的系统，一方面是监控技术收集画面信息，另一方面是其系统自动比对、识别画面中人的轮廓与行为姿势，从而在模糊的画面或面部遮掩的画面中，也能辨别该人物是否是犯罪嫌疑人。再如简单的线上投诉记录功能，有的城市开始结合算法技术，以实现其自动学习、自动识别功能，包括自动对投诉次数、语句等作出识别，以验证是否属于有效投诉。当然，还

① 徐汉明：《我国网络法治的经验与启示》，载《中国法学》2018年第3期。
② 单勇：《犯罪之技术治理的价值权衡：以数据正义为视角》，载《法制与社会发展》2020年第5期。

存在犯罪治理信息化的 3.0 版本，突破犯罪治理环节、节点的束缚，将所有的环节纳入统一的自动系统中，并且所有的治理规则也随之变化，以符合信息化治理的规律，但这是一种相对理想化的构思，实际发展任重而道远。

在这样理想化的图景中，如果予以归纳概括，应然层面犯罪治理信息化至少包含如下一些内容：一为信息化是突破传统犯罪治理模式的具体表现，包括对传统治理理念、单一治理主体、消极治理方式等理论的突破；二是信息化运用信息技术、网络技术、数据技术、算法技术等以赋予更多元的犯罪治理功能，包括数据化犯罪信息监管、智能化犯罪信息分析、预警化犯罪风险评估、社会化犯罪治理监管等；三是信息化将会实现自动化、一体化、实效化的新型智慧犯罪治理模式，并且伴随犯罪治理规则的变化。在此基础上，特大城市犯罪治理信息化面向未来也具备一些应然的特征。

1. 数据搜集的海量化

伴随大数据统计技术的发展，各种数据信息成为公安破解案件的重大突破口。就公安机关而言，户籍信息、指纹信息、网页浏览信息、移动位置信息、不动产信息、物流信息、消费记录信息、交通工具信息以及遍布在各个公共场所的视频监控信息汇聚成庞大的数据库，为犯罪治理搜集了海量的数据，只要在数据库中使用关联信息检索与排查，就能快速识别与排除犯罪嫌疑人。近年来，各地政府纷纷建立大数据智能平台，通过通信卡、热点、卡口等感应设备，形成智能化、多维度、全时空的信息采集系统，还可以根据数据统计展现个人的身份地位、价值属性、生活属性、关系属性、行为偏好等微观行为与空间特征，为提高犯罪治理效率、提升审判公正性提供了强有力的支撑。例如江苏省淮安市中级人民法院在 2015 年审结的凌某仁受贿案中，面对凌某仁的拒不配合，法院办案干警利用该院已建立的大数据库，迅速查明了凌某仁的房产、金融资产、车辆、往来人群等各类信息，还通过以往案件查办过程中收集的行贿线索，及时询问了相关证人，在大数据库的帮助下，其腐败的事实终于被揭露，顺利结案。

2. 信息流程的集成化

信息化犯罪治理模式不仅在于数据的信息化运用,也在于信息流程的集成化运作。几乎有关犯罪治理信息化的理论与实践都不会反对将流程节点数字化、代码化,并进一步将这些流程节点置于统一系统中,从而实现信息流程的集成化。可以说,以治理流程集成化为核心,相继形成的多元治理方式、治理功能的集成都是相似的。一般来讲,犯罪治理流程中能够以信息技术处理的包括犯罪嫌疑人锁定、犯罪嫌疑人讯问、犯罪证据侦查、案件移送审查起诉等。这些方面均需信息技术支撑,相互连接以实现集成。例如在犯罪嫌疑人锁定阶段,需要公安机关通过案件情况分析犯罪嫌疑人特征,搜集有关证据,在证据支持下锁定犯罪嫌疑人,大数据技术就可以通过对生活习惯、行为偏好的数据统计与分析,帮助公安机关在人海中找到犯罪嫌疑人。再如,在犯罪嫌疑人讯问和证据侦查阶段,传统侦查模式对犯罪嫌疑人的口供、讯问笔录等主观证据过分依赖,尽管犯罪嫌疑人在合法环境与手续下完成的口供具有一定的可信性,但在没有客观证据加以印证的基础上仍显得没有说服力,大数据关联、数据挖掘、变量分析等计算机信息手段注重量化思考,为犯罪侦查提供客观数据。犯罪治理集成化不仅重视每个阶段的技术深入,也考虑不同节点的连接与融合,比如如何在锁定阶段过程中进行自动化证据收集、如何衔接犯罪侦查与起诉的流程等。

3. 决策治理的自动化

犯罪治理信息化还涉及决策的内容。传统人为决策主要从经验出发,一方面涉及标准客观性的问题,另一方面涉及人情世故的问题。但显然信息化治理将在自动化的方式下更加客观实现治理的决策结果,典型的决策包括犯罪预警、犯罪研判等。传统犯罪治理模式以打击为主,由此在犯罪预防方面效能低。这也意味着传统犯罪治理模式主要围绕犯罪案件的侦查、起诉、审判、执行等刑事司法环节而展开,传统犯罪治理模式更多情况下是一种犯罪后的法律救济途径,弱化了对应的引导与教育的价值。犯罪治理信息化则有可能弥补这种不足，利用云计算、大数据等信息手段，让犯罪治理阶段涵盖犯罪预防的过程。一方面，可量化的数据分析手段为进一步研究犯罪规律、研判犯罪形势提供了客观有效的数据支撑；另一方面，通过研究标准、指标，将其数字代码化，即可让这种预警或决策自动化运行。数据、算法、网络技术赋予了犯罪治理新的可能性，这既包括对于犯罪数据的自动收集、分析，还能在研究规律后根据最优方案进行自动研判，在最大程度上体现规律性、客观性。此外，当前一些智慧技术、设备已具备自动学习功能，能够自动验证、完善标准，以实现科学化治理。

（二）城市犯罪治理信息化的难题、机遇与挑战

信息化在运用于人类生产生活的同时，也必然为罪犯所利用，产生新的犯罪形式，提升犯罪的智能化程度，如智慧城市建设将信息技术运用于城市治理，为城市治理现代化提供动力，以保障社会机能良好运转和维护人民群众正常的生产生活秩序，但也使智慧城市建设与公民权利之间可能产生冲突，从而衍生新的社会矛盾，甚至产生违法犯罪问题。犯罪信息化和犯罪治理信息化是一种矛盾关系，这类问题产生的前提是信息共享与个人信息保护的冲突。

智慧城市建设有赖于大量的数据分析，新型智慧城市建设需要实现城市内部和城市间的信息共享。政府如何保障信息不被泄露和非法运用是智慧城市建设过程中必须面对和解决的问题，如在疫情防控时期，信息共享与保护的冲突更加明显，一方面是为了公共健康对信息进行共享，另一方面则是对个人隐私的保护。建立完善的信息共享系统是肯定的，需要进一步考虑的问题是将信息共享至何种程度。智慧城市建设是一项全国性的系统工程，企业的参与同样不可忽视，在智慧城市建设过程中，许多项目和行业标准实际上由企业推动落实。智慧城市的建设发展，有赖于这些企业搜集和处理大量个人或团体信息，为城市建设决策包括犯罪防治提供大量数据。但我国信息行业整体上自律性不够强，防范智慧城市建设市场化过程中网络信息越轨行为是信息保护的必然要求。

再以网络技术发展为例，互联网早已成为很多犯罪的"驻扎地"，如今物联网的高速发展更是促成网络泛化，而这一社会趋势也可能为违法犯罪提供了"契机"。例如，特斯拉电动汽车在各种场合都可以接入 WiFi 和 4G 网络，无人驾驶技术也将与交通灯、交通台、其他车辆或数据系统互通互联，这意味着存在更多的潜在攻击点，意味着为网络犯罪、物理攻击提供了更多的犯罪渠道。因为一旦入网，很多攻击手段就可以像病毒攻击电脑一样攻击无人驾驶车辆，就像肆虐全球的 WannaCry 病毒，不仅能入侵电脑，同样可以入侵车辆①，网络空间已然成为犯罪活动的"发生地"。根据我国互联网应急中心 2018 年发布的第十三期网络安全信息与动态周报报道，该周境内被篡改网站数量为 746 个，境内感染网络病毒的主机数量约 27.8 万个。这些数字反映出网络安全方面的巨大隐患，其背后涉及大量的网络犯罪问题。不解决网络安全风险，贸然将人工智能技术应用到犯罪治理体系中，可能带来不可知的隐患。犯罪总会有其追逐的目标和利益，而治理犯罪就是要预防、减少和抑制犯罪，所以不难想象二者都会追逐信息化。在某种意义上，犯罪治理就是要通过更高级的信息化"打败"犯罪的信息化。

在当今世界新一轮科技革命和产业革命中，人工智能彰显"头雁效应"，引领科技革命、产业革命与教育革命交融汇聚，提升人们的生活感受和生命体验，同时对现代社会治理理念、治理能力与治理体系产生重大影响。在智能化、数字化、网络化高速发展的今天，人们对人工智能助力特大城市犯罪治理寄予厚望。

人工智能，是指通过研究人类智能活动规律，构造人工系统，模拟、延伸和扩展人类智能的科学。人工智能的说法是在 1956 年达特茅斯会议上被首先提出的。1950 年马文·明斯基与邓恩·埃德蒙一起，建造了世界上第一台神经网络计算机。同样是在 1950 年，被称为"计算机之父"的阿兰·图

---

① 《人工智能用于网络安全的"能"与"不能"》，搜狐网，https://www.sohu.com/a/162674632_624619，2017 年 8 月 6 日。

灵提出了一个举世瞩目的想法——图灵测试。按照图灵的设想：如果一台机器能够与人类开展对话而不会被辨别出机器身份，那么这台机器就具有智能。而就在这一年，图灵还大胆预言了真正具备智能机器的可行性。在1956年达特茅斯会议上，计算机专家约翰·麦卡锡提出了"人工智能"一词。该会议确定了人工智能的目标是"实现能够像人类一样利用知识去解决问题"。人工智能的崛起经历了三次浪潮。①2017年，我国发布的《新一代人工智能发展规划》指出，人工智能技术的发展将决定未来经济发展、社会建设和国际竞争的趋势及走向，自此人工智能技术上升到了国家发展战略布局的高度，人工智能技术的研究和开发进入了新时代。国内顶尖科技公司已经将人工智能技术广泛应用于交通、金融、医疗、教育、物联网、社交、通信和安防等诸多领域。

由于人工智能技术的应用，海量的信息数据为深度学习算法提供了大量的数据支撑，计算能力的提高，人工智能领域的技术门槛的降低，加速了智能产业升级，推动了应用型人工智能技术在社会各行业、各领域的使用，一些违法犯罪人员伺机而动，侵犯公民个人信息、侵犯商业秘密、网络诈骗、洗钱等依托于网络平台进行的犯罪活动利用AI进行了手段更新。前几年就已经出现了利用深度对抗生成网络进行伪造的犯罪（如利用语音合成冒充本人、利用计算视觉技术换头变脸）、逃避监测并创造性地根据目标行为

---

① 人工智能崛起的第一次浪潮始于20世纪50年代。在算法方面，感知器数学模型被提出用于模拟人的神经元反应过程，并能够使用梯度下降法从训练样本中自动学习，完成分类任务。另外，由于计算机应用的发展，利用计算机实现逻辑推理的一些尝试取得成功。理论与实践效果带来第一次神经网络的浪潮。然而，感知器模型的缺陷使许多应用难题不能解决，神经网络的研究也陷入停滞。第二次浪潮始于20世纪80年代。BP（Back Propagation）算法被提出，用于多层神经网络的参数计算，以解决非线性分类和学习的问题。同时，针对特定领域的专家系统也在商业上获得成功应用，人工智能迎来了又一轮高潮。然而，人工神经网络的设计一直缺少相应数学理论支持，之后BP算法更被指出存在梯度消失问题，专家系统也暴露出应用领域狭窄、知识获取困难等问题。第三次浪潮始于20世纪10年代。深度学习的出现引起多层神经网络学习过程中的梯度消失问题被有效地抑制，网络的深层结构也能够自动提取并表征复杂的特征，避免传统方法中通过人工提取特征的问题。深度学习被应用到语音识别以及图像识别中，人工智能在大数据时代进入了第三次发展高潮。

变化自身形态的网络攻击犯罪（如 AI 撞库验证码）、针对系统漏洞进行回溯性攻击的犯罪（如对抗样本和数据投毒）、利用人工智能技术窃取个人信息的犯罪（如利用 AI 赋能的软件来分析个人电子足迹导致的 Facebook 信息泄露事件①）等。

因信息化技术被犯罪所利用，犯罪线索隐蔽化、犯罪手段线上化、犯罪危害延伸化等特征不断显现。例如，犯罪线索虚无化、隐蔽化，如犯罪行为人利用网络存在的非实名制度缺陷隐藏自己的身份。由于不需要面对面的交流沟通，因此犯罪人的真实身份往往无从知晓。而人工智能技术更是提高了人类行为的匿名性、隐蔽性以及时空上的距离感，从而减弱了犯罪人犯罪的道德自责感，降低了违法犯罪面临的惩罚成本，自然就提升了犯罪活动的预期收益。在犯罪利益的驱动下，犯罪分子更关注地下黑产，也更容易获得相关的 AI 软件应用和最新的科技成果用以实施犯罪②。

以偷拍行为为例，它可以说是与信息化发展联系最紧密的一类违法犯罪类型。21 世纪初偷拍设备体积大（特别是镜头），不便于隐藏。大约 2005年前偷拍设备主要用于暗访，到了 2008 年前后，体积很小的针孔摄像头、镜头出现，偷拍设备的存储模块、电路板的体积变得只有 U 盘大小。2015 年前后，偷拍设备的体积已经变得相当小，包括摄像头、电路板在内的整个模块都只有 U 盘大小，并且随着 4G 技术的出现，偷拍设备既可以把视频存储在内存卡里，也可以通过流量卡或 Wi-Fi 信号实时传输。家用安防摄像头在市面流行后，偷拍的方式又多了一种，即通过破解家用摄像头的账号、密码，实施偷窥。第一批面向家庭场景的智能摄像机在 2014 年出现，通过Wi-Fi 无线连接，支持卡录、云存储、App 远程查看，到了 2021 年，家庭安防

---

① 叶丹：《Facebook 数据泄露敲响互联网信息安全警钟》，载《南方日报》2018 年 3 月 23 日，第A13 版。

② BRUNDAGE M，AVIN S，CLARK J，et al. The Malicious Use of Artificial Intelligence：Forecasting，Prevention，and Mitigation[EB/OL]. arXiv preprint arXiv：1802.07228(2018-02-20). https://arxiv.org/abs/1802.07228.

市场智能摄像机总量已经超过 4 500 万台。信息网络技术的发展能够实现人机分离，让不法分子远程操控摄像头，进一步降低了犯罪门槛。一旦犯罪行为可实现产业化和链条化，所带来的利润就会越高，犯罪的冲动就越不可克制①，社会治理的难度无疑就更大。

从源头上看，通过网络等信息化技术实施犯罪，任何一台计算机或电话等通信工具都可能成为违法犯罪的源头，任何人都能以低廉的费用向全世界随时无顾忌地发布违法信息。犯罪人通过网络实施犯罪行为的时间极短、速度极快。而且犯罪留下的蛛丝马迹多为数字化信息，由于数据加密技术和计算机信息系统的多样性，只有经过专门培训的专家才能获取线索。有些犯罪甚至不留任何痕迹，这种瞬时性、超越空间性的特征使作案时间、地点难以追查，侦查机关很难通过控制网络获取犯罪线索，极大降低了犯罪行为被即时或者提早发现的可能。例如利用无人机运输毒品及爆炸物、冲撞重点设施等活动都难以发现和防范；利用 AI 远距离检测系统漏洞等行为具有较大侵害性和隐蔽性。随着人工智能技术在犯罪活动中的应用和社会公共安全形势变得日趋复杂，传统的犯罪预防策略、手段和技术已明显力不从心。

此外，目前利用人工智能技术实施犯罪治理、构建犯罪预防体系也存在明显不足。一方面，AI 系统虽然在许多方面拥有拟人化甚至超越人类的能力，但其技术本身依然存在漏洞，包括容易遭受数据病毒攻击利用自动系统目标设计缺陷、"留后门"不断窃取信息等。另一方面，现有人工智能技术的

---

① 2019 年以来，打击偷拍偷窥黑色产业链的专项行动一直持续开展。2021 年 5 月至 8 月，中央网信办会同工业和信息化部、公安部、市场监管总局在全国范围组织开展摄像头偷窥黑产集中治理，其间京东、淘宝、闲鱼等电商平台下架违规宣传或违规售卖摄像设备 1 600 余件，抓获犯罪嫌疑人 59 名，收缴窃听窃照器材 1 500 余套。据公安部消息，自 2021 年 11 月以来，公安部网安局部署开展依法严厉打击偷拍偷窥黑色产业链条行动，侦破刑事案件 160 余起，抓获犯罪嫌疑人 860 余名，查获被非法控制的网络摄像头 3 万余个。2021 年 4 月北京市第三中级人民法院披露的一起案件显示，被告人巫某某通过自己研发的 APP 控制了全球 18 万个摄像头，涉及中国、日本、韩国等多个国家和地区。参见张馨予：《1 人能控制 18 万个摄像头：偷拍犯罪为何屡禁难绝？》，载《中国新闻周刊》总第 1042 期，2022 年 5 月 2 日。

效能、赋能的软件应用、装载的硬件设备设施能力还有待发展，不能满足犯罪治理的需要。目前对于多源异构数据测度的计算理解、协同认知还处于一个浅层维度，存在一定技术局限性；利用跨媒体感知数据的信息聚合、内容理解和知识获取，在自动发现突发事件的苗头、预测事件发展态势等领域尚无完整方案；基于物联网等的分布式智能感知的节点处理能力，还不足以应对犯罪预防的整体需要。面对风险社会数据量多且复杂的现状，犯罪预防需要针对海量庞杂的社会安全数据，建立处理、分析、预报、预警和应急响应体系，研究复杂物理空间和网络空间海量非结构化数据的处理、融合、感知、认知理论和技术，在犯罪预防理论创新、复杂社会关系挖掘、跨媒体跨时空态势分析、大尺度社会风险感知等领域亟待实现关键性突破，以构建智能监测预警与控制体系。[①]事实证明，现代信息技术日新月异，犯罪的信息化和智能化不可避免，这也给犯罪治理信息化和智能化带来了严峻挑战。

（三）当前犯罪治理信息化的具体问题

尽管特大城市具有雄厚的经济实力、发达的科学技术、高端的技术人才等有利条件，为犯罪治理信息化提供了研究前提和基础，在犯罪治理信息化实践中也取得了不少的成果，但由于科技发展水平、技术应用程度、个人认知和接受能力的不协调，各部门犯罪治理发展的不平衡与不充分，不少城市的犯罪治理信息化依然只停留在浅显层面，没有真正做到将传统犯罪治理模式脱胎换骨，这也是信息化犯罪治理模式目前最主要的困境。

1. 数据来源与利用问题

基于大数据技术在现代犯罪治理中的重要作用，深化大数据技术在犯罪治理中的运用将成为一种趋势。然而，当前大数据技术在使用过程中仍存在来源与应用的难题。具体而言，主要包括以下几个方面：

一是数据来源问题。首先是数据来源的可靠性依然存疑，犯罪侦控部

---

① 刘钊等：《人工智能在犯罪预防中的应用及前景分析》，载《中国人民公安大学学报》2018 年第 4 期。

门的数据来源包含了犯罪侦控部门本身、企事业单位、自然人主体。然而，不同来源的数据可靠性并不相同，如在 AI 换脸等人工智能高度发达、犯罪分子能够轻易将视频中的人脸进行替换进行反侦查的背景下，从私主体处获取的监控视频与从政府部门安装的街面监控获取的监控视频的可靠性是否相同就值得商榷，在运用从不同主体获取的视频监控信息时应当对数据的可靠性进行充分甄别。其次是数据获取的正当性值得商榷，侦控部门使用本部门在职权范围内获取的数据当然有其正当性，但是犯罪侦控部门在向私主体调取数据证据时，私主体是否有提供完整的、未经加密处理或模糊化处理的数据的义务是值得商榷的。私主体（尤其是掌握大量私人信息的信息网络服务提供商）不仅有预防犯罪发生的一般义务，同样还有维护用户数据安全和隐私的特定义务。例如，《民法典》第 111 条规定，"自然人的个人信息受法律保护。任何组织或者个人需要获取他人个人信息的，应当依法取得并确保信息安全，不得非法收集、使用、加工、传输他人个人信息，不得非法买卖、提供或者公开他人个人信息"。最后是数据利用问题，在特大城市中，每天都有大量数据更新，以上海为例，在上海市新能源汽车公共数据采集与监测研究中心，存放着在沪上牌的全部新能源车数据，包括插电式混动、纯电和氢燃料电池车，目前总接入车辆数已近 42 万辆，数据存储量已接近 1 个 PB，每天新增约 1.5 亿条数据[①]；上海 400 多家公立医疗机构每天新增数据 1 600 多万条（累计近 300 亿条）[②]；上海随申办实名注册人数超过5 000 万，每天访问量达 2 000 万人次[③]。同样地，在当前的犯罪防控活动中，各项刑侦技术的发展让治安管理部门、犯罪侦办部门在获取案件有关信息时更为便捷、高效、全面，但若不能有效利用与犯罪相关的海量数据，

---

① 《每天 1.5 亿条数据这样"活"起来，上海力推城市数字化转型》，上观新闻网，http://www.icppcc.cn/newsDetail_1056053，2021 年 2 月 2 日。

② 《上海 400 多家公立医疗机构实现数据共享　每天新增数据 1 600 多万条》，搜狐网，https://www.sohu.com/a/168612997_456061，2017 年 8 月 31 日。

③ 《"随申办"每日访问量超 2 000 万　"公共数据治理"上海样本初步形成》，IT 时报网，https://baijiahao.baidu.com/s?id=1699342093437099145&wfr=spider&for=pc，2021 年 5 月 10 日。

那么这些数据不过是繁芜丛杂且恼人的数字符号。倘若没有数据分析手段对这些已经获取的犯罪信息进行科学化分析,反而可能产生信息过载的问题,使得关键有效信息淹没在海量数据中,办案人员无法从海量信息数据中选取有效信息,更谈不上将数据运用到案件侦办中,反而会对办案形成掣肘。

二是数据来源与利用问题中,数据孤岛现象突出。数据孤岛也称信息孤岛,是指各个计算机信息系统的信息来源彼此独立、信息平台相互排斥、信息处理难以关联互助、信息运用不能互换共享的信息壁垒和信息堵塞现象。①一方面,由于自身的需求不同,不同的数据收集主体在进行数据收集、分类、存储时遵循的标准也不尽相同,在此前提下,来自不同主体的数据难以避免具有异质性,导致部分具有关联性、内在逻辑性的数据无法有效连接。另一方面,各个部门之间数据系统不融通,数据共享有障碍也使得大量数据资源被浪费,无法发挥数据群的功能与效应。当前,数据信息资源主要掌握在各个政府机关手中,在很大程度上造成了"一方面,政府掌握着大量核心数据,占数据总量95%以上的非结构化数据被束之高阁;另一方面,一些企业拥有专业数据分析应用技术,却只能望宝山兴叹"②的尴尬局面,虽然个人或单位也可以通过依法申请取得自己想要的数据信息,但数据信息经过数据需求个人或单位申请——数据掌握单位接收——数据掌握单位审批——数据掌握单位发放——数据需求个人或单位获取等一系列烦琐的过程,到达数据需求个人或单位至少需要3—5天的时间,案件侦破的时效性大打折扣。与此同时,对于那些跨区域、跨地区(甚至是跨国家)的犯罪活动,仅凭某一地区的数据往往既难以有效确认犯罪分子身份,也不能完整反映犯罪过程。而以公安机关、国家安全机关为代表的国家机关出于维护国家机密的需要,其内部平台并不联网,这又为公安机关跨区域、跨部门的数据共享增加了困难。如何有效整合不同地区、不同国家机关所掌握的信息

---

① 陈文:《政务服务"信息孤岛"现象的成因与消解》,载《中国行政管理》2016年第7期。
② 周畅:《打破瓶颈,推进行政行为现代化》,载《半月谈》2014年第17期。

数据、实现有效共享,也成为亟待解决的问题之一。

三是数据信息的运用和个人信息保护的冲突。在传统的信息技术环境下,法律保护个人数据信息并不是一个有争议的问题。而风险恰恰产生在执法领域信息化后,在对个人隐私信息的采集、处理、存储和使用过程中,信息权人再也无法享有信息控制权。在人工智能语境下,传统意义上"个人信息"的定位和作用发生了深刻转变。一方面,人工智能在犯罪治理过程中"天生"具有预测性,导致"侵犯个人隐私"之说已经过时。因为人工智能技术的深度学习和逻辑分析功能,使得它在获取到一定量的个人信息后,可以推断出其他尚未公开的信息内容,而且并没有违反相关法律规定,甚至信息权人都不知信息已经泄露。另一方面,在人工智能技术的广泛适用下,越来越多的个人信息被获取、挖掘,个人信息范围不断扩张。在这种意义上,人工智能在近乎可以"预测一切"的前提下,真正能够获取法律保护的个人信息内容日渐减少。因此,信息化技术先天就存在的预测属性,使得它从广义上获取、处理、存储和使用个人信息的行为具有一定程度的合理性。这种数据信息的采集和使用,正是其发挥技术价值的重要体现。然而,就人的权利保护而言,对个人信息的保护和尊重,也是技术进步应当遵守的基本要求。无论是智慧城市建设,还是犯罪治理信息化,技术给社会变革带来不确定影响,法律制度的变革与完善同样面临严峻的考验。

2. 信息集成与底线问题

犯罪治理中的信息分析技术是指"利用物联网、人工智能、大数据平台等信息技术对个人生理特征信息(DNA、指纹、足迹、声音、长相等)、个人身份信息(国籍、姓名、住址、账户等)、涉案物品信息(赃物、痕迹、作案工具、作案现场等)、案件经过信息等涉案信息进行分析,帮助破案和预防案件发生"。[①]其改变了传统犯罪治理中主观性过大、覆盖面过小、关联性过弱等问题,但在实际运用中仍存在集成化不足、道德与法律底线意识模糊等难题。

---

① 王振华、许静:《特大城市犯罪治理信息化的思路转型》,载《警学研究》2021 年第 5 期。

一是集成化不足。虽然目前我国实务部门已逐步运用大数据、人工智能等信息技术手段开展犯罪信息智能分析,但系统建设限制、数据录入屏障、信息流程阻隔都让信息分析技术难以更进一步。就系统建设而言,犯罪治理信息分析包括信息的采样、甄别、匹配、模型建构等多个技术环节,当前,特大城市内部和各城市之间均尚未形成统一的数据处理系统,往往是一个环节设置一个相应的信息处理系统,这不仅需要大量的经费、专业的技术人员,冗杂重复的数据处理也降低了工作效率。就数据录入而言,虽然在建数据库数量不少,但数据库的录入始终存在障碍。例如我国在建的儿童DNA 数据库,目前我国在全国 17 个省、自治区、直辖市设立了执行机构,以自愿为原则,号召家长录入孩子 DNA 信息。但大多数家长选择不录入,一方面,他们担心孩子 DNA 信息被泄露,另一方面,入库需要交纳 1 500 元入库费,很多家庭都不愿负担这一额外开支。①就信息流程而言,受到数据孤岛的影响,各信息处理系统由于"缺乏或尚未遵照统一的技术标准规范,没有充分考虑系统间的关联控制,导致各系统数据异构、格式冲突、可扩展性和通用性差,缺乏开放的互操作接口,优质信息资源难以共享,数据的综合应用发展受到限制"。②同时,对于特大城市多发性犯罪问题也缺乏信息流程运作模型,例如可以通过在已录入的犯罪数据中挖掘识别犯罪模式,选取犯罪模式特征进行数据建模,对犯罪的时空热点、高风险犯罪者等数据建立针对性的犯罪嫌疑人筛选的模型。

二是信息分析技术对道德与法律底线的挑战。在犯罪治理信息分析技术中,人工智能在犯罪治理活动中发挥了强大的辅助作用,将有限的警力资源从冗杂琐碎的事务中解放出来,去从事非程式化的、需要人的个人经验和情感去处理的事务,在客观上推动了犯罪治理能力的提升。但诚如学者所

---

① 陈乙炳:《采集儿童 DNA 数据防拐骗 收费一千五 绍兴家长这么说》,浙江日报网,https://baijiahao.baidu.com/s?id=1590535634143779807&wfr=spider&for=pc,2018 年 1 月 25 日。

② 李盛:《刑事科学技术信息综合应用平台建设初探》,载《刑事技术》2014 年第 3 期。

言，"人工智能技术引发的刑事风险具有内生性、共生性，其中，风险体系的一部分源于人类对高品质生活的需要和渴求；另一部分源于科技本身掺杂着诸多不确定性和异质性"①，我们在享受将人工智能运用于犯罪治理带来的便利时，需要重视人工智能的运用对办案人员传统办案模式、传统伦理道德观的冲击以及对现有法律制度的挑战。能否将人工智能的辅助作用提升，甚至直接取代人在犯罪治理中的作用是一个值得商榷的议题。就当前的伦理道德观念而言，或许将来人工智能会在越来越多的方面具备与自然人一样甚至超越自然人的处置能力，但当前的人工智能智能化水平尚未达到足以取代人类工作的程度，因此不能将犯罪治理工作中需要由自然人来完成的核心工作（如证据的收集与整理、证据能力的认定）也交由人工智能来完成。当前人工智能技术为案件侦办部门获取犯罪嫌疑人的个人信息提供了技术支撑，但当前的法律并未对案件侦办部门获取公民个人数据的手段、存储数据的方式、使用数据的权限等细节问题作出明确细化和可操作性的规定。宣示性的法律规定无法确保手握权柄之人不肆意运用手中的权力去侵犯他人，在运用人工智能进行犯罪侦控时必须以明确的法律规范予以限制。

3. 决策公式与其他问题

深层次犯罪治理信息化，无法离开信息系统研发，在数据收集、分析、测算后，对于信息的研判以及自动得出有益结论，是治理信息化另一重要功能板块。当前，在一些城市中存在的社区矫正、戒毒康复等，都会予以再犯、再吸风险评估，后继也相对应予以分类、精准管理，这其实是一种典型的预警、决策的过程。传统的犯罪预警、评估，多采取人工、观察、问卷、访谈等方式，在应对一些对抗性、应对性的对象时，这种方式结论精准性一般。相对应，一些城市针对犯罪情势开始采用一种信息化的路径。一方面，基于犯罪形成的情感、心理、道德、行为等规律，以规律构建目标、板块架构体系，通过外

---

① 陈伟、熊波：《人工智能刑事风险的治理逻辑与刑法转向——基于人工智能犯罪与网络犯罪的类型差异》，载《学术界》2018 年第 9 期。

接设备与联系机制,海量获得数据,对比甄别信息。另一方面,将以代码构建指标计算程序,通过运算得出是否具有犯罪可能性。无论是犯罪预警,还是犯罪决策,所适用的大致是这一流程。当前,伴随犯罪治理信息化开发,一些瓶颈性的问题也开始显现。特大城市犯罪治理的信息化预警与研判,所面对的最大问题即是如何将犯罪规律转化为模型或公式。

在大数据背景下,特大城市犯罪预警较以往传统犯罪预警有明显区别与优势。由于数据资源欠缺与测算手段人工化,传统犯罪预警容易出现具有特殊性而缺乏普遍性(数据覆盖面窄)、具有主观化而缺乏客观性(以经验主义方式测算)、具有滞后性而缺乏即时性(数据更新速度快)的特点,在大数据背景下,大数据、人工智能等信息化技术的高度配合在犯罪预警中发挥着重要作用,大数据分析通过建立数据算法在海量数据和业务逻辑之间构建分析模型,利用算法挖掘人与人、人与事、人与物之间的关系,以实现犯罪规律的测算与犯罪预警的研判,实现了犯罪预警的客观性、智能化。可见,足够数量的数据源及客观化标准化的模型与算法成为犯罪预警结论精准有效的前提与条件。然而,对数据分析方式的深度挖掘,让我们发现了数据分析的另一难点,即由人工构建的数据分析运算公式与分析模型是否会影响犯罪预警的有效性。就当前人工智能发展程度而言,其人工智能手段仅涉及以代码形式识别与表达从而实现虚拟运算或自动化计算功能,对于数据的来源、录入,公式的形成、完善、优化、结论的总结都需要人脑的协助,人工智能不能独立完成。

例如在"杀猪盘"电信网络诈骗犯罪治理中,对相关数据的分析和应对还是采用人机交互模式,并未使用全自动化模式。公安机关通过"前台采集+后台分析"方式进行部署,前台先采集并过滤数据,若有可疑迹象,警务人员以可视化的形式将事件发展态势、犯罪行为、重点人员轨迹等相关信息传给后台,后台人员进行综合分析研判,采取措施进行预警。人机交互模式具有筛选速度慢、处理效率低、反应迟钝等问题,使预警防控效果大打折扣。同时,人工智能欠缺学习与自我调整功能,每一次数据公式的提炼和调整都需要人为展开，很大程度上依赖于人的主观能动性。但当前计算机人才缺乏犯罪学、刑法学知识，难以精准抓取影响因素以及挖掘因素间的联系。而犯罪学或刑法学人才缺乏对数据学、统计学技术的了解，难以从技术的视角解析评估公式的搭建。

此外，在预警和决策中，还存在一些其他问题，这些问题虽然不是最主要的，但同样值得被关注。例如对成功预警与研判的激励机制尚未设置。司法实践部门更倾向于将激励与嘉奖给予打击犯罪成功的警务人员，对于成功预警与研判的奖励则鲜少被提及，这无疑弱化了实施犯罪预警与决策的动力。再如，以信息技术介入犯罪预警的法律边界问题、效力问题，尤其是如何配置权利与义务，规范在哪些情况下哪些主体具有上报信息义务等，都将成为如何合法或合理行使公权力的问题，这些法律上的问题需要被关注和深入研究。

第二章 特大城市犯罪治理信息化的思路转型

随着信息化时代的到来和不断发展深化,城市社会治理呈现立体化、集成化、网格化、扁平化等新趋势,特大城市社会治理更是如此。实践证明,犯罪总是夹杂于社会的滚滚洪流中不断发展变化,在当今信息化社会中,犯罪信息化特征愈发明显,传统犯罪的治理手段势必面临新的问题,对"信息化犯罪"的治理必须着力分析研判特大城市犯罪的转型问题,通过信息化手段为犯罪治理寻求新的路径和方向。

一、信息、信息化社会治理与犯罪治理信息化

根据《中外广播电视百科全书》的解释,信息是关于事物的运动状态以及对事物运动状态的陈述,是表示事物状态和运动状态的一种普遍形式。各种汉语词典对"信息"的解释大致可归纳为情报、知识、消息、新闻、事实或通知等。在认识和利用过程中,信息可分为自然科学定义的信息和哲学定义的信息两类。随着广泛利用和交换,信息成为一种重要的资源。

而信息技术(Information Technology, IT)因其使用的目的、范围、层次不同而有不同的表述,如今大体上可以分为广义的理解和狭义的理解。从广义的角度来说,信息技术是用于管理和处理信息所采用的各种技术的

总称。它主要是指设计、开发、安装和实施信息系统及应用软件的计算机科学和通信技术，也常被称为信息和通信技术（Information and Communications Technology，ICT），包括传感技术、计算机与智能技术、通信技术和控制技术等。而从狭义的角度来说，信息技术是指将电子计算机电信方法应用于各种形式信息的获取、组织、存贮、检索和传播的技术。从本书主题出发，信息化犯罪治理需要通信技术助力，比如打击电信网络诈骗，需要控制技术运转智能犯罪治理系统，因而，城市犯罪治理中的信息技术是指其广义概念。这种广义概念，不仅强调从哲学意义上把握信息技术与人的存在关系，还要强调对信息技术功能与过程的认识与运用。

所谓信息化，简单来说，是以信息为基本单位，以互联网为介质，贮存、转换、传播、创造知识和信息并解决各种问题的过程。有学者认为，从地理学角度可以将信息化理解为信息和通信技术的广泛应用，特别是互联网的普及使得信息和知识时空传递的阻碍性大幅度减低，也就是说，在信息基础设施到达的地方，信息和知识的可获得性趋同，空间距离摩擦定律一定程度上失去作用。①国际信息化研究院 H.格莉米扎（H. Grimiza）则认为："信息化是指在全世界建立全球性的信息网络，并将它们联成统一的信息空间，简要地说，建设将世界上所有贮存的信息变成每个人的财富的人类共同体——这就是信息化。"

20 世纪 60 年代末，自美国最早用于军事的阿帕网诞生之日起，互联网便势如破竹，成为世界发展新动力。至今，全球信息化进程快速推进，互联网已经渗透到人类社会活动的方方面面。可以说，多数国家已经脱离工业化社会，进入以信息为生产力的社会——信息社会。作为信息交换的加速器，互联网是一把双刃剑，它既能助力警方提高打击犯罪的成功率，提升犯罪预防的精准度，也能成为犯罪滋生的温床和犯罪分子逃避追踪的"帮凶"。显然，特大城市实施社会治理包括犯罪治理，在尽量利用信息网络技术实现

---

① 刘卫东、甄锋：《信息化对社会经济空间组织的影响研究》，载《地理学报》2004 年第 S1 期。

社会发展的同时,应最大程度使信息技术不被违法犯罪者所利用,并惩治已然犯罪,预防未然的犯罪。

而当今最突出的信息化表现在于互联网、大数据、云计算等领域技术的显著进步,人工智能技术迅猛发展。如前所述,人工智能极大地推动了特大城市的社会治理,并已开始广泛运用于犯罪治理领域。随着信息化技术深入发展及其应用场景不断丰富,人工智能可以更加准确地模拟人类的感知、记忆、推理等活动,智能机器与人类将逐步实现顺畅沟通。人工智能将越来越能够满足精准化的治理要求。通过大数据、云计算、物联网等技术,人工智能可以更加精准地记录主体的常态、捕捉主体的差异,通过其深度挖掘和海量信息处理功能,促进治理效能的提升,延伸人类在数字信息世界的生活空间。①例如,通过"城市智慧交通云脑",及时通报各路段路况,快速测算出车辆疏导最佳方案;通过突发事件感知系统,主动从互联网实时信息中提取突发事件关键要素,快速精准地捕捉到事发地点、事发初步原因、现场损害情况,为城市突发事件发出详细警示;通过多地域、多部门联通创建一网通办政务服务地图,助力实现小事不出门、大事不出城的便捷办事体系。

目前,我们正处于互联网 2.0 时代与互联网 3.0 时代的交接处,数字化转型迫在眉睫。在这个时代,信息化的主角是大数据,浩如烟海的数据被汇集、整合、分析、挖掘,继而被广泛运用到各行各业。思考如何在社会治理中充分运用大数据是当前城市社会治理的重中之重。2015 年,党的十八届五中全会提出要实施"国家大数据战略",这是大数据第一次被写入党的全会决议,标志着大数据战略正式上升为国家战略。2017 年,党的十九大报告提出"推动互联网、大数据、人工智能和实体经济深度融合"。这种持续性的方向引导和顶层设计,使我国在大数据发展规划布局方面走在了世界前列。习近平总书记在中共中央政治局就实施国家大数据战略进行第二次

---

① 吴朝晖:《人工智能助力现代治理》,载《人民日报》2020 年 7 月 21 日,第 6 版。

集体学习时指出,"大数据发展日新月异,我们应该审时度势、精心谋划、超前布局、力争主动,深入了解大数据发展现状和趋势及其对经济社会发展的影响,分析我国大数据发展取得的成绩和存在的问题,推动实施国家大数据战略,加快完善数字基础设施,推进数据资源整合和开放共享,保障数据安全,加快建设数字中国,更好服务我国经济社会发展和人民生活改善"。

此外,应注意对城市信息化治理的特点深度挖掘、集中优化,加快信息化治理的脚步。笔者认为城市社会信息化治理的特点主要表现为立体化、集成化、网格化和扁平化,特大城市尤其如此。

第一,呈现效果的立体化。例如在模拟犯罪现场方面,传统对犯罪现场的剖析以文字和图像的方式呈现,虽然易于保存,却零散破碎,过于依靠侦查人员的空间构造能力和逻辑理解能力。而在激光扫描、虚拟现实、3D动画等技术的协作下,通过软件建模,可重现三维空间的犯罪现场,侦查、控告、审判人员可通过佩戴传感器进行犯罪现场的沉浸式观察,提高破案效率、扩大认知范围,增强结论的准确性,提升审判的公正性。信息的立体化还有助于减少言词证据主观性和实物证据造假对审判的影响。VR技术构建的犯罪场景以真实信息为蓝本,以案情发展顺序为线索,呈现的景象完整客观,与模拟场景逻辑相左的"证据"自然便被淘汰。此外,虚拟现实技术可将证人证言直观地呈现在审判人员面前,有利于审判人员作出更为精准的判断,同时亦有助于避免因言语信息的理解偏差影响证人出庭作证的效果。[①]人工智能的运用将进一步带动以"数字化治理"为代表的治理能力提升。人类的灵活性、创造性与机器的稳定性、逻辑性可以实现优势互补。人工智能将强化治理的协同性,推进跨部门的数据共享、流程再造和业务联动,推动治理模式从"碎片化"转变为"整体化",甚至"立体化"。

第二,功能应用的集成化。集成化是指通过一个设备或系统将多种功

---

① 梁骁、丁汉:《虚拟现实技术在庭审中对质证增强作用的应用研究》,载《新时代智慧检务建设论文集》,第253页。

能集合,实现城市社会治理的多重并举、多管齐下,典型如智能监控系统和电子防盗报警系统。"平安城市"作为一个以城市为主要监控对象的多功能监控系统,兼具犯罪治理、交通管理、灾难事故预警、安全生产监控等功能。电子围栏,即周界防盗报警系统,采用了红外探测技术、非致命高压脉冲技术、数据总线技术等,既能够实现一触式远程报警,也能够通过高压脉冲进行电击,防止不法分子或动物侵入,在维护人身安全和财产安全的同时,还能够保护动物不受交通工具碰撞、碾压。同时,人工智能有力推动新的治理形态发展,让治理主体可以在物理世界、数字信息世界交互中实现即时感知、科学决策、主动服务、智能监管。特别是依托数据分析、机器学习和精准算法等,可以有效超越时间与地域限制。比如,智慧交通、智慧司法等可以全天候回应民众的服务需求。

第三,管理方式的网格化。网格化管理依托统一的城市运作机制以及数字化的平台,将城市辖区按照一定的标准分成单元网格。通过加强对单元网格的部件和事件巡查,建立一种监督和处置互相分离的形式,如巡逻防控系统、天网系统就是网格化的实现工具。目前,城市社会管理网格化存在两种应用方式。第一种为技术导向型,以北京东城区、上海杨浦区等地为典型。通过建立整合"信息收集、信息传递、任务派遣、任务处理、核实监督、信息反馈"流程为一体且监督、执行相分离的数字化信息系统,实现对单元网格的治理。第二种是制度导向型,以浙江、福建为代表。通过一系列人员整合、职责整合、资源整合、信息整合的工作机制并借助现代信息技术,实现发现问题与解决问题的组团式服务。①要强调的是,无论以何为导向,网格化社会治理极大程度上依靠人与智能系统的协同合作,若人"庸政""懒政""怠政",系统将沦为摆设。信息化可以为社会治理带来便捷,但始终不能替代人的作用,社会管理尤其是基层管理,离不开工作人员的"晓之以理、动之以情"。人工智能将进一步拓展和完善"网络化治理"体系。依托大数据、云计

---

① 孔娜娜:《网格中的微自治:城市基层社会治理的新机制》,载《社会主义研究》2015 年第 4 期。

算、物联网等技术,治理体系的"触觉"可以前所未有地深入生产生活的各个方面,形成由点及面、串珠成链的治理体系,让公共服务共建共治共享与社会发展场景互联互通。同时,人工智能将显著增强治理板块的互动性,打破传统治理体系的单向局面,使得治理体系成为更加开放而敏感的系统,可以根据用户需求作出及时反馈,实现自我更新与自我优化。

第四,操作流程的扁平化。这里的扁平化与此前所述的立体化并非相对概念。立体化的目的是更直观、客观地展现,而扁平化是指以简洁、明了的方式提升城市治理的效力。扁平化常应用于设计领域,其核心要义是去除冗余、厚重和繁杂的装饰效果。在 PUC 技术[①]扁平化指挥应用中,通过实现"点对点"的扁平化指挥,减少指挥层级,缩短响应时间,提高指挥效率,使一线警力能够更准确、更快速地赶赴现场,警情的调派时间控制在一分钟以内,在反恐救援等紧急情况下能够发挥不可估量的重大作用。[②]

在上述城市信息化治理过程中,利用信息化技术针对违法犯罪采取的预防、侦查和惩治等措施就是犯罪治理的信息化过程,如视频监控、车辆跟踪定位、拦截测酒驾、犯罪热点预警、计算机辅助量刑等。特别是随着人工智能技术越来越广泛地应用,从犯罪的案前预测到案后的侦办以及处置等,信息化治理更加有用武之地。诚然,犯罪的信息化治理能力的提升受制于社会整体治理水平。此前城市治理、社会控制、金融监管、治安防控等领域存在的问题都加剧了犯罪增长。[③]犯罪治理应当与城市其他领域治理信息化水平同步提升,保障城市信息化治理无短板无漏洞。城市治理思路决定城市治安出路,城市治安的精度决定城市治理的高度。事实上,信息化治理对于特大城市街头明面的犯罪的预防和打击效果较好;对于暗面的犯罪,如网络犯罪、公司犯罪、职务犯罪等同样可以起到先防范、早发现、快侦破、准

---

① PUC 技术是指一种计算机技术与传统通信技术相互融合产生的新型警用通信技术。

② 孙鹏飞、王英男、韦巍:《警用统一通信在公共安全领域的应用探索》,载《2019 年全国公共安全通信学术研讨会优秀论文集》,第 188 页。

③ 单勇:《从犯罪拐点看社会长期稳定奇迹》,载《人民论坛》2021 年合刊。

打击的效果。

二、信息化影响犯罪治理的域外经验与发展趋势

自 20 世纪 70 年代起,美国、英国等发达国家已经逐步开展信息化城市犯罪治理,经过几十年的探索,他们已经实现了城市犯罪治理的治理重心由打击为主向预防打击并重转变、治理对象由罪犯导向向地点导向转变、治理方法由经验反应向数据评测转变、治理逻辑由被动应对向主动布防转变、治理角度由宏观调控向精细化管理转变。在多年经验积累中,英美等国智能犯罪治理呈现以下发展趋势:重点防控与全面布防相结合、城市实践与评估反思同进行、司法权独立性与人工智能研判相矛盾、应用面扩大与质疑声增多相碰撞。

重点防控与全面布防相结合。以美国为代表的西方国家,试图通过重点防控与全面布防相结合的方式来实现打击重点犯罪和全方位维护城市治安的统筹兼顾。在美国,各大城市通过采用情报引导、犯罪预测警务或地点导向警务来实现全面布防。例如,纽约采用 Compstat 警务管理模式,该情报引导系统将整个城市分为街区、行政区和城市三个层次,通过计算机数据库记录更新每星期违法犯罪情况,包括时间、地点,以及相应的执法活动,从而有效地进行警务资源分配。面对恐怖犯罪、食品犯罪、网络诈骗等危害公共安全类或网络高发型犯罪,多国警方研发了有针对性的治理系统。为了反恐,美国设立了基于人体姿态和步态特征分析的远距离身份检测识别系统(Human Identify at a Distance),并在美国国防部各主要机构的安全防护系统中予以推广;拉斯维加斯卫生署运用智能监测软件,监测食品安全和预防犯罪,可在早期发现食品安全问题;[①]面对网络诈骗的高发,日本通过人工智能解析嫌疑人所使用的社交网站(SNS)内容,并据此制作人物相关图

---

① 孙会岩:《人工智能时代政党的政治安全:风险、治理与启示》,载《太平洋学报》2019 年第 9 期。

进行搜查。①

城市实践与评估反思同进行。虽然智能犯罪治理技术被推广到更多城市，被应用到各法律程序、各犯罪治理类型中，但这些智能技术是否切实有效、付出成本是否大于治理效果，仍是欧美国家评估和反思的重点。不断地评估和反思有助于有针对性地完善相关系统和技术，促进城市信息化犯罪治理的良好发展。以闭路电视监控系统（CCTV）为例，挪威警察大学约翰尼斯·内特松对奥斯陆中心车站的 CCTV 开展 5 年实验研究发现，虽然个人扒窃和自行车盗窃案件有所减少，但公众对 CCTV 监控效能的乐观态度下降，关于"视频监控会对犯罪和公众安全感造成重大影响"的实验预期结果无法被证实，奥斯陆警方由此展开了新的评估和预测。

司法权独立性与人工智能研判相矛盾。欧美国家的实践表明，人工智能的研判比起法官的分析，更具客观性和科学性。在此基础上，诸多智能分析系统开始稀释法官的司法权。例如，在美国克里夫兰，人工智能以算法决定罪犯的监禁时间。在英国达勒姆，警方正通过 HART 系统确定嫌疑人是否应被关押。②尽管有些人认为，这些系统或机器人只是对以往法官经验的汇总分析，但是机器人代替法官进行判决的可能性仍然存在，引发了部分人对法官群体消失的担忧。

应用面扩大与质疑声增多相碰撞。一方面，系统的作用在反复实践中得到了验证，尽管成本不小，但各大城市仍然不断安装各种系统，以期望用较小的警力达到较大的预防和打击犯罪效果。例如，PredPol 这一人工智能技术的使用使得一些城市的犯罪率大幅下降，美国约 50 个部门和加州约 10 个部门逐渐采用了该技术。③另一方面，这些系统也饱受诟病和质疑，一些人认为这些系统对数据的研判仍然依赖人们对影响因素的权重排

---

① 《日警方引进"AI 警探"，力图使犯罪团伙"可视化"》，参考消息，https://xw.qq.com/cmsid/20210622A0144Y00，2021 年 6 月 21 日。

②③ 《附录六 人工智能法治应用典型事例概览》，载上海市法学会等主编：《世界人工智能法治蓝皮书（2019）》，上海人民出版社 2019 年版，第 243 页。

列和执法力度,这些系统容易成为种族歧视、性别歧视的保护伞。2018年ProPublica的一项调查发现这些风险评估工具带有的人类偏见使得其更多地将黑人被告作为未来罪犯,人数为白人的两倍,并且更有可能将白人被告视为低风险罪犯;另一些人认为,智能犯罪治理分析系统与公开透明背道而驰,很少披露研判依据和路径,剥夺了被告人因宪法而享有的正当程序权利。在"Wisconsin V. Loomis"案中,上诉人卢姆斯认为,一审法院使用COMPAS进行风险评估违反其依据宪法享有的"正当程序"权利。COMPAS的专有保密属性使他无法验证风险评估的科学有效性,因此无法确保自己是基于准确信息而获得量刑。①

"AI+安防监控"的应用属于信息化犯罪治理的典型。它主要运用了视频结构化技术,融合机器视觉、图像处理、模式识别和深度学习等最前沿的人工智能技术。一方面,通过安装在公共场所的监控摄像头,系统地采集含有人脸的图像或视频流,对画面中特定的目标对象进行建模,并通过大量样本进行训练,得以自动在图像中检测和跟踪人脸,再利用人工智能技术对人像态势数据进行分析处理,从而对人们的活动和行为进行预测和研判,实现对目标人的整体信息分析,完善状态描述,从而利于警方及相关部门进行重点排查和抓捕。另一方面,采用计算机视觉态势感知、事件识别技术,对视频监控的目标进行提取检测,通过不同的规则来区分不同的事件,从而实现不同的判断,并产生相应的报警联动等,如区域边界入侵、人员聚集分析、交通肇事检测等。在有的国家,新一代移动警务终端已将人脸识别技术、虹膜识别技术运用到了巡逻警务实践中,如2017年,德国警方就已经开发出了高精确度的人工智能监控系统,智能程序只需要拍到犯罪嫌疑人的耳朵或者下巴,就能准确识别其身份。在日本,利用人工智能技术分析监视器影像已经屡见不鲜,协助犯罪侦防的研究日益活跃。日本设备商OKI正是依此侦测ATM机的提款者异状;新创业者Earth-Eyes研发了可预测偷窃者的

① 《附录六 人工智能法治应用典型事例概览》,载上海市法学会等主编:《世界人工智能法治蓝皮书(2019)》,上海人民出版社2019年版,第240页。

侦测系统；NEC 在 2017 年 11 月也在旗下脸部辨识产品中导入人工智能，推出防止陌生人进出大楼的保全系统；大阪大学教授八木康史应用深度学习技术，根据姿势、手的摆幅等走路相关特征辨识出特定人员，依此研发出可追踪犯罪嫌疑人、恐怖分子的技术，实测结果准确率达八成，该技术能分担人力的负担，对犯罪嫌疑人进行预防控制。[①]

如今人工智能仍处于快速发展阶段，国外基于网络的群体智能已出现萌芽，从强调专家的个人智能模拟走向群体智能、从逻辑和单调的设计智能系统走向开放和自主的构造智能环境、从"以机器为中心"的智能计算模式走向"群体计算"、从封闭和计划走向开放和竞争。例如，普林斯顿大学在做脑科学实验时，邀请了全球 145 个国家 16 万名科学家参与成像分析，完成了人类历史上对视神经最系统的一次分类。在成就"万物相连"的物联网技术支撑下，为大数据信息资源的深度挖掘和有效聚合提供了更多可能，为群体智能的技术落地提供了技术基础和环境。例如将两者技术相结合并应用于犯罪预防模式中，将显著提高对犯罪态势情报的采集能力，更好地满足对于犯罪的动态预测、事先预防的现实需要。从更长远来看，群体智能在"AI＋犯罪预防"模式中必将释放无限的能量，犯罪预防不会局限于对犯罪行为的监测评估，还能直接评估个人实施犯罪行为的可能性，并结合心理、行为和关系等多种因素，将犯罪数据以动态量化的形式准确地表达出来。

三、我国信息化条件下犯罪治理存在的问题与障碍

在犯罪治理信息化进程中，我国借鉴了大量外国犯罪治理的策略和方法。因而，与域外犯罪治理过程相同，我国的信息化犯罪治理也存在着很多问题和障碍。在科技发展水平、技术应用程度与个人的接受度和认知能力不协调，以及城市各部门社会治理不平衡不充分的影响下，该类问题和障碍

---

① 刘钊等：《人工智能在犯罪预防中的应用及前景分析》，载《中国人民公安大学学报》2018 年第 4 期。

主要集中于以下几个方面。

（一）信息孤岛制约犯罪数据的一体化掌控

信息孤岛是指各个计算机信息系统的信息来源彼此独立、信息平台相互排斥、信息处理难以关联互助、信息运用不能互换共享的信息壁垒和信息堵塞现象。[①]该现象是信息化建设由初级向中、高级逐步发展过程中不可避免的产物，其实质是各个计算机信息系统呈点状式发展，导致信息资源不能有效地在不同部门之间或各个组织之间共享。"信息孤岛"是美国著名信息资源管理专家马尔香和克雷斯莱因在论述公共机构的信息资源管理功能提出的，目前各国学者主要研究政府机构、教育方法和企业运行等领域中所遭遇的"信息孤岛"。

政府部门之间的信息孤岛不能完全归结于信息化建设的必然反馈，还受到"政府本位"思想的影响。长期以来，受传统"管控型"理念的影响，我国政府对于数据管理一直在"私密性"和"公共性"之间徘徊，就理论层面而言，政府信息具有公共性，除涉及国家安全、国防等特殊要求的信息外，政府均应向社会公开。但是，因政府各部门、各组织信息系统的"各自为政"，其发展深度和广度必将分布不均衡，且数据库格式、结构、软件之间不兼容，即便此后试图实现信息一体化，亦会阻碍信息共享和交流的进程。

在以提供虚假信息作为犯罪手段的犯罪活动中，信息孤岛成为提高犯罪分子作案成功率的"利器"。在广西中美天元骗贷案中，吴某等人通过伪造土地他项权利证明书骗取银行工作人员信任，从而获取贷款。若银行与国土资源局（现改为自然资源局）、税务局等有关部门实现公民信息一网通，那么这一骗取贷款的行为则难以得逞。

在以获取犯罪分子、被害人或赃款赃物信息为破案关键点的侦查活动中，如通缉犯罪嫌疑人，搜寻被拐卖妇女、儿童或追踪被贪污巨款的去向等，信息孤岛制约了警方的行动效率，破坏了大数据分析的精准性，造成了大量

---

① 陈文：《政务服务"信息孤岛"现象的成因与消解》，载《中国行政管理》2016 年第 7 期。

人力、物力、财力的浪费。云南昭通警方用童年照悬赏通缉在逃犯罪嫌疑人①,折射出政府各部门存在信息壁垒的现象。为了寻找被拐妇女、儿童,警方付出了巨大的人力、物力成本,但仍有大量被拐妇女、儿童无法与亲人团聚。虽然目前公安部和民政部门已经设立了失踪儿童预警平台或失踪儿童紧急发布平台,但是仍然没有充分运用政府的运作优势集聚政府各部门、组织力量,整合民间寻亲网站资源,形成一个科学规范的失踪人口登记与发布平台。

在盗用身份证信息犯罪中,信息孤岛现象引发的负面效应更加明显。吴某宇利用他人身份证逃亡三年②,湖南青年身份信息被毒贩盗用,无辜背负案底八年难以撤销③等。在这些案例中,因二代身份证的智能芯片是被动的近距离感应,无法通过远距离改写使其"失效",即使被害人丢失身份证后立刻去挂失或注销,也无法阻碍犯罪分子利用其身份证或身份信息进行逃亡生活或非法活动。公安系统目前仍未与通信、铁路、银行等管理部门形成一体化信息系统管理,只要身份证的磁性还在,持有被注销身份证的人仍旧可以用其购买火车票、办理信用卡、注册公司等,如此,他们不仅能维持正常生活,还能滥用他人身份信息从事违法犯罪活动,导致被害人承受生活中的种种不便,甚至影响被害人的人生前途。

（二）犯罪信息分析技术自身的应用和对犯罪的应对有限

犯罪信息分析技术是指利用物联网、人工智能、大数据平台等信息技术对个人生理特征信息（DNA、指纹、足迹、声音、长相等）、个人身份信息（国籍、姓名、住址、账户等）、涉案物品信息（赃物、痕迹、作案工具、作案现场等）、案件经过信息等涉案信息进行分析,帮助破案和预防案件发生。犯罪信息智能分析技术包括犯罪信息采样、甄别、匹配、模型建构等技术。

---

① 《用"童年照"追逃折射信息孤岛之痛》,北京青年报,http://epaper.ynet.com/html/2019-03/21/content_322703.htm?div=-1,2015年3月21日。

② 《身份证造假酿社会问题,公安部区块链在路上》,新浪财经,http://finance.sina.com.cn/blockchain/roll/2019-05-06/doc-ihvhiqax6882293.shtml,2019年5月6日。

③ 《湖南青年被贩毒,求职出行屡受阻,无辜背负案底八年难销》,中国新闻网,https://www.chinanews.com/sh/2016/04-05/7823932.shtml,2016年4月5日。

传统侦查技术存在主观性过大、普及面小、系统性弱等问题,为了改变这一现状,目前我国实务部门已逐渐采用犯罪信息智能分析技术,但这一技术并未被普遍应用。

其一,各系统间存在的"信息孤岛"现象限制了犯罪信息分析技术的应用。刑事科学技术各专业系统建设时,由于缺乏或未遵照统一的技术标准规范,没有充分考虑系统间的关联控制,导致各系统数据异构、格式冲突、可扩展性和通用性差,缺乏开放的互操作接口,优质信息资源难以共享,数据的综合应用发展受到限制。[①]

其二,人才匮乏。不论是犯罪信息分析系统的研发人员,还是犯罪信息分析人员都供不应求,这也导致相关系统研发进度赶不上实践需要。

由于技术总是社会的先行者,犯罪分子为了达到犯罪目的,总会千方百计地利用先进的技术实施犯罪,这样一来,犯罪就很可能走在预防犯罪的前面。以"AI换脸"为例,从未经允许合成虚拟形象、假冒好友视频聊天,到合成不雅视频,"AI换脸"视频因制作成本和技术门槛低,已经成为一种颇受黑灰产业欢迎的新型网络犯罪工具。诈骗分子截取社交平台已发布的面部视频画面后,再利用"AI换脸"技术合成,制造视频聊天的假象,进而实施诈骗。还有的是利用AI换脸技术,将被害人视频中的面部合成到不雅视频中,借此实施敲诈勒索。自"AI换脸"被违法犯罪利用以来,国家网信办、公安机关已加紧对涉及"AI换脸"违规违法现象进行整治。《网络音视频信息服务管理规定》《网络信息内容生态治理规定》等我国多部法规均涉及深度合成应用的规范。2022年1月,国家网信办公布的《互联网信息服务深度合成管理规定(征求意见稿)》对深度合成内容的用途、标记、使用范围以及滥用处罚作出具体规定,尤其对作为深度合成服务提供者的平台方在审核、评估、监管等方面提出要求。[②]未来需要加强技术研究,利用技术创新、技术

---

① 李盛:《刑事科学技术信息综合应用平台建设初探》,载《刑事技术》2014年第3期。

② 《犯罪分子利用"AI换脸"假冒好友诈骗,换脸乱象何时能止?》,南方都市报南方号,http://static.nfapp.southcn.com/content/202204/15/c6405137.html,2022年4月15日。

对抗等,持续提升和更新深度合成检测能力,并扩展深度合成溯源、深度合成鉴定等方面的研究。在法律方面,当 AI 技术的滥用上升到犯罪层面,就需要刑法来调整。"AI 换脸"等深度合成技术涉及的概念界定、平台责任边界等问题都需要法律与技术双管齐下的治理。

(三)基于犯罪信息的风险评估及预警不足

目前,我国城市犯罪治理仍然以事后打击为主、事前预防为辅。基于犯罪信息的风险评估及预警不足,往往在警方到达案发现场时,惨剧已经酿成,伤害已无法弥补。事实上,很多公共突发事件虽带有"突发"字眼,却是有迹可循的。例如,重庆公交车坠江案、上海精神病人砍杀小学生案、大连男子连撞多人报复社会案、滴滴司机奸杀女生案,如果对车辆安装预警系统、对精神病人配备预警芯片,在发现车辆异常时自动紧急制动,在发现精神病人情绪异常时迅速向相关部门发送预警信号,损害结果不会如此惨烈,甚至可以避免损害结果发生。即便是非公共突发案件,如扒窃、电信诈骗、抢劫,亦可对多发地带、多发时间等相关因素进行信息化综合研判,做好预警工作。

究其根本是社会各主体对犯罪信息的风险评估和预警不够重视。首先,一部分城市并未采用任何犯罪预警系统,部分城市又未充分合理运用犯罪预警系统,多数城市派出所等基层组织又缺乏预警培训经验。其次,滴滴、货拉拉等网络平台未完善保护用户隐私的措施和预警程序。最后,社会公众对突发暴力犯罪的预警意识不强,缺乏自我保护意识和能力。

最典型的案例是 2014 年云南昆明火车站暴力恐怖案,该案造成 29 人死亡,143 人受伤。媒体在报道时纷纷采用了"毫无征兆""突然"等字眼突出这次恐怖袭击的突发性,然而恐怖分子在案发前的表现并非毫无破绽。案发前三天,该起恐怖袭击案的组织者艾某提、买某提在云南偷越国境被当场抓获。这一异常现象并未警醒警方,失去了将本次恐怖袭击扼杀于摇篮的机会。

案发当天,8 名恐怖分子携带管制刀具,蒙面、身穿黑色衣服来到昆明火车站临时候车室,实施恐怖袭击。[①]作为省会城市的旅客运输集散地,昆明火车站人员密集,却没有有效的应对突发事件的预警和防控机制,安保系统薄弱,安检程序宽松,导致恐怖分子在携带管制刀具的情况下,一路畅通无阻地进入候车室。此外,该火车站监控设施落后,只"监控"不"识别",无法识别和通报行迹衣着诡异的恐怖分子,使得警方未及时布控警力围剿恐怖分子。

(四)信息化治理与其他治理机制融合乏力

在推进信息化犯罪治理的过程中,产生了与其他城市治理机制难以融合甚至互相矛盾的现象。多数情况下,信息化治理与其他治理机制不相容只是一种表象,实质上仍然是人心的隔阂和利益的冲突。信息技术是冰冷的工具,但是使用信息技术的是人。如果相关人员不能根据实情酌情调整使用信息技术的方法,互相理解对方的难处,那么再先进的信息技术也将沦为摆设。

服务型政府治理机制与信息化治理存在矛盾。一方面,为了保障信息治理系统不被破解,相关部门对犯罪治理分析系统的基础数据、影响因素、监控范围和分析过程严格保密。另一方面,市民出于对未知技术的恐惧、对治理系统的科学性的质疑,不断要求公开相关系统的运作原理。如何在两者之间达成平衡,做到既不违背服务型政府的初衷,又不破坏信息化治理的有效运行,是值得思考的问题。还有一些部门或机关单位为了独善其身、保障内部信息不外泄,拒绝配合运作大数据研判中心。此前,出现地方银行为了不受上级银行处分,而拒不配合提供信用卡用户信息,阻碍警方调查信用卡诈骗的情况。这种矛盾实际上反映了部分机关内部的懒政、怠政和僵化管理。

除了国家专门机关组织实施犯罪治理外,公司企业等单位同样也是犯罪治理的重要主体,因为公司企业等单位内部人员的犯罪更具有欺骗性,造

---

① 刘国华:《智能监控在火车站反恐防恐中的应用》,载《中国公共安全》2014 年第 7 期。

成的危害也越来越大。例如,近些年来,金融犯罪显著增多,主要表现为金融机构工作人员利用金融工作职务之便实施的"白领犯罪"甚至是"金领犯罪",很多案件给客户造成了极其严重的损失。在这类案件中,即使金融单位因为不是犯罪主体不承担损害赔偿责任,但它们对在本单位内部发生的犯罪未行使适当的预防义务,也未尽到对本单位违法违纪人员的管理职责,这也是一种犯罪治理责任的失职(与公司治理相关)。比较典型的案件是金融机构工作人员欺骗客户签约存款或者购买理财,客户以为将钱存入银行,但实际上可能是被在银行工作的犯罪人员利用银行作掩护,以假存单或者其他虚假单据的形式转走。还有内外勾结实施非法集资型犯罪,这一犯罪危害性更大。例如,2022 年 4 月,豫皖两地的六家村镇银行先后发布通告称,因"系统升级"暂停网上银行和手机银行的服务。这 6 家村镇银行中,有 5 家银行的发起行和大股东为许昌农村商业银行。而 2022 年 3 月,许昌市公安局曾发布悬赏通告通缉涉嫌"严重经济犯罪"的在逃嫌疑人孙某某(此人自 2018 年起担任许昌农商行的副行长)。①有关调查进一步表明,这些银行背后的隐形股东或者实控人,早前就存在严重的犯罪苗头,已涉及多种违法经营活动,有的被监管机构处罚,有的还曾涉嫌其他违法犯罪。这些迹象已经表明相关金融机构存在严重的金融风险。如果监管部门持续对银行内部业务数据流向进行跟踪、挖掘分析,结合单位发生的不良经营活动和主管人员的违法乱纪行为,应该不难发现违法犯罪的预兆,并及时作出判断。这些分析和判断在金融机构已高度信息化的今天都是能够做到的。但除了一些常规监管措施外,大多数案发的金融机构内部风控部门在这方面基本上

① 这 6 家村镇银行包括河南省 4 家、安徽省 2 家,分别是河南省许昌市禹州新民生村镇银行、驻马店市上蔡惠民村镇银行、商丘市柘城黄淮村镇银行、开封市新东方村镇银行,以及安徽省蚌埠市固镇新淮河村镇银行、黄山市黟县新淮河村镇银行。2022 年 5 月,银保监会与人民银行已责成河南银保监局和人民银行郑州中心支行履行监管职责,配合当地党委、政府和相关部门稳妥处置。据了解,相关村镇银行股东——河南新财富集团通过内外勾结、利用第三方平台以及资金掮客等吸收公众资金,涉嫌违法犯罪,公安机关已立案调查。参见《多地村镇银行线上取款难背后:发起行高管被通缉,有企业涉嫌非吸》,澎湃新闻,http://m.thepaper.cn/rss_newsDetail_18262017,2022 年 5 月 19 日。

没有作为。金融监管不力及金融机构"自我革命"困难,正是大量的金融犯罪没有被及时发现的原因。

信息化治理在社区治理与居民自治之间存在矛盾。在社区、村庄等基层治理层面,基础设施的落后是信息化治理推进困难的重要因素。另外,居民对个人隐私的保护、乡村宗族成员之间的相互包庇、部分居民文化程度低、基层组织对管理区域掌控不力都是制约信息化治理的重要因素。近年来的智慧社区建设与居民自治之间的矛盾尤为突出。比如,在智慧城市建设过程中,运用网格化管理将社会区域分为一个个网格,提高了管理效率,节约管理成本,但与居民自治产生一定冲突。以疫情时期为例,网格化管理下的社区治理更强调管控,常常出现居民个人权利让步于社区治理的现象。在疫情防控常态化后,我们既要总结防疫经验,更应理性反思城市网格化管理的强化对居民个人合法权利的影响,平衡好城市网格化管理与居民自治发展。犯罪治理最终还是要落实于基层社区,要使信息化优势在社区自治机制发挥积极作用,以应对社会矛盾纠纷,还有很多值得思考之处。

在法治层面,社区自治立法明显滞后于智慧城市建设,滞后于信息化社会治理需求。目前根据《城市居民委员会组织法》的规定,城市居民委员会是城市基层组织,但在实际操作中却常将社区作为城市基层组织管理单位。有些社区充当执法主体的角色,直接以社区名义采集公布个人信息,有越权之嫌。政府和基层社区的权责边界有待进一步明晰。因此,有必要完善社区立法,明确城市的传统街道(乡镇)、居委会和社区的关系,使得信息化在基层社会治理过程中既能快速部署,又能行之有效。一旦遇到犯罪等紧急情况,从摸底排查到研判可疑现象,再到锁定嫌疑区域和对象范围,都能最大程度发挥信息化治理的作用。

四、特大城市犯罪治理的信息化转型思路

技术的转型和突破将会引发各领域一系列变革性的连锁反应。在特大

城市犯罪治理领域,随着人联网和 5G 时代的到来,信息化进入了一个全新的阶段,引发了包括治理模式、治理重心、治理主体、决策机制等的全面转型。如何分析和把握这一系列转型,提炼出特大城市犯罪治理的未来发展方向和路径,实现为建设智慧城市保驾护航的目标,是当下中国各大城市管理主体和刑事司法界亟须破解的难题,更切合了系统治理、依法治理、综合治理和源头治理的目的,是实现推进国家治理体系和治理能力现代化的重要一环。

（一）"互联网＋物联网＋人联网"融合成为必然趋势

人联网是一个新兴概念,诞生于 2011 年的中国互联网大会。其概念定义仍具有模糊性,有待拓展和挖掘。根据《物联网·大数据辞典》,初步认定人联网是指在综合固网模式互联网的三个类别(信联网、物联网、服联网)应用内容的基础上,以移动互联网为主要载体,突出人的实时、互动、体验的网络。

互联网、物联网和人联网层层相关。如果将网络作为最基础的单位,互联网是将网络与网络串联而成的全球性互联网络。物联网即物物相连的互联网,是在互联网基础上延伸和扩展的网络。目前物联网的核心和基础仍然是互联网。物联网的用户端延伸和扩展到了物品与物品之间,进行信息交换和通信。[1]而要连接互联网和物,则需要一款控制和管理设备,从而实现对物品的智能化识别、定位、监控和管理。随处可见的共享单车就是一个简易的物联网。若要骑行共享单车,用户首先要打开手机中的 APP,通过扫描单车上的二维码向电子锁中的黑匣子传递解锁共享单车的指令,黑匣子接收指令后,认定没有问题并解锁。此时,用户的手机就是互联网的载体,电子锁中的黑匣子是控制和管理设备,其具有定位和控制处理单车解锁的功能,而共享单车通过该黑匣子实现了与互联网的连接。

而人联网是以互联网、物联网、服联网为基础和载体,以人为核心和终端,融合虚拟世界与实体世界,实现人的实时、互动、体验的网络。5G 时代

---

[1] 王莉、李世宇:《基于 Cite Space 的国内"互联网＋传统行业"研究热点与前沿分析》,载《情报科学》2017 年第 2 期。

的到来,为人联网的普及提供了条件和契机。5G即第五代移动通信技术,具有高速率、低时延和大连接的特点,能够有效打破人联网与物联网、互联网之间的技术壁垒,实现人与网络和物体的实时互动、联系。当前社会正在经历一系列科学技术、认知思维、文化观念和社会结构等方面的剧烈变革,人对物的感应和命令的延时性将趋近于无,人与人之间的虚拟互动将因人联网技术的发展变得犹如沉浸在实体世界中。而人联网想要具体改变这个世界,仍然要依靠人类的创造力。

互联网、物联网和人联网既是三种技术,也是三个时代,更是科技发展的三个必经阶段。人联网的实践和发展建立在互联网和物联网的基础之上,所以"互联网+物联网+人联网"的融合是时代发展的必然趋势。

技术层面的重大变革往往会重构人的认知和行为范式,进而折射到社会治理层面,引起社会规范逻辑、框架和内容的相应转型。[①]人联网技术若能够被应用到城市犯罪治理领域,将会是预防犯罪、打击犯罪的革命性突破。犯罪的主体是人,刑法规制的对象也是人,但是受技术和时效的限制,预防潜在犯罪和打击犯罪都是由"物"及"人"。随着人联网的发展,网络应用的方向极有可能是实现生物信息和计算信息的连接,将"人脑/人的智能"和"电脑/人工智能"进行连接。[②]那么即时发现、控制犯罪嫌疑人,拯救被害人,在虚拟领域定格瞬时性犯罪证据将成为城市信息化犯罪治理的主基调。人联网具备的即时体验和互动也将为预防犯罪提供真实化的教学模型,使被教育对象身临其境,提升一般预防的威慑力和感召力。

即便是现在,人联网刚进入人们的视野,也为城市犯罪治理仍然带来了新的力量。例如,受害者通过网络传送带有求救信息的文字和现场环境照片,警方可以在极短的时间通过人工智能和大数据技术聚焦于该受害者社交网络发布的信息,并通过对图片的分析和网络地址的定位实时锁定受害

---

① 裴炜:《信息革命下犯罪的多主体协同治理——以节点治理理论为框架》,载《暨南学报(哲学社会科学版)》2019年第6期。

② 陈昌凤:《未来的智能传播:从"互联网"到"人联网"》,载《人民论坛》2017年第23期。

者所在的范围,在黄金时间内对受害者进行营救。

但与此同时,城市犯罪治理也将面对新的难题和挑战:在犯罪构成方面,人工智能是否能够成为人、单位之外的独立的犯罪主体,人工智能犯罪应当如何归责?在立法层面,如何制定行之有效的制度应对人联网时代瞬息万变的变化与发展,是否要制定一部网络犯罪单行法?

(二)从平面到立体的犯罪治理模式转向

在智慧城市建设获得阶段性成果、民众犯罪治理观念趋向理性化和科学化、服务型政府建设取得初步成效、对犯罪理论研究程度加深等多方面因素的促进下,我国正加快破除信息孤岛,从平面犯罪治理模式向政府多部门协同合作、技术助力犯罪分层治理、实体治理和网络治理并行的立体化犯罪治理模式转向。

我国正形成政府多部门协同合作的犯罪治理模式。正如前文所说,系统独立、封闭,数据记录侧重点不同,系统等级不同无法兼容等问题导致政府各部门间形成了信息孤岛。多部门协同合作的关键是数据同步共享、功能有效衔接。为了打破信息孤岛、推动多部门合作,我国各地正加快研发政府部门合作调节中心系统,打破各部门间的信息壁垒。目前,新型网络犯罪频发,亟须政府各部门齐心协力,遏制新型网络犯罪蔓延。面对网络犯罪,需要移动、联通、电信等通信商提供机主身份信息、拦截电信诈骗号码;需要税务部门提供犯罪主体纳税信息;需要民政部门提供婚姻信息、社会组织登记信息;需要不动产登记中心提供行为人或被害人房产信息;需要银行等金融机构提供财产信息、撤销转账操作;需要出入境管理部门提供出入境信息,等等。在追踪行为人、营救被害人、追回赃物等过程中,这些信息都起到关键作用。

各部门互联、大数据共享,数据体量越庞大越能降低随机样本带来的不确定性,数据之间的关联性也就越强。例如,在新冠肺炎大流行期间,出现了多起行为人故意隐瞒出行信息导致新冠病毒扩散的案例。为了保障民众身体健康、维护社会稳定,多部门快速联动,及时提供行为人的出行信息进行大数据共享,迅速汇集成一个详细的确诊病例行程轨迹,对控制疫情传播产生了关键作用。

我国正形成技术助力犯罪分层治理的治理形态。近年来,随着依法治国全面推进,刑法学者积极推动按照犯罪严重程度对犯罪进行分层,对重罪、轻罪、微罪进行管理分离,配置不同的刑罚、追究机制,犯罪分层治理能够实现繁简分流、提高管理效率。对于犯罪如何分层,一直争议不断。有学者并不赞同按照犯罪严重程度将犯罪分层,因为犯罪严重程度的区分难以确定标准,容易带有主观色彩。但是在大数据和信息分析技术的助力下,犯罪分层治理能够通过海量数据按照一定科学分层方式区分重罪、轻罪和微罪。

我国正在加速推进实体治理和网络治理并行。5G 技术的突破和人联网时代的到来淡化了实体世界和虚拟世界的界限,也使得线上犯罪治理成为可能。新冠肺炎疫情的暴发,一时之间阻断了异地交往,也为网上办案的发展提供了契机。新冠肺炎疫情期间,最高人民法院、最高人民检察院、公安部、司法部联合制定的《关于依法惩治妨害新型冠状病毒感染肺炎疫情防控违法犯罪的意见》要求,"除依法必须当面接触的情形外,可以尽量采取书面审查方式,必要时,可以采取视频等方式讯问犯罪嫌疑人、询问被害人、证人、听取辩护律师意见",为各地法院开展线上审理提供了依据。

(三)从事后打击到"预测预警预防"的治理重心转向

在全球化发展背景下,我们已经进入由于人类实践所导致的全球性风险占据主导地位的社会发展阶段,在这样的社会发展阶段里,各种全球性风险对人类的生存和发展存在着严重的威胁,从风险社会理论出发而展开的犯罪预防措施越来越受青睐。党的十九大报告指出要"坚决打好防范化解重大风险、精准脱贫、污染防治的攻坚战,使全面建成小康社会得到人民认可、经得起历史检验"。此后,中央政治局委员、中央政法委书记孟建柱在全国社会治安综合治理表彰大会上表示,要牢牢把握推进国家治理体系和治理能力现代化的总要求,以提高预测预警预防各类风险能力为核心,不断提高社会治理系统化、科学化、智能化、法治化。2020 年三大攻坚战主要目标任务如期完成。我国的犯罪治理重心已经转换为"预测预警预防"。

以往,案件的发生、报警电话的响起是警方办案的触发器,然而这种事后打击的方式具有一定的滞后性,表现为网络犯罪数量连年递增,而警方囿于网络平台的隐蔽性、虚拟性往往无法在事后发现其踪迹;相比于事前预防,事后打击犯罪可能会给人民造成更大、更难以弥合的物质损失和精神损害;警方被动型犯罪侦查模式、传统的司法预防模式落后于犯罪预防理论探讨和犯罪预防核心技术。2017年南京市公安局玄武分局开发了"滴滴报警"系统,基于微信公众号服务,市民可以在用户端及时发布警情,附近民警在收到警情后进行"抢单"接警,其运行模式受到了网约车工作机制的启发,"抢单"接警将出警积极性与奖惩机制挂钩,鼓励民警积极处理案件,提升群众满意度。虽然"滴滴报警"的模式仍然存在较大争议,服务职能与专政职能之间存在明显冲突,但我们要看到"滴滴报警"代表了公安民警在人工智能时代下的信息技术发展方向以及积极探索精神。这些都是将治理犯罪的重心从事后打击向"预测预警预防"转换的重要推动力。社会秩序和犯罪率的变化是判断社会治理方法良莠的敏感指标,近几年,我国部分类别犯罪案件的增长反映了社会治理模式落后与社会经济发展之间的矛盾。因此,要积极探讨犯罪预防创新模式,提高政府犯罪控制能力。

基于此,中央政法委指出要把社会治理的着眼点放到前置防线、前瞻治理、前端控制、前期处置上,提高预测预警预防能力,最大限度把各类风险防范在源头、化解在基层、消灭在萌芽状态。具体到各风险领域,各种信息化治理方式分别有:对于公共安全风险领域,要坚持目标导向和问题导向相统一,善于运用新技术新手段,建立防范打击新机制,提高对新型犯罪的攻坚能力;对于网络风险领域,要把网上治理与网下治理、法治手段与技术手段、专门力量与社会力量结合起来,完善网络风险综合治理体系,提高网络社会安全管理水平;对于社会矛盾风险,要善于运用大数据技术对社会矛盾进行研判预警,健全常态化排查预警机制;对发现的矛盾风险,推动有关地方和部门落实化解、管控责任。

要实现前置防线、前瞻治理、前端控制、前期处置就必须加强基层治理。近些年来,加强基层治理也一直是社会治理的重点方向。2014 年上海市委的"一号课题"就是加强基层治理,但做课题与真正落实基层治理还须并重。唯有真正沉入基层、了解基层、发现和解决基层的问题,"一号课题"才不只是纸面研究材料。①如今,基层治理迎来信息化时代新机遇,智慧城市建设的重心必须从落实基层开始,没有基层社区甚至小区的信息化治理,城市的智慧建设就会根基不牢,效果也会大打折扣。2022 年 5 月,中央政法委召开第七次市域社会治理现代化试点工作交流会,时任中央政法委秘书长陈一新在讲话中就强调,要充分发挥基层群众自治作用,夯实社会治理的基层基础,加快推进市域社会治理现代化。明确自治任务就是要及时解决群众利益诉求、全力调处民间矛盾纠纷,防止小问题引发大风险;要协同维护基层治安秩序,及时发现处置社会治安和公共安全隐患。②

　　目前,我国以信息技术为手段,开始进行社会治理重心从事后打击到预测预警预防的重大转型,社会治理态势从专业化、全面化走向精细化、科学化、智能化、综合化,社会治理方式从粗放化、整体性走向网格化、模块化、数据化、可视化,整体呈现多层次、多领域、多角度的特点,形成蓬勃发展之势,这一点在犯罪治理方面体现得尤为明显。面对某些类型犯罪的高发态势,各级政府集中力量、善于调度,形成统一的大数据管理中心,多部门群策群力,从多层次切断犯罪既遂路径。上海、天津等大中城市的公安、银行、通信等部门纷纷入驻反电信诈骗中心,建立预警阻断、止付冻结等新机制,一改过去应对新型犯罪的被动局面。

　　为了提升民众的生活质量,全方面遏制犯罪,维护民众的生命、财产安全,国家多管齐下,从多领域、多角度进行犯罪防控。目前我国已经在视频监控领域、卫星定位领域、人工智能领域开展多项监管、防控工程,为社会打

---

①　金泽刚:《上海踩踏事件警示官员要高度"敏感"》,载《南方都市报》2015 年 1 月 23 日。

②　《陈一新:要充分发挥基层群众自治作用》,中国长安网,http://www.chinapeace.gov.cn/chinapeace/c100007/2022-05/20/content_12628061.shtml,2022 年 5 月 20 日。

造严密的保护网。在视频监控领域,雪亮工程、天网工程、平安城市共同推进,各有侧重。雪亮工程以解决各级安防体系盲点为目标,前端摄像进行抓拍、预警、人脸识别,后端存储平台运用云储存技术实现海量储存,可无间断近距离查看监控。[①]天网工程运用实时行人检测识别系统,监控镜头不仅可以实时捕捉监拍行人的相貌,还可以同时与数据库中的指定人物信息进行匹配,弹出匹配度的提醒。[②]平安城市具有功能多样性、联动广泛性的特点,不仅能够满足治安管理、城市管理、交通管理、应急指挥等需求,而且还能兼顾灾难事故预警、安全生产监控等方面对图像监控的需求,同时还要考虑各系统之间的联动。[③]在人工智能领域,天网、天智、天算工程相互融合,形成一体化数据处理平台。"天网"实现万物互联,产生海量数据,"天算"运用高级的运算能力处理海量数据,具有超级智能控制的"天智"处理、研判海量数据,并进行预示、预测。[④]在卫星定位领域,我国拥有北斗三号全球卫星导航系统,是追踪罪犯、寻找受害人行动轨迹的关键工具。

对于如何加快犯罪治理重心向"预测预警预防"转变,周勇从犯罪预防视野出发,主张从更宏远、更广泛的社会经济可持续发展的背景下来讨论、考量预防犯罪和刑事司法工作,采用更为全面和综合的犯罪治理战略,改变以往犯罪治理绝大多数由刑事司法系统"单打独斗"的不利局面和惯性做法,形成合力。[⑤]张昌荣提出信息犯罪预防技术要物尽其用,须同步完善配套制度:一是要建立统一的安全防范的技术标准,防止技术壁垒阻碍信息共享;二是建立安全防范技术管理制度,防止监控等犯罪预防设

---

① 《附录六 人工智能法治应用典型事例概览》,载上海市法学会等主编:《世界人工智能法治蓝皮书(2019)》,上海人民出版社 2019 年版,第 241 页。

② 《附录六 人工智能法治应用典型事例概览》,载上海市法学会等主编:《世界人工智能法治蓝皮书(2019)》,上海人民出版社 2019 年版,第 242 页。

③ 徐正超:《高清视频监控在平安城市建设中的应用》,载《智能建筑与城市信息》2013 年第2 期。

④ 孔万锋:《杭州"城市数据大脑":交通治堵的探索和实践》,载《公安学刊(浙江警察学院学报)》2018 年第 1 期。

⑤ 王顺安、李红梅:《世界范围内的预防犯罪活动及中国经验》,载《人民法院报》2021 年 4 月22 日,第 6 版。

备沦为摆设。①

笔者通过对相关文献进行阅读和对大数据犯罪治理现状进行分析,归纳出大数据的作用范围,认为大数据分析主要分为三步:第一步是对海量数据进行汇总、筛选和清理;第二步是对选定数据进行深度研判得出初步结论;第三步是若存在采用传统方法得出的结论,应当互相验证,强化出警的准确性。对此,大数据研发人员在进行程序性建构时应当考虑以下分析因素。

第一步的汇总、筛选和清理并非大数据预防犯罪的预备步骤,而是实施步骤。对大数据犯罪治理模式的认识不应存在误区,认为大数据主要是对罪犯和潜在罪犯的特殊预防,而非对社会的普遍预防。实际上,汇总、筛选和清理违法违规、不健康的内容,能够避免这些内容出现在公众的电子设备终端中。针对犯罪潜在人群和意志薄弱人群,如青少年、服刑期满人员、经济困难人员,发送具有教育和威慑作用的信息,能够实现普遍预防的功能。改善自私心态和自毁情结的落脚点主要在于环境和个体的相互作用,大数据为有目的地营造环境、塑造个人提供了便捷高效的途径。②

在进行第二步时,若要进行有效犯罪预防,应当注意大数据深度研判结果的完备性和科学性,故其研判路径应当科学全面,具体而言,其路径应当实现对四大因素的预判,即因果性因素、相关性因素、异常性因素、整体性因素。

其一,应当对因果性因素进行预判。以维克托·迈尔-舍恩伯格(Viktor Mayer-Schönberger)为代表的学者认为,在大数据语境下,相关性因素比因果性因素更重要,因为了解"是什么"就已足够,而没必要去知道"为什么"。③笔

---

① 张昌荣、郑艳芳:《论社会治理与犯罪预防模式研究》,载《犯罪学论坛(第二卷·上)》,第31页。

② 邸庆聪:《浅谈大数据下犯罪预防策略的机遇和挑战》,载《犯罪学论坛(第三卷)》,第265页。

③ [奥]维克托·迈尔-舍恩伯格、肯尼思·库克耶:《大数据时代》,盛杨燕、周涛译,浙江人民出版社2013年版,第55页。

者以为,该观点颇具功利性,将对事物关系的判断完全交托于机器,与科学技术以人为本、发展科学技术是为了提升人类的价值等观念相背离。应当承认大数据中包含因果性判定要素,时时与人类对因果关系的判断相互验证,使人类永远保有独立思考的能力。该因果性因素范围应当大于刑法学中因果关系的范畴,即便是弱因果关系、间接因果关系,亦在大数据研判的范围之内,且是大数据研判的主流。

其二,应当对相关性因素进行预判。在传统的犯罪治理模式中,办案机关没有海量的数据支撑,凭直觉和经验判定的结论无法得到验证和支持,往往只能通过结果进行判定,但很多犯罪出现结果时,已来不及进行预警预防。而通过大数据研判,当相关性达到一定的程度时,就可以进行有针对性地预测预警预防,将大大减少浪费警力、物力、财力的现象,也能够进一步维护社会稳定。美国的案例验证了这一结论,大卫·威斯勃德等人对西雅图1989—2002年街面犯罪热点进行了长时段考察,"在14年间50%的案件只发生在4.5%的路段上,威斯勃德等人由此大力倡导和推广针对这些案件高发路段的警务预防,取得了良好的治理效果"①。

其三,应当对异常性因素进行预判。在大数据研判中,某种因素虽不具有相关性、因果性,却具有异常性或与相关事实、原理存在矛盾,也应当予以撷取,并采取合理的预警预防措施,如可通过数据异常预警排除犯罪隐患。曾有学者通过对某市海量公交卡轨迹数据的分析,巧妙识别出地铁扒手异于常人的轨迹特征,并将轨迹模型用于预测和监控可疑扒手。②

其四,应当对整体性因素进行预判。整体性是指大数据研判应当具有整体性思维。当对多因素推断进行认定时,应当对研判因素有整体性考量。若存在多个因果性因素、相关性因素、异常性因素时,应当对其研判结果进行分别对比,综合得出最科学可靠的研判结果。当案情存在共同犯罪、有被

---

① 单勇、吴飞飞:《从罪犯到地点:犯罪空间防控的兴起》,载《山东警察学院学报》2013年第5期。

② 陆娟等:《犯罪热点时空分布研究方法综述》,载《地理科学研究进展》2012年第4期。

害人、数罪等情况时,应当综合共犯、其他犯罪、被害人的相关分析进行研判。此外,也应当注意整体性的范围,选择正确的研判方向和目标,以免做无用功。

(四)从国家专属到社会共同参与的治理主体转向

习近平总书记提出打造共建共治共享的社会治理格局。要求加强社会治理制度建设,完善党委领导、政府负责、社会协同、公众参与、法治保障的社会治理体制,提高社会治理社会化、法治化、智能化、专业化水平。党的十九届四中全会提出了推进国家治理体系和治理能力现代化,为多主体犯罪治理确立了明确的实现途径。

多数学者认为,我国一直奉行政府本位型犯罪治理模式,行政机关主导甚至垄断犯罪治理,公众难以切实影响犯罪治理的制度建设和政策执行。实际上,多主体犯罪治理的相关概念——"犯罪综合治理"早在1981年就被提出。1981年5月,中共中央批准《京、津、沪、穗、汉五大城市治安座谈会纪要》,要求各级党委和政府领导组织社会各方面力量,实行公安、司法机关的专门工作与群众工作相结合,各司其职,通力合作,预防和惩罚违法犯罪,逐步限制和消除产生违法犯罪的条件,建立良好稳定的社会秩序,维护国家的长治久安,从而确定了"犯罪综合治理"这一预防犯罪的总方针。[①]1991年3月2日,中共中央、国务院和全国人大常委会作出了《关于加强社会治安综合治理的决定》,再一次强调了"社会治安综合治理"的概念。然而这里更多的是注重理论意义上的宣示和观念意义上的宣传,多主体犯罪治理模式发展缓慢,我国仍然实行以"犯罪综合治理"为表,以"政府本位型犯罪治理"为实的治理模式。

虽然"犯罪综合治理"早已提出,但其内容更强调犯罪手段的综合治理,而忽略了从主体角度切入的必要性。笔者认为将犯罪治理主体从国家专属转向社会共同参与势在必行。

---

① 参见林崇德:《心理学大辞典(上卷)》,上海教育出版社2003年版。

其一,在信息化发展迅速的当代社会,亟须从社会共同参与治理出发,赋予"犯罪综合治理"全新的内涵。近年来,随着 5G 和人联网时代的到来,实体世界与虚拟世界之间的界限愈发模糊,犯罪活动表现出犯罪行为隐蔽性高、犯罪手段技术性强、危害范围无法界定等特征,犯罪预防和治理面临越来越严峻的考验。原先相对封闭的刑事诉讼制度呈现强烈的对外交互甚至依赖的倾向,行政机关、互联网企业、科研机构、普通公民等刑事司法机关以外的主体作为原始数据来源或数据集成和处理者不断参与犯罪治理活动,刑事司法与一般社会治理之间的边界变得模糊化。①

其二,随着人联网时代的到来,"去中心化"是大势所趋,网络犯罪往往错综复杂,涉及多方利益主体,政府进行犯罪防治和惩治已经愈发力不从心。去中心化是相对于"中心化"而言的新型网络内容生产过程,网络系统各个节点不再为任何一个中心点服务,而是实现高度自治。去中心化具有降低网络安全风险、保障用户隐私权等优点,但与此同时,也为犯罪分子提供了躲避的场所。区块链技术就是典型的去中心化产品,犯罪分子无需通过某些中心节点进行犯罪,造成相关部门难以对区块链交易进行监管和追踪,也难以通过复杂路径找到电子证据,区块链俨然成为犯罪分子洗钱的"天堂"。此外去中心化还会带来行为范围扩大、共同犯罪中实行行为难以确定(典型如快播案)、共同犯罪行为人之间并不认识等新型特征②,为政府主导型犯罪治理模式带来了挑战。

此外,学者们分别通过犯罪控制论、政府失灵说,为多主体犯罪治理模式提供了坚实的理论依据。汪明亮、张凌、张枝涛等学者提出了政府失灵说。汪明亮认为政府失灵存在两种缘由,一是因行为能力和其他客观因素制约,政府治理犯罪往往达不到预期目标;二是虽达到了预期目标,但效率

---

① 裴炜:《信息革命下犯罪的多主体协同治理——以节点治理理论为框架》,载《暨南学报(哲学社会科学版)》2019 年第 6 期。

② 王肃之:《从回应式到前瞻式:网络犯罪刑法立法思路的应然转向——兼评〈刑法修正案(九)〉相关立法规定》,载《河北法学》2016 年第 8 期。

低下，或者成本昂贵。①张凌、张枝涛赞同国家正式力量始终存在无法克服其在犯罪防控方面的局限性的观点，因为国家正式力量遵守被动性和谦抑性原则。②而王玉宝等学者则赞成犯罪控制理论，认为犯罪源于社会发展过程，治理犯罪也要立足于社会，因此治理的主体就不能局限于国家，而需要社会各方面力量的参与。③

目前我国已经涌现多例多主体协同治理的案例，江苏省公安厅反诈中心与省通信管理局、电信运营商、头部网络运营商等合作，实现群众举报、反诈中心与通信管理局联合研判、电信运营商和头部网络运营商提供数据和分析模型，以及虚拟网址智能拦截等多主体协同作业，在电信诈骗的每一个环节上都实现围追堵截。④在网络购物相关犯罪治理中，政府默认赋予电商平台一定的管理权，以淘宝和拼多多为代表的电商平台拟定了服务协议、用户守则、平台总规则等，并对违规店铺给予降低信用分、公示警告、降低搜索权限、关停店铺等惩罚，对涉及犯罪的用户或网店可向警方通报，协同警方处理。北京公安机关推出了以"朝阳群众"命名的APP，为群众提供线索、参与犯罪治理提供了新的平台。有数据显示，截至2017年年底，共有14万左右的朝阳居民实名注册成为"朝阳群众"，相当于平均每平方公里有近300人。2017年全年"朝阳群众"为警方提供了有用线索8 300余条，朝阳警方基于这些线索成功破获案件370余起，拘留250余人。⑤可以认为，多元主体共同治理这一犯罪治理模式正在稳步推进，但以政府为主导，社会公众、商

---

① 汪明亮：《"朝阳群众"参与犯罪治理的政策逻辑》，载《刑法论丛》2017年第1期。

② 张凌、张枝涛：《犯罪治理体系现代化研究——对多元治理的现状分析与理论解读》，载《中国犯罪学学会年会》论文集，第2页。

③ 王玉宝、殷明凯、罗丹：《谈治理理论在犯罪控制中的应用》，载《公安学刊（浙江警察学院学报）》2015年第5期。

④ 《打出技术反制"组合拳"，织密反诈防诈"防护网"，江苏省通信管理局尽全力遏制电信网络诈骗高发态势》，网信江苏，https://baijiahao.baidu.com/s?id=1702929147783429769&wfr=spider&for=pc，2021年6月19日。

⑤ 《"朝阳群众"达14万余人一年举报有效线索8 000余条》，中国日报网，https://baijiahao.baidu.com/s?id=1590978829819349515&wfr=spider&for=pc，2018年1月30日。

业主体、社会组织协同的犯罪治理格局尚未形成,目前地域或主体之间不联通、各平台自治标准不一、关注犯罪类型单一等问题亟待解决。

对于如何完善多元主体犯罪治理制度,学者们提出了自己的观点。肖扬宇认为应当着力于将社会主体在犯罪治理中的隶属关系转变为协作关系,多层治理主体应当在履行自身管理义务的过程中,沟通协商交换资源并且制定共同的行动规则,进而构建共治的网络脱域犯罪治理路径;①裴炜认为应当将治理重心和方法放在节点治理上,通过优化信息价值、制约信息能力来增强各方主体的认知协同、技术协同、资源协同、制度协同,从而实现对各类型犯罪的有效打击;②张凌、张枝涛认为我们要立足于国家和市民社会关系这一深广视野来审视国家治理及其理论建构,并着力建立国家和市民社会分立互动、双向制衡、民主合作的良性互动关系,形成有效的多主体犯罪治理。③学者们都关注到,随着信息科技的发展,虚拟网络世界去中心化和扁平化的特点越发凸显,政府在信息世界的犯罪治理中不再享有显著优势,应当实现从"命令"到"协作"的关系转化。

此外,应当明确社会共同参与犯罪治理的范围,在司法相对独立性和社会共同参与治理之间划定明确的界限,否则多主体犯罪治理模式将成为冤假错案增加、公民权利被不正当侵犯的制度元凶,成为私主体利用制度漏洞过度干预公权力行使、掠夺他人合法利益的工具,成为人肉搜索、多数人暴政的合理借口。在利益和情感的驱动下,人会成为价值和立场完全相左的个体。笔者认为应当从制度设计和价值构造两个方面出发,明确多主体参与犯罪治理的范围。

在制度设计方面,应当对犯罪治理主体进行明确分类,并根据每一类型

---

① 肖扬宇:《网络脱域环境下的犯罪变迁与治理路径》,载《华南师范大学学报(社会科学版)》2019 年第 3 期。

② 裴炜:《信息革命下犯罪的多主体协同治理——以节点治理理论为框架》,载《暨南学报(哲学社会科学版)》2019 年第 6 期。

③ 王玉宝、殷明凯、罗丹:《谈治理理论在犯罪控制中的应用》,载《公安学刊(浙江警察学院学报)》2015 年第 5 期。

主体的特征进行权利、义务和责任的划分。根据各主体在网络虚拟世界所扮演的角色和承担的功能,将犯罪治理主体分为主导型治理主体、平台型治理主体、技术型治理主体、节点型治理主体,并分而治之。对于国家权力机关这一治理主体应明确其主导型治理主体的地位,国家权力机关应当在犯罪治理中承担组织、主导、监督的角色,并保留独立的司法权和立法权。对于电商、搜索引擎、社交平台等平台型治理主体,应当制定网络平台管理法,明确网络平台秩序管理和数据处理的义务,并建立相关的配套机构进行运作,主要负责通过分析用户的数据,寻找行为人踪迹、提取电子证据、优化预防和截断犯罪路径。对于研发公司等技术型治理主体,应当要求其严守道德伦理和人权保障的底线,并明确"技术中立"的界限,避免成为共犯。技术型治理主体应与政府建立积极的合作关系,研发更加科学合理的打击或预防犯罪平台,并参与相关产品的运作过程,通过实践总结经验和教训,不断深化和优化产品。对于社会公众,应当通过提高悬赏金额等一系列鼓励机制培养公众的举报意识。通过建立网上举报平台,让网民通过随手拍照、截图等方式,对疑似失踪儿童、涉黄信息、线上赌博、网络黑灰产犯罪进行举报。

在价值构造方面,应当从网络虚拟世界的本质特征出发,分析人性的变化,构造独属于虚拟世界的道德标准和价值取向,并反映到犯罪治理中。如今,信息化已经逐渐渗透到人类的生活秩序中,潜移默化地影响着人们的价值观和世界观。基于网络世界去中心化、无界性、隐蔽性等特点,人们表现出了更低的道德感和羞耻感,人肉搜索、欺诈型营销层出不穷。为了划定商业主体、社会公众参与城市犯罪治理的底线,应当构建网络虚拟世界的价值观和世界观,并体现在制度建设和平台运行中,达到深入人心的效果,从而通过道德和法治双管齐下,制约商业主体、社会公众滥用犯罪治理权的行为。

(五)从经验式反应到智慧治理的决策治理机制转向

目前我国处于弱智慧社会阶段,已在数字化基础上实现万物感知、在网络化基础上实现万物互联、在智能化基础上使社会更加智慧。①我国在器物层面已基本具备智慧治理的条件,并已经加快技术转型,但在制度和思想层面还未做好相应的准备,多数基层人员仍然习惯以政策为基准盘、以经验为后盾开展预防和打击犯罪的具体行动。实践表明,当技术、制度与思想同步而行,三者会相互配合、协同发展。所以我们应当加快思想和观念转型,将犯罪治理的决策机制从经验式反应向智慧治理转变。所谓经验式反应,是指在预防和打击犯罪中表现的不同的思维惯性。

在预防犯罪方面,经验式反应表现为治理者往往奉政策为范式,并以此为切入口,进行无实证分析、无逻辑论证,从宏观角度推出具体的预防措施。殊不知即便政策再好,也应当因势利导。尽管犯罪治理研究需要宏观策论与前瞻性、宏大话语叙事,但这种脱离实证分析的宏观策论在具体治理实践中缺乏可操作性,至多起到理论性、方向性、基础性的指导作用。②

在打击犯罪方面,经验式反应表现为治理者往往以自身和他人传授的经验为教科书,画地而趋,故步自封。此种情况会对犯罪治理产生多种不良影响:多数人难以灵活变动,无法因地制宜、因人制宜,难以在打击犯罪的方法上创新;治理者习惯于被动响应,无法主动预见犯罪,难以将犯罪治理重心从事后打击转换到"预测预警预防";对犯罪活动的推测和理解模糊零碎,无法形成模型进而进行科学准确推理;治理者无法避免进行道德化、情绪化判断,结论存在主观化色彩;难以适应科技发展速度,自我学习与更新缓慢;过多倚重治理者的水准和良心,易形成人治。

此外,由于人工智能、区块链等新技术的出现,新型犯罪手段和躲避侦查的方法层出不穷。在没有先例的前提下,经验式治理对这些新型犯罪手段束手无策。即使可以不断积累经验和教训,其速度仍会大大落后于技术更新换代的速度,这使得犯罪治理方式总落后于新生案例,两者之间形成技

---

① 汪玉凯:《智慧社会与国家治理现代化》,载《中共天津市委党校学报》2018 年第 2 期。

② 单勇、阮丹微、李欣:《犯罪治理精细化:国外经验与理论启示》,载《公安学刊(浙江警察学院学报)》2016 年第 3 期。

术鸿沟,影响犯罪治理的实效性。

　　与此同时,随着城市治理逐步走向智慧城市治理①,犯罪治理信息化也开始实现新的转型。2011 年我国开始进行智慧城市建设探索,随后陆续开展智慧城市建设试点。截至 2016 年 6 月,全国 95％的副省级以上的城市、超过 76％的地级城市,总计超过 500 座城市明确提出建设智慧城市。而且,智慧城市建设着力向基层推动,实现基层组织的智慧社区治理,并逐步通过立法加以巩固落实。②近几年来,以上海、宁波、杭州为代表的部分特大城市群策群力打造智慧城市,致力于运用物联网、云计算、大数据、空间地理信息集成等新一代信息技术,促进城市规划、建设、管理和服务智慧化,实现开放、共享、多元互动、协同治理的城市格局。这就为犯罪治理信息化、精细化提供了社会环境和技术条件。最为典型的就是在智慧城市建设中,维护社会治安的“雪亮工程”以及法院、检察院系统建设的智慧司法工程,这些工程越来越普及。

　　在犯罪治理信息化、精细化模式的引导下,一些治理者发觉以数据分析技术、区块链技术、智能监控技术为观察、判断、分析工具往往能够得出更加准确的结果,也能够有效预防犯罪。据公安部新闻发布会通报,从 2016 年开始,全国刑事案件立案总量已连续 5 年下降,从 2015 年开始,8 类主要刑

---

　　① “智慧城市”这一概念最初是由 IBM 公司提出,源于“智慧地球”的理念,随后“智慧城市”这一概念在世界多个国家和地区出现,各国相继提出“智慧城市”建设战略,但没有一个确定统一的定义。IBM 公司认为“智慧城市”在理论上应当运用 ICT 测量、分析、整理城市的各种核心信息,从而对环保、民生、公共安全、城市服务、工商业等社会需求做出理性而合理的智能回应。在我国,有学者认为,“智慧城市”是“数字城市”与“物理城市”的叠加与耦合,是“数字城市”结合“物理城市”的一种城市形态,“数字城市”利用信息技术直接作用于“物理城市”,促进城市治理的智能化和现代化。有学者提出“数字城市”“智能城市”和“智慧城市”的辨析,认为“数字城市”是“智慧城市”建设的基础,“智能城市”的目的是解放人力,而“智慧城市”是“数字城市”和“智能城市”在实践中的综合。总而言之,“智慧城市”的核心是利用信息技术对城市进行智慧管理,提高城镇化质量,使城市管理更加科学、高效和精细化。

　　② 2014 年 8 月,国家发改委等八部委印发了《关于印发促进智慧城市健康发展的指导意见的通知》;2015 年 8 月,国务院办公厅颁布《关于印发促进大数据发展行动纲要的通知》;2018 年 6 月,国家标准委发布了《智慧城市 顶层设计指南》;2021 年 8 月,中共中央、国务院印发《法治政府建设实施纲要(2021—2025 年)》,提出要建立健全运用互联网、大数据、人工智能等技术手段进行行政管理的制度规则,用法治思维引领智慧政府实施智慧政务,推动智慧城市建设。

事案件数和查处治安案件数连续 6 年下降。①2015 年距离国家发布首批国家智慧城市试点名单已过 4 年，正是智慧城市初步建成，产生初步成效的时刻。数据最能直观检验治理机制转变的成果，立案率的连年下降鼓舞了更多的治理者，越来越多的城市开展智慧城市建设，越来越多的基层派出所采用新的信息技术预防和打击犯罪。

在提倡智慧治理决策机制的同时，我们也应当警惕矫枉过正，不能忽略经验式治理的作用。首先，目前的系统能够预测犯罪时间、犯罪地点，也能够推算逃亡方向、犯罪嫌疑人画像，但是不能把握人心，而有多年工作经验的民警则能够根据自己对该犯罪模式和行为人的了解，推测出大数据无法研判的结果。其次，智慧治理决策机制易使办案人员对智能系统产生依赖心理，一旦犯罪分子侵入该智能系统，篡改数据或程序，将会导致研判结果与真相大相径庭。故办案人员应当先自行推断，再运用智能系统研判，保持独立思考的能力。最后，"经验式反应＋智慧治理"能够实现一加一大于二的效果，如依靠犯罪制图技术，可以通过对数据的分析和比较，测算出易发生犯罪的时间和地点。警方依据自身经验，可以明确布防方案，能够在不打草惊蛇的情况下逮捕现行犯。

---

① 《公安部：截至 2020 年，全国刑事案件立案总量连续 5 年下降》，澎湃新闻，https://m.thep-aper.cn/baijiahao_12214272，2021 年 4 月 15 日。

第三章　特大城市犯罪治理信息化的路径展开

　　"世界已经转移到以数据为中心的范式上"①，在信息文明时代，大数据、信息网络技术、人工智能等新型通用技术深刻推动了犯罪治理变革。基于信息技术的治理创新层见叠出，"犯罪治理呈现出整体性的技术转向，犯罪的技术治理模式蔚然成型"②，将信息技术运用到犯罪治理的全过程已经成为时代发展的必然趋势。但是信息技术拥有着极为庞大的体系结构，其中的哪些技术手段能够运用于犯罪治理、不同的技术手段又分别能够运用于犯罪治理的哪些阶段，都是需要明确的问题——犯罪与信息技术各自都处在不断发展变化的过程当中，如何将合适的信息技术手段正确运用于不同类型犯罪的治理过程当中（或者同一犯罪治理的不同阶段），并且避免信息技术应用所带来的负面效果成为亟待解决的问题。故此，笔者认为，我国应当在建立健全以信息技术为依托的犯罪综合治理模式的基础上，推进犯罪的智慧治理、空间治理、源头治理、国际合作治理等模式，实现通过信息技术的运用超越传统的犯罪治理效果，最终达到"理性审视技术中心主义，准确把握犯罪发展态势，妥善应对智慧社会到来"③的目标。

---

① 赵春雷、乔治·纳汉：《"大数据"时代的计算机信息处理技术》，载《世界科学》2012年第2期。

② 单勇：《犯罪之技术治理的价值权衡：以数据正义为视角》，载《法制与社会发展》2020年第5期。

③ 张旭、朱笑延：《弱智慧社会语境下的犯罪治理：情势、困境与出路》，载《吉林大学社会科学学报》2019年第1期。

一、智慧治理:以人工智能及大数据分析为例

2020 年 4 月 28 日,中国互联网络信息中心(CNNIC)发布的第 45 次《中国互联网络发展状况统计报告》显示,截至 2020 年 3 月我国网民规模为 9.04 亿,互联网普及率达 64.5％。①数量庞大的网民为"互联网＋"贡献了海量数据,大数据背景下智能化犯罪呈现爆发式增长趋势,与此同时还与传统犯罪相结合衍生出新的犯罪形式,以传统的犯罪治理机制应对当前的犯罪态势难免有些捉襟见肘。犯罪分子能够凭借新技术实施新型犯罪,警务人员必然也能乘着高科技的快车织密犯罪预防的大网。正如有学者所言:"科技是理性的典范,侦查一旦受到科技的青睐,侦查效能将得到质的飞跃。"②若能够将高科技运用到公安机关及有关部门的犯罪侦控活动中,侦控活动的效率必将大幅提升。下文谨以大数据、智慧社会背景下的大数据分析技术和人工智能(AI)在犯罪侦控工作中的运用为代表进行介绍。

(一)犯罪预防中的大数据分析

作为社会治理重要内容之一的犯罪治理活动面对多元化、智能化的犯罪现实,有提升犯罪防控智能化程度的迫切需求,大数据分析或可成为提升犯罪防控智能化的途径之一。近年来,越来越多的实践部门将目光投注在大数据技术上,尝试"通过数据采集、处理、分析和可视化等大数据技术手段来解决客观问题"。③事实上,将大数据思维运用到犯罪侦控活动中,以大数据分析手段对有关信息进行建模、分析确实在极大程度上拓展了办案机关的办案思路,丰富了办案方式,提升了办案效率。具体而言,在当前的犯罪

---

① 《中国互联网络发展状况统计报告》,中华人民共和国中央人民政府官网,http://www.gov.cn/xinwen/2020-04/28/content_5506903.htm,2020 年 12 月 19 日。

② 李稹:《人工智能在经济犯罪侦查领域的应用》,载《辽宁警察学院学报》2020 年第 3 期。

③ 程科:《经济犯罪侦查中的大数据思维研究》,载《中国人民公安大学学报(社会科学版)》2018 年第 4 期。

防控活动中,各项刑侦技术的发展让治安管理部门、犯罪侦办部门在获取案件有关信息时更为便捷、高效、全面。面对一系列与犯罪相关的海量数据,如果不能有效利用,那么这些数据不过是繁芜丛杂且恼人的数字符号罢了。以一种更消极的角度来看,倘若没有先进的数据分析手段对这些信息进行科学化分析,反而可能因为信息过载使得关键有效信息淹没在海量数据中,办案人员无法从海量信息数据中选取有效信息,更谈不上将数据运用到案件侦办中,可能会对办案形成掣肘。大数据分析技术的运用恰到好处地为挖掘大数据宝藏提供了有效工具。大数据分析通过对相关数据进行高效准确的数据分类、整合、建模分析,并将分析结果以可视化方式输出,将海量数据转化为犯罪治理的导航塔。以大数据分析对社区犯罪的网格化管理的作用为例,"网格化管理是以信息化为基础,重视和执行信息源的发现、收集、处理、提交、研读、反馈、储存,通过信息引流引导相关机构、组织、人员了解各种需求、提供相应服务、进行相关决策、实施一定预案来满足社会合理需要,管控社会秩序"。①倘若没有大数据分析技术作支撑,不同的社区犯罪种类、犯罪频率、犯罪社区环境、犯罪人相同或相异特征等都将依靠传统方式进行收集分析,耗时费力且数据结论与现实情况变化间存在时间差,具有滞后性。在不具备高精准度和时效性的数据结论上提出的犯罪网格化划分与治理方案,难以实现药到病除的效果。又如大城市犯罪中流动人口犯罪率相对较高,控制城市犯罪率必然要求对流动人口实施有效管控。通过大数据分析对流动人口进行管理解决了传统"以房管人"的信息延迟性、孤立性、信息源单一的问题,不仅能够多渠道、及时、全面、准确地获取流动人口的多项数据信息,在实施流动人口全面监控的同时对有犯罪前科者、犯罪易感人群实施动态监测,分析其动向,防患于未然;还可以对流动人口犯罪人的居住环境、工作环境、人际交往、文化程度等信息进行综合分析,探求其犯罪诱因。

---

① 丁寰翔、王陈立:《网格化管理推进城市社区犯罪防控的实践与思考》,载《犯罪学论坛(第五卷)》,第 399 页。

基于大数据分析在现代犯罪防控中的重要作用,深化大数据分析在犯罪防控中的运用将成为一种趋势。然而,要使大数据分析技术在犯罪防控中大放异彩还需注意以下四个问题:(1)数据来源可靠性。在运用从不同主体获取的信息时应当对数据可靠性持怀疑态度。(2)数据异质化。来自不同平台的数据具有异质性,犯罪侦控部门应当以何种标准整合异质化的数据值得探讨。(3)数据获取。在维护用户隐私与维护社会秩序的义务相冲突时,侦控机关是否有权调取私主体数据是未来大数据分析技术在犯罪侦控中推广适用需要回答的问题。(4)数据共享。以公安机关为主的有关部门出于维护国家机密的目的,内部平台并不联网,这又为公安机关的数据跨区域跨部门共享增加了障碍。

大数据分析在当前的犯罪侦控中已然发挥着不可替代的作用,在可以预见的将来,大数据分析技术也必然会持续性地在犯罪侦控领域发光发热,为进一步激发大数据分析于犯罪防控的潜能,还需从数据来源、数据标准化、数据获取、数据共享等层面夯实大数据分析的基础。

(二) 人工智能与犯罪侦控

科技、经济的高速发展为现代人打造了智慧社会,身处其中的人们被各种先进技术包裹着,人工智能就是诸多先进科技之一。人工智能的核心在于基于过去大数据的基础进行深入学习,自我完善并脱离人类控制独立完成相关任务。[①]人工智能的自我学习能力和独自完成任务的能力,一方面将自然人从部分人工智能可替代劳动中解放出来,使这部分自然人投身到新的行业中,另一方面缓解了部分行业业务量大与从业人员人数少的矛盾。具体到犯罪侦控领域,"AI 的介入则在数据分析的基础上,进一步注入了思维元素,通过 AI 的侦查思维学习,为侦查活动提供了更高效、更进一步的支持"[②]。公安部门在侦控中借助人工智能技术可有效缓解当前治安管理、犯

---

① 王烁:《论人工智能深度介入司法的态度、途径和阶段——以轻微刑事案件为契机的分析》,载《科技与法律》2020 年第 3 期。

② 李恒斌:《人工智能时代的刑侦工作模式变革》,载《中国刑事警察》2020 年第 3 期。

罪侦办过程中案多人少的矛盾。但人工智能在犯罪侦控中的优势远不止于此,通过综合运用人工智能系统中的多种技术建立人工智能犯罪预警机制还能避免传统犯罪预警机制受外界因素影响大、易出纰漏、样本少、定量分析难等种种问题。"人工智能预警机制依托大数据技术,通过对社会各类活动、社交行为、犯罪方法、犯罪模型等海量多类型数据的采集存取,将纯抽象数据模型丰富为数据 + 样态模型,转定性研究犯罪态势为定量研究。"①人工智能预警机制在人工智能犯罪预测阶段进行数据聚类收集、分析研判;在犯罪警报阶段通过"预警调控机制综合事情的严重等级以及警情发生的可能性,在适当时间以合适的方式向部门组织或个人进行精准推送,让受告方核实预警的真实性并做好防范准备"②,再由人工智能预警机制中的应急机制"根据应急预案内容和具体实际情况,及时采取行动并将最新信息推送给不同主体"③。2016 年,广州公安与商汤科技共同组建"人工智能视频侦查实验室",并基于深度学习功能研发出"模糊人脸图像专用算法模型",对视频中比较模糊的人像实施静态对比,对视频中的人脸进行实时抓拍、智能报警,帮助基层公安更加精准打击犯罪。

"AI + 犯罪预防"模式主要以收集各种跨媒体异构复杂数据(视频、图像、语音、文本等)信息为基础,利用机器学习、图像理解和生物识别等技术,从跨场景复杂空间行为理解、跨物理和网络空间社会形态分析、大尺度社会观测与认知等角度,对与犯罪的发生、发展产生关联的当前的事物变化进行交互感知、认知和理解,构建智能化预警监测与安全控制系统。具体来说,现代社会是一个流动的社会,要保证犯罪侦控活动的有效性,必须将侦控视线落在流动的"人""财""物"和"信息"上。当前的人工智能技术主要包括识别技术、搜索定位技术、翻译与控制技术、模拟人工技术等,具体细化包括指纹识别、人脸识别、掌纹识别、视网膜识别、计算程序设计、智能控制、机器人

①② 杨博涵:《大数据背景下人工智能犯罪预警机制研究》,载《河北公安警察职业学院学报》2020 年第 3 期。

③ 亿欧智库:《AI 进化论》,电子工业出版社 2018 年版,第 62—63 页。

学、语言和图像翻译。①以上人工智能技术的综合运用，基本上能全面实现对"人流""资金流""物流""信息流"的监控。首先，背靠大数据技术，运用人工智能中的识别技术、搜索定位技术，能对流动中的人进行精准识别和定位，并根据事先设定的标准进行数据对比，在锁定目标满足预警机制要求的标准后向事先设定的接受对象进行预警，并指导预警接受人根据实时情形在预先设定的解决方案中选择最佳方案排除警情。以当前在犯罪侦查中运用得最普遍的人工智能摄像机为例，通过人工智能摄像机的人脸识别、人形识别等技术能识别出人脸、人形、行为轨迹，还能将识别数据传输回大数据平台进行数据分析对比，并将分析结果与系统设置的布控条件对比，在符合条件时会发出布控预警。视频监控与人工智能技术相结合不仅能提早发现各种异常状况、有效降低犯罪率，而且能够有效地辨识违法犯罪嫌疑人，提高侦查破案的效率。例如，2019 年 4 月 20 日，被悬赏抓捕三年的涉嫌弑母的吴某宇在重庆江北机场被警方抓获。吴某宇被抓的重要前提之一就是2018 年重庆江北机场国内旅客出发的安检通道上安装了自动人脸识别系统。深圳分期分区改造一类、二类、三类摄像头，由政府牵头建设视频专网协助警方抓捕逃犯、预防犯罪；海康威视、大华、依图科技等诸多企业和公司所研发的 AI 平台，通过精准的人脸及车辆识别技术服务国内诸多城市，应用在警务实践中。物流作为与人流相同的实体流动，在犯罪侦控活动中对赃物、犯罪交通工具等实体监控、追踪也主要依赖人工智能识别技术。其次，高科技犯罪和依托高科技进行的犯罪有不少是以谋取非法经济利益为目的的。现代社会的金融体制发达，线上支付的发展使得电子货币支付、线上支付逐渐取代传统的现金交易成为主流货币流通方式，犯罪分子获取的非法所得同样多依赖线上支付。经侦部门在办理涉及经济犯罪的案件时完全可以借助人工智能技术平台，以资金流为核心，建立资金流向分析图进而

---

① 梁坤、周韬：《当前人工智能侦查的应用困境及突破进路》，载《山东警察学院学报》2018 年第 3 期。

锁定嫌疑人。最后,面对严峻的新型犯罪高发形势,如何将来源不同、变动不居且具备高度异质性的信息整合,提炼出具备侦控价值的信息成为公安机关运用信息流解决案件的重中之重。人工智能技术中的计算机程序设计如果能找到与其适配的硬件设施、终端设备就能有效发挥其信息提取、整合、分析作用,能够提取出来自众多金融机构、互联网企业、事业单位等的各种数据信息,将不同单位之间具备关联性的数据进行研判分析就能对应到具体的"人"和"案",为公安机关的犯罪侦控工作提速。

人工智能在犯罪侦控活动中发挥了强大的辅助作用,将有限的警力资源从冗杂琐碎的事务中解放出来,去处理非程式化的、需要人的个人经验和情感的事务,在客观上推动了犯罪治理能力的提升。但人工智能在犯罪侦控中仍旧存在两方面问题,一方面,人工智能犯罪侦控的数据基础并不牢靠,人工智能以大数据为基础,大数据分析所面临的问题也同样是人工智能面临的问题;另一方面,人工智能的运用对办案人员传统办案模式、传统伦理道德观存在冲击,对现有法律制度存在挑战。在运用人工智能辅助犯罪侦控时也必须注意防止在犯罪治理中过度依赖人工智能,或许将来人工智能会在越来越多的方面具备与自然人一样甚至超越自然人的处置能力,但当前的人工智能智能化水平并未达到足以取代人类工作的程度,因此不能将犯罪治理工作中需要由自然人完成的核心工作也交由人工智能完成。更加需要注意人工智能背后依托的海量数据,这些不仅是数据更是每个公民(自然人、法人或非法人组织)的隐私和秘密,数据收集、存储部门必须注意保护数据隐私、避免数据被滥用,海量数据一旦泄露便有侵犯公民隐私的风险,更有损政府公信力。当前人工智能技术为案件侦办部门获取公民个人信息提供了技术支撑,但当前的法律却未对案件侦办部门获取公民数据的手段、存储数据的方式、时限,使用数据的权限作明确细化,也未提供可操作性的规定。宣示性的法律规定无法确保手握权柄之人不肆意运用手中的权力去侵犯他人,在运用人工智能进行犯罪侦控时必须以明确的法律规范予以限制。

二、空间治理：基于地理信息系统的犯罪热点应对

（一）GIS 引发的空间治理从人文地理学转向犯罪学

"罪犯、受害者和犯罪场所分别是犯罪行为的主体、受体和载体，从而构成城市犯罪事件的三个基本要素。"[1]其实无论是城市犯罪还是其他犯罪都包含了罪犯、受害者和犯罪场所三个要素，但长久以来在犯罪治理中都习惯于将注意力集中在前两者，更确切地说是将犯罪防控的注意力放在犯罪行为的主体罪犯身上，注重从犯罪人出发去进行犯罪人心理学研究、去研究犯罪威慑理论、去探究犯罪人犯罪的社会成因等，鲜少将犯罪治理的中心放在犯罪场所的研究上。不过，站在人类生态学立场之上的观点却认为，城市的各个区域因为地形、气候、动植物、建筑结构、人口流量等因素的不同，社区相对应的犯罪率也有所不同。[2]

作为城市生活的载体，城市空间环境是各式各样的，包含了商业区、工业区、居住区、通勤带等，在不同的区域间又存在过渡带，同一类型的区域也存在不同的分隔。城市犯罪并非平均分布在所有的区域，而是有的区域犯罪率高，有的区域治安平稳。这种犯罪在城市空间环境中的不均匀分布引起了学者们对城市空间环境如何影响城市犯罪的研究兴趣。芝加哥学派的恩斯特·伯吉斯提出了同心圆假说[3]，霍默·霍伊特提出了扇形模式[4]，

---

[1] 王发曾：《城市犯罪中特殊空间盲区的综合治理》，载《华东政法大学学报》2007 年第5 期。

[2] 王琦：《当前中国城市犯罪治理研究——以芝加哥学派犯罪治理理论为视角》，中国人民公安大学 2017 年硕士学位论文。

[3] 伯吉斯将城市由内而外分别分为工厂区、过渡区、工人住宅区、中产阶级居住区、通勤区五个区域，过渡区随时可能被其他区域侵占的特性导致产权所有人不愿对其进行装修改造，因而只能廉价出租给经济状况不佳的底层人员，这造成过渡区人员流动性大，极易受周边区域影响，成为容易聚集城市犯罪的地方。参见叶肃科：《芝加哥学派》，生活·读书·新知三联书店 1993 年版，第 36 页。

[4] 转引自王琦：《当前中国城市犯罪治理研究——以芝加哥学派犯罪治理理论为视角》，中国人民公安大学 2017 年硕士学位论文。

乔恩熙·哈里斯和爱德华德·厄尔曼两人提出了多核心模型①,这三种模式都致力于分析城市空间环境对城市犯罪的影响。在我国同样也有学者认为不同的城市空间环境会对城市犯罪产生不同影响,那些容易产生城市犯罪的地区被称为"犯罪空间盲区",认为"作为承载犯罪行为与犯罪后果的空间载体,无论是罪犯案前选定的犯罪场所还是罪犯与受害者偶然相遇形成的犯罪场所,总有其'有利于'犯罪发生和不利于治安防控的'盲点',从而构成了犯罪的空间盲区"②。而无论是国际还是国内经验都证明了这些犯罪空间盲区多是在城乡接合部、城中村等区域,这些区域建筑老旧、基础设施落后、环境脏乱、犯罪监控设施不完备,有利于犯罪的实施,即城乡接合部恶劣的环境为实施犯罪提供了先决条件。出于这样的理论推导和现实状况,出现了人文地理学上的"犯罪空间治理",主张通过改变城市空间环境使城市犯罪条件得不到满足来预防城市犯罪的发生,即"犯罪的空间防控,是指在客观认识犯罪要素的空间行为特征和理清空间环境因素对犯罪的影响的基础上,建立犯罪综合防控体系,营造良好的空间环境,强化地域单元的科学管理,最大限度地消除犯罪基础、防范犯罪的发生、抑制犯罪发展和减轻犯罪危害"③。由此可见,人文地理学上的城市犯罪空间治理重点在于"防控",从宏观上于城市空间环境设计规划之初就避免出现犯罪的空间盲区,在行政区划上进行科学的规划和管理,其重点并非深入具体到犯罪空间盲区之中,具象化地解决现有空间盲区中的犯罪。之所以人文地理学的治理重点是从宏观切入而非从具体的犯罪空间盲区进行犯罪治理,是因为对于犯罪的空间盲区的成因的分析是一种定性分析而非定量分析,无法精准定位究竟是犯罪的空间盲区中的哪些特性综合起来形成了犯罪

---

① 王琦:《当前中国城市犯罪治理研究——以芝加哥学派犯罪治理理论为视角》,中国人民公安大学 2017 年硕士学位论文。

② 王发曾:《城市犯罪中特殊空间盲区的综合治理》,载《华东政法大学学报》2007 年第 5 期。

③ 单勇:《空间治理——基于犯罪聚集分布的综合治理政策修正》,载《犯罪学论坛(第三卷)》,第 193 页。

空间盲区,只能发现现有的犯罪空间盲区的共性,这些共性还不足以支撑对犯罪的空间盲区进行具体施策治理犯罪。而且在这些犯罪空间盲区的空间环境特征基础上又存在人口流动性大,居住者文化水平不高、素质较低,来自四海的人"小聚居,大杂居"等次生性特征,究竟是前者对犯罪的空间盲区形成作用大还是后者的作用大都无从检验。面对这样的局面,人文地理学的犯罪空间治理不得不退而求其次,更多地将目光凝聚在犯罪空间防控上。

不过,地理信息系统(Geographic Information System,以下简称"GIS")的出现打破了僵局,为人文地理学的犯罪空间防控转向犯罪学的空间治理提供了契机。"地理信息系统(GIS)是在计算机软硬件支持下,对整个或者部分地球表层空间中的有关地理分布数据进行采集、存储、管理、运算、分析、显示和描述的技术系统。该技术主要用于分析、处理一定区域内分布的各种现象和过程,解决复杂的规划、决策和管理问题。"[①]GIS以科学的方式验证了犯罪热点的存在。值得注意的是,在GIS出现之后,犯罪空间治理的重点从"犯罪空间盲区"变为"犯罪热点"。犯罪热点与犯罪空间盲区的区别在于犯罪空间盲区涵盖了所有可能发生犯罪的场所,可以是犯罪聚集地,也可以是城市的任何一个角落,甚至可以是移动的、虚拟的场所,而犯罪热点则不然,"犯罪热点并不是指一个个具体案件的地理位置,而是表示相对于整个地域空间内犯罪分布而言的犯罪高度聚集的区块"[②]。犯罪热点覆盖了城市中绝大部分的犯罪,而且从犯罪频次上来看是多次频繁发生的犯罪。国内外经验告诉观察者们城中村、城乡接合部、人口流动性大的区域是多数城市犯罪的空间盲区,这里是可能的犯罪热点。但是犯罪不仅发生在过去还发生在现在,在未来亦不可能杜绝,各个国家和各个地区的情形也大有不同,过往的经验、他国的经验虽有值得借鉴之处却不可全然照搬,否则就可能陷入经验主义的泥潭。什么样的城市空间环境容易滋生犯罪、不同的空

---

①② 单勇、侯银萍:《基于GIS的"少年犯罪区"再认识》,载《青少年犯罪问题》2015年第3期。

间环境对犯罪类型是否有影响、是否所有城市都存在犯罪聚集地（犯罪热点），还是有的城市犯罪零星分布在城市的各个角落……这些问题都必须立足于一个城市的、实际的、动态的犯罪情况才能得出具体的答案。GIS 的出现对于确证犯罪热点区域提供了科学支持，运用 GIS 能够进行犯罪制图。犯罪制图是指以"空间地理信息为参照，操作与处理犯罪数据，以可视化形式显示、输出对特定用户有用信息的过程，是一种有效的情报分析和侦查工具"。①不同类型的犯罪制图不仅能够发现犯罪热点、计算犯罪密度、分析罪犯轨迹、预测犯罪行为发生地等，还能及时将最新最全的犯罪数据转化为犯罪地图，从而发现犯罪热点、预测犯罪地点等。换言之，GIS 可以利月点图，利用路段、网格的色温分析发现犯罪的高发区域，利用最近相邻指数和空间自相关指数测算犯罪聚集程度。②GIS 能够将一定时期内的犯罪以地图的方式呈现在观察者眼前，观察者能够以直观的方式将犯罪与城市空间相对应，GIS 的运用能够验证犯罪热点的存在，若存在犯罪热点就能进一步解答犯罪热点主要集聚在哪些城市空间，不同类型的犯罪热点是否分布在不同的城市空间，不同类型的犯罪热点是否交叉重叠等问题。倘若通过 GIS 发现的犯罪十分零散地分布在城市的各个街区，则证明该城市并不存在所谓的犯罪热点，那么犯罪学上的城市空间治理也就没有存在的必要，资源的有限性决定了无法对整个城市空间均匀用力、全城投入资源。只有确证了犯罪热点的存在，犯罪学上的城市空间治理才有其用武之地，GIS 的出现及其在犯罪制图上的运用证实了大城市犯罪热点的存在。犯罪热点的存在让犯罪学上的空间治理即"以 GIS 技术的犯罪制图为基础，针对犯罪聚集地点综合运用环境设计、社区参与、警务应对等治理手段的犯罪应对模式"③，找到了用武之地。

---

① 刘仁文、单勇：《中国城市更新中的空间盲区治理》，载《辽宁大学学报（哲学社会科学版）》2016 年第 4 期。

②③ 单勇：《空间治理——基于犯罪聚集分布的综合治理政策修正》，载《犯罪学论坛（第三卷）》，第 193 页。

（二）GIS 于犯罪空间治理的具体运用

GIS 为犯罪热点的成因提供了定量分析的工具，使犯罪热点的成因分析完成了从定性到定量的转变。换言之，GIS 强大的数据整合能力不仅在城市这个大的框架下定位到了城市的犯罪热点，还能够对城市的犯罪热点进行放大后再定位。既能将犯罪热点进行精细化区分，分辨出"大"的犯罪热点中不同类型犯罪的犯罪热点，也能将不同种类犯罪的犯罪热点进行类型化对比，发现各个不同类型的犯罪热点之间在城市空间上的异同，还能测算出不同犯罪热点之间的集聚程度。这些犯罪热点不再只是人文地理学中犯罪空间盲区所称的城中村、城乡接合部，它们具体到了城市中的某条街道、某个社区。对街道监控完好度、照明状况、是否有道路涂鸦、是否有道路指引、是否存在垃圾堆放混乱之类的具体状况进行对比研究，对不同社区究竟是开放状态、半开放状态还是封闭状态，社区内是否存在社区巡逻组织，社区内是否存在公用文娱设施等进行对比分析，便可得出街道、社区中的哪些具体要素能够刺激犯罪的发生，不同的要素对不同犯罪诱发作用如何。GIS 对犯罪热点的精准定位和定量分析，将可能的犯罪条件进行量化对比，找到最容易滋生犯罪的城市空间环境组合，GIS 下的犯罪条件分析从定性到定量的变化为具体化的城市空间治理方略提供了细化指导。

GIS 对犯罪空间治理的细化指导集中表现在引导警务安排、社区参与、环境参与方面。第一，GIS 在空间层面对警务安排的指导既表现在对犯罪热点的日常管控中，也表现在犯罪热点中有犯罪行为发生之际对犯罪分子实施抓捕的过程中。GIS 对警务安排的日常指导有以下表现：犯罪热点的确定有利于犯罪预防资源的重新分配和调度，让警力等各种资源在犯罪空间治理上呈现定向投放和定向移动，除了在警力投入上加大对犯罪热点的警力投入外，还注重区域之间的联动，城市间的各个区域之间是互联互通而非相互隔绝的，甚至是相邻城市之间也应在犯罪治理热点上实现警力资源的互通；在明确了犯罪热点所在区域后能够指导犯罪热点区域与其他周边非犯罪热点区域之间建立警力资源调度、协同办案等机制。GIS 对犯罪发生时的犯罪抓捕具有指导意义则是因为 GIS 除了具有将表格型数据转化为地理图形这种基础功能外,还具备综合数据分析能力,能为不同行业提供决策指导。公安机关内部分析软件通常集成了路线模型、最短路径模型、分配集合模型等各种模型。分析软件的不同模型可以运用在公安机关的犯罪抓捕活动中,尤其是其中的线路模型、最短路径模型和分配集合模型。在抓捕逃跑的犯罪嫌疑人或对实施毒品运输犯罪等运动中的犯罪分子进行抓捕的过程中,利用线路模型和最短线路模型模拟犯罪分子可能的路线和最短路径的同时模拟警方的可能路径、最短路径,并利用分配集合模型将一个个犯罪热点附近的警务点作为调度对象,让这些警务点的警务人员及时参与抓捕活动。建立在 GIS 基础上的犯罪抓捕行动会更为高效。第二,GIS 对社区安排的指导主要体现为根据社区情况,引导社区人员自主进行社区管理。其一,通过 GIS 将犯罪热点进行细化分析后能够发现不同封闭程度的社区犯罪聚集度是不同的,封闭程度越低的社区,尤其是全开放的社区,犯罪聚集程度越高。开放程度越高的社区对社区公共区域的管控难度就越大,社区居民对于公共设施的维护程度就越低,维护成本就越高。GIS 的存在能够将开放程度较高的社区中的非交通道路和社区道路进行规划,重新界定社区边界。除了重新界定社区边界外,GIS 精准定位后还能发现不同的社区之间犯罪类型的区别,例如,对于暴力冲突频发的社区和侵财类犯罪高发的社区乃至毒品犯罪高发的社区,公安部门可以指导社区成员参与不同的社区活动,也可以指派不同专长的警务人员进行管理,如对暴力冲突犯罪频发的社区进行公共用水、用气、垃圾堆放等公用设施建设使用状况调查,这是因为人口的密集和公共资源的短缺容易造成社区成员在使用公共资源时发生冲突并升级为暴力犯罪。其二,GIS 也是推行社区网格化管理的重要一环,"社区网格化管理是指按照管理方便、界定清晰的原则将社区分为若干网格,然后利用一系列现代化信息化手段和组织再造技术建立起灵活高效的社区网格管理组织对其进行管理,目的是整合共享各种资源,建立精细化、全覆盖、高效率的社区管理模式"。①GIS 作为现代化信息手段的一种,为社区的网格划分提供了前提性依据。第三,GIS 对环境参与的指导还在于防范破窗效应。通过 GIS 犯罪制图,既能够精准定位犯罪社区也能够精准定位犯罪街道,确定了犯罪热点社区、街道,该社区、街道所属的警务人员和管理人员能够定点派员进行社区和街道环境采样,对社区成员提出环境建设要求,尤其是对于在社区进行社区矫正的服刑人员,可以要求他们参与维护社区街道整洁、维护社区交通、监管社区违法行为的活动。

2017 年上海闵行警方发布"平安地图",公布"最受小偷欢迎社区"和"最安全小区榜单"这两张黑红榜单。位于上海闵行区的莘松路 958 弄的上海康城小区是上海单体面积最大的小区,曾经是闵行区治安管理中的"老大难",可就在短短两年间,康城的半年入室盗窃案发数就从过去领跑全区的58 起下降到 4 起,降幅高达 90%,这是闵行警方持续开展"盗抢骗"专项行动的成效。变化的最大原因是社区民警与居委、房管等多个区域职能部门联合发力,共同推动了社区技、物设施的整体改造。在整改期间,闵行多部门联合执法的"群租房整治"就达到了 50 多次,为整体改造召开了上百次协调会议。社区民警在监控布局过程中对照图纸和历年发案,一个点位一个点位确定 1 946 个监控安装位置。闵行分局还结合警均破案率、万人发案率等多个指标,首次公布了安全指数排名前 5 位的街镇。安全指数既是衡量地区治安的新坐标,又是引导各相关单位发现问题、解决问题的创新方法。同样是在上海闵行区,一幅"夜猫子出行地图"反映出犯罪治理的有效性。一般来说,报警高峰时段是在下午 1 点到 3 点,但是警方发现虹桥一带的报警高峰期却是晚间 9 点至凌晨 3 点。原来,虹桥一带汇聚 1 000 多家餐饮、酒吧,是"夜猫子"的生活区,很多警情是"酒惹的祸",警方就此推出了"夜猫子出行地图"。再进一步分析"酒精度"最高的酒吧、餐馆和"零度"餐

---

① 毛万磊、吕志奎:《厦门综改区"社区网格化"管理的优化——以鼓浪屿社区为例》,载《东南学术》2013 年第 4 期。

馆,也就是发生醉酒警情最多和最少的酒吧、餐馆。为此,警方不仅对酒吧餐馆提出建议,还推出"安全屋"措施。深夜独自回家的女孩,如遇醉汉纠缠,就可以跑到"安全屋"求助,而不再需要一边跑一边找警车或是打110等。这些"安全屋"有的是街头便利店,有的是小区的门房岗亭,还有的是商务楼的门卫室,其中有经过培训的平安志愿者驻守,还配备了防刺手套、强光手电、钢叉等防暴工具,以及急救设备,成为24小时不打烊的派出所,实现警力有效延伸。这些安全屋的选址,也是AI算法精心测算的结果,能够实现在责任区里任何一个地方步行5分钟就能达到安全屋。从报警频率、地区的大数据分析开始,找到"城市酒精度"这个源头问题,通过向酒吧经营者窗口指导,再到通过AI技术为安全屋选址,有效提升了城市的街头安全水平。①

最后还需要指明的是,犯罪学上犯罪空间治理模式的出现并不意味着人文地理学意义上犯罪空间防控就不再发挥作用。人文地理学意义上的犯罪空间防控同样在犯罪治理中发挥着不可忽视的作用,其对于预防犯罪的重要性应该得到肯定,将其秉承的城市建设中环境设计的"自然监视原则、自然通道控制原则、地域强化原则以及维持原则"②运用到城市建设或旧城改造中,在一定程度上能减少城市犯罪空间盲区的形成。GIS的出现也为人文地理学上的犯罪空间防控提供了技术指导,使其在犯罪空间防控上同样能发挥作用,GIS对犯罪热点作出的定量分析在城市规划、行政管理方面同样具有指导意义。只不过人文地理学意义上的犯罪空间防控并不像犯罪空间治理一样对GIS高度依赖、以GIS为基础,因此本书在此并未予以强调,但是必须承认GIS的出现让犯罪空间防控和犯罪空间治理在城市犯罪治理上相得益彰。

---

① 《马上评 | 夜猫子地图、安全屋:都市治安管理需要精细活》,澎湃新闻,https://www.thepaper.cn/newsDetail_forward_3753442,2019年6月25日。
② 殷星辰:《城乡接合部地区"两抢一盗"犯罪的新趋势及治理对策研究——以北京市C区为对象》,载《北京警察学院学报》2019年第4期。

三、综合治理：传统策略与新信息技术的有机融合

当前，我国面临的犯罪形式更加复杂多样，尤其是进入信息化时代以来，犯罪都运用了"智能化""信息化"技术，犯罪领域由物理空间延伸至网络空间，单一空间发展到异地多维空间；犯罪类型不断更新，传统犯罪智能异化，新型网络犯罪层出不穷；犯罪方式上也不断向技术化、智慧化发展。在此背景下，传统的犯罪治理模式已难以应对，亟须建设以信息化为支撑、传统策略与新信息技术有机融合的综合治理模式以有效应对。

（一）传统策略治理模式的不足

有学者将我国犯罪治理模式概括为两种：一种是国家专项机关实施的以"严打"犯罪为核心内容的运动式治理模式，另一种是国家和社会多元主体实施的以"预防和控制"犯罪为核心内容的日常性治理模式。[①]此外，也有学者将我国所处的转型社会视作"压力型社会"进而将我国犯罪治理模式分为"压力维控型"和"压力疏导型"两种。其中"压力维控型"治理模式强调应对犯罪时的压力收缩和控制，旨在将犯罪压力维持在社会承受范围之内，而不是从根本上将压力释放，其行动逻辑是"在'国家场域中的管治和服从'的价值理念的主导下，通过一套'自上而下的控防运作体制'，实现对违法行为和普通犯罪的'常规防范'以及对严重犯罪的'暴风骤雨式的应急打击'"。而"压力疏导型"犯罪治理模式强调对犯罪压力的疏导和派遣，旨在从根本上清除犯罪压力的生成，其行动逻辑是"在'社会场域中善治和融入'价值理念的主导下，通过构建多方协力的合作运行框架实现对违法和犯罪'和风细雨'式的常规预防，进而达到对犯罪进行标本兼治的目的"。[②]对比两位学者

---

① 单勇、侯银萍：《中国犯罪治理模式的文化研究——运动式治罪的式微与日常性治理的兴起》，载《吉林大学社会科学学报》2009 年第 2 期。

② 周建达：《转型期我国犯罪治理模式之转换——从"压力维控型"到"压力疏导型"》，载《法商研究》2012 年第 2 期。

对犯罪治理模式的分类可以得出：运动式治理模式与"压力维控型"对应，都强调国家对犯罪的严打；日常性治理模式则与"压力疏导型"对应，都强调多元化治理主体对犯罪的预防和控制。从新的视角对犯罪治理模式进行分类，可分为传统策略治理模式与新信息技术治理模式两种，其中传统策略治理模式大致与运动式治理模式和"压力维控型"对应，而新信息技术治理模式则大致与日常性治理模式和"压力疏导型"对应。由此可得出，传统策略治理模式是指国家为了维系社会稳定，保护公民的生命、财产利益安全，对社会上的犯罪行为予以高压打击的治理方式。不可否认，这种"压力维控型"的传统治理模式在应对社会转型时期我国整体面临的犯罪严峻态势时发挥着重要作用，但现代社会的巨大变化深刻改变了犯罪的特点，而传统的治理模式并没有随着犯罪的变迁而发展，因此这种模式存在治理理念固化、治理主体单一以及治理方式落后等问题。

第一，治理理念固化。在我国犯罪治理的价值理念选择方面，传统治理模式对犯罪一直采取的是"零容忍"和"严打"的治理理念，忽视了犯罪治理的预防和控制功能。对此，有学者甚至指出伴随着"严打"的死刑政策是传统"权威式"犯罪控制模式的缩影。[1]虽然在社会治理中打击犯罪的价值理念得到贯彻，但这种严打犯罪治理模式在犯罪更加复杂化、多元化的信息化社会中却面临着多重问题。其一，严打犯罪在犯罪原因多样化、犯罪手段隐蔽性的现代化社会显得无所适从。传统模式针对的犯罪现象比较简单，通过刑罚的震慑能够使犯罪的治理有明显的效果。但在现代社会，犯罪原因更加多样化，社会结构的更新、新兴技术的运用使得犯罪手段更具隐蔽性，犯罪智能化使得对犯罪的治理变得困难，严打犯罪更是难上加难。其二，缺乏预防的刑事打击最终会影响刑事打击本身。高强度的刑事打击确实能在短期内实现打击犯罪的预期效果，但这种犯罪治理模式不是一种日常式犯罪治理模式，它的每次启动都要集结大量的社会力量以及耗费巨大的社会

---

① 刘春花：《死刑、犯罪与善治——法治中国犯罪治理模式的科学定位》，载《贵州社会科学》2016年第12期。

资源,因此它是一种运动式犯罪治理模式。有学者认为以打击犯罪、控制犯罪、预防犯罪为目的刑事打击活动仅实现了部分打击功能,其控制犯罪、预防犯罪的目的并没有得到充分实现,长此以往,刑事打击本身的有效性也会受到质疑。[①]

第二,治理主体单一化。我国传统犯罪治理理念下的"犯罪消灭论"决定了应对犯罪的主体只能是国家机关,国家在打击犯罪中处于一元化地位。对此,有学者认为我国的治理传统是一种自上而下的单向治理,这种治理模式下缺乏谈判协商的制度环境,难以在国家与社会之间形成治理合力。[②]但随着社会的转型以及对犯罪的本源性认识不断加深,犯罪不能被消灭只能被控制的事实越来越被人们接受,犯罪消灭论在与犯罪控制论的竞争中处于下风。犯罪控制论认为"犯罪根源于人类社会而并非某一社会阶段所独有,犯罪不可能被消灭,犯罪产生于社会决定了社会问题的解决才是犯罪应对的根本,社会问题有其自身的生成逻辑,应对犯罪离不开社会本身,国家权力的有限性决定了其解决社会问题的局限性,而社会能够弥补国家能力的不足"[③]。此外,也有学者指出:"犯罪的诱因和机会源自社会因素、个体因素以及环境因素等方面,只有将能够抑制犯罪的各种社会单元都纳入犯罪治理体系中,才能从根本上预防、减少和遏制犯罪。"[④]因此,既然犯罪问题源于社会本身,国家应对犯罪的能力也是极其有限的,对于犯罪的治理就不能仅依赖国家,还需要社会各方面力量的参与。

(二) 新信息技术治理模式的必然性

信息技术革命一方面推动着社会转型,另一方面也改变了传统的犯罪方式并不断催生许多新型犯罪。有学者对我国犯罪形势进行分析与预测:

[①] 张旭、朱笑延:《弱智慧社会语境下的犯罪治理:情势、困境与出路》,载《吉林大学社会科学学报》2019 年第 1 期。

[②] 焦俊峰:《犯罪控制中的治理理论》,载《国家检察官学院学报》2010 年第 2 期。

[③] 黄石:《治理视域下的犯罪控制》,载《江汉论坛》2012 年第 6 期。

[④] 吕雪梅:《现代犯罪治理的理念创新与思维转变》,载《山东警察学院学报》2019 年第 6 期。

"犯罪类型结构逐渐发生变化，传统的暴力犯罪、财产犯罪逐步减少，以电信、互联网等为媒介的非接触性犯罪逐步增多，社交网络平台、APP软件、二维码等成为电信网络诈骗的新途径，显然互联网成为犯罪的天堂和引擎，网络安全成为国家安全的关键。"①不难看出，在传统型犯罪向现代型犯罪过渡过程中，网络犯罪成为典型。面对这一新的犯罪现象，传统治理模式显然捉襟见肘，新信息技术治理模式成为必然，而这种必然性主要表现在以下两个方面。

第一，社会结构网络化转换。我国传统治理模式下的社会结构呈现"单一化"特点，在传统型社会结构下，犯罪地点主要是局部物理空间，犯罪类型也是点对点式的犯罪，犯罪方式基本是接触性粗放式犯罪，相应的传统犯罪治理模式主要是通过国家司法机关适用刑罚对犯罪进行惩处，这是一种自上而下的单向性治理模式。但网络技术的迅速发展极大地改变了传统的社会结构，使以血缘、地缘为基础建立的传统型社会结构向纵横交错的网格式现代社会结构转变。有学者指出这种新网络权力已经打破了中国传统物理世界自上而下的单一权力结构，普通网络用户形成的网络权力主体可以与社会上层直接对话，形成自下而上的新社会力量。②在现代社会结构下，犯罪领域由局部向外界逐渐扩大，甚至由国内延伸到国外，由物理空间延伸至网络空间；犯罪类型不再是点对点式犯罪，而是向群体性犯罪发展，组织类犯罪越来越多；犯罪方式借助网络信息技术由接触式变为非接触式，犯罪更加智能化。因此，新信息技术治理模式要求治理主体多元化，国家不再是唯一的治理主体，社会各方力量共同参与治理。

第二，网络社会秩序缺乏规范性治理。新的社会结构催生了新的网络社会秩序，但这种网络社会秩序不同于传统的社会秩序，它是人们通过网络

---

① 靳高风、朱双洋、林晞楠：《中国犯罪形势分析与预测》，载《中国人民公安大学学报（社会科学版）》2018年第2期。

② 肖扬宇：《网络脱域环境下的犯罪变迁与治理路径》，载《华南师范大学学报（社会科学版）》2019年第3期。

信息技术打造的脱离传统地域限制的一个非物理空间,这个空间是由社会普遍群体共同参与支撑起来的,在这个空间里大家参与自由。也正是如此,网络空间成为犯罪的天堂,各种网络犯罪在网络社会里肆虐横行,随着网络代际演变,有学者将网络犯罪的变迁概括为三个阶段:初级阶段,计算机信息系统"犯罪对象化";发展阶段,网络"犯罪工具化";成熟阶段,网络"犯罪空间化"。①社会参与度更高、行为更加自由的网络空间比物理社会空间的社会影响力更大,因而网络空间因犯罪带来的破坏力也更大,网络空间亟须构建一种规范性秩序。为此,国家发出了"网络空间不是'法外之地'"的治理宣言,但对于新的失范现象不能仅寄希望于国家的强势介入,社会各方力量也应广泛参与治理,借助网络信息技术对网络空间的失范现象,尤其是犯罪现象进行针对性治理。

(三) 传统与现代信息化相结合的综合治理模式

我国正处于社会治理的转型阶段,犯罪治理的模式也发生着巨大改变,传统治理模式显然无法适应当今社会结构带来的新的社会问题,新信息技术治理模式应运而生。不难看出,新信息技术治理是我国社会治安防控体系现代化的主要体现,已成为我国现阶段提升犯罪治理精准化水平的关键举措。但也有学者指出技术治理并未从根本上改变行政权力的运行格局,过于依赖量化的数字管理会引发监管不充分、政府职能过重、行政成本过高、灵活性降低等矛盾和问题,现阶段对犯罪的治理需要夯实现代社会治理的价值根基,以保证经验理性有根据、技术理性能均衡。②尽管技术治理存在诸多优势,但一旦陷入"技术"怪圈,忽视治理的价值规范和理性经验,就易陷入"技术中心主义"。因此,我国对犯罪的治理模式应当采取传统与现代信息技术治理相结合的综合治理模式。

---

① 崔仕绣、崔文广:《智慧社会语境下的网络犯罪情势及治理对策》,载《辽宁大学学报(哲学社会科学)》2019 年第 5 期。

② 黄石:《社会变迁中的犯罪治理问题需要跨学科研究——"社会变迁与犯罪治理现代化"高端论坛综述》,载《湖北警官学院学报》2019 年第 1 期。

首先，坚持"打击"和"预防"相结合的犯罪治理理念。尽管传统治理模式坚持严打犯罪的治理理念取得了不错的效果，但是在犯罪更加复杂化、多元化的现代社会，仅依靠打击犯罪进行犯罪治理似乎并不能解决根本问题。有学者认为纵然刑事打击非常及时、有效，但其在建设法治国家进程中的作用也是非常有限的，刑法只能针对已然的犯罪进行规制，只是遏制犯罪行为的一种手段，而不是唯一手段，刑事打击只有和综合治理相结合，形成防控犯罪的合力，才能彰显和巩固刑法的作用，才能更好地发挥刑法的功能。[①]因此，要落实预防犯罪的理念，尤其是在网络犯罪中，要形成事前预防、事中防治、事后打击的治理体系，以及防中有打、打中有防的防打结合的治理格局。以藏身商务楼内的公司隐形犯罪为例，如何创新方法"照亮灰暗"对基层公安干警防控犯罪提出了严峻挑战。[②]

其次，扩大犯罪治理主体范围，构建多元化主体参与治理体系。有学者认为我国在社会治理转型阶段存在三种逻辑：强国家逻辑、平民主义逻辑以及市场逻辑，其中强国家逻辑一直在社会治理中处于主导地位，平民主义逻辑是社会治理的重要力量，市场逻辑则推动社会的发育并参与社会治理。[③]而在犯罪治理主体方面，也存在国家、社会以及公民的三种治理逻辑，尤其是在网络犯罪中，国家对于网络社会空间的监管和治理是有限的，需要社会和网络经营者共同参与治理。我国《刑法修正案（九）》新增了拒不履行信息网络安全管理义务罪，虽然这是通过立法强制将网络营业者纳入网络社会治理主体范畴，但也表明我国关于犯罪治理的主体由国家一元化向国家、社会及公民多元化转变。在对黑恶犯罪的治理过程中，有学者强调要构建社会共治黑恶犯罪治理体系，以相关职能部门为主导，充分发挥群众和全社会的力量，动员全社会积极主动参与，以共治的法治思维和法治方式，建设预

---

① 张旭：《依法治国视域中的刑法功能研究》，载《吉林大学社会科学学报》2015 年第 1 期。

② 如时任上海市闵行区梅陇派出所所长傅雷军提出看"标语"、看"员工"、看"办公桌"、看"朋友圈"、看"证照"、看"回报"、看"法人"等七大"肉眼可见"犯罪嫌疑特征。在及时研判预警机制下，该所有效侦破多起隐藏在商务楼内的诈骗案件。

③ 张虎祥、仇立平：《中国社会治理的转型及其三大逻辑》，载《探索与争鸣》2016 年第 10 期。

防惩治黑恶势力犯罪长效机制。①

最后,推动犯罪治理技术创新转型。传统犯罪治理方式较为粗放和简单,缺乏技术条件,不利于案件侦破。而在信息化时代,借助各种信息化技术可以对犯罪进行精准监管和分析,有助于实现犯罪治理智能化,从某种程度上来说,现代犯罪治理的有效性在很大程度上依赖治理技术的支持,技术攻关是治理犯罪的重要利器。随着科学技术的发展,人工统计方式逐渐退出犯罪治理的技术领域,取而代之的是以计量科学为代表的信息化技术,信息化技术成为犯罪防控和治理的有效武器,有学者指出犯罪治理的防控方法应当从经验描述转向科学计量,防控技术也应当从人工判断转向信息化测量。②此外,还应当充分发挥大数据对犯罪治理的积极作用,网络社会是大数据组装的社会,大数据既可以被用来犯罪,也可以用来侦察犯罪,除了国家对数据的保管之外,很多社会企业单位也是数据保管的主体,应当通过立法明确这些数据占有主体的保管义务和协助义务。

从实践来看,在综合治理方面,惩治偷拍型犯罪具有一定的典型意义。近些年严重侵犯他人隐私、扰乱社会秩序的偷拍型犯罪十分猖獗,而且这类犯罪本身信息化程度极高,对这种犯罪的治理也亟待提高信息化程度,实现治理思路的转型。

由于作为犯罪工具的摄像头可以在任何时间任何地点出现在任何物体上,其灵活性和隐蔽性越来越强,并且偷拍可以做到人机分离,即便找到摄像头,也很难查出安装者。而且,出于偷拍设备安装时间久、设备自身回放保存时间短的原因,在没有视频证据的前提下,核实被害人也存在难度。另外,即便抓获偷拍的犯罪嫌疑人,还将面临能不能定罪的问题。生产制造偷拍设备、销售偷拍设备,可能构成刑法规定的非法生产、销售专用间谍器材、

---

① 岳平、陈伊韬:《社会治理:黑恶犯罪治理进阶与启示》,载《上海大学学报(社会科学版)》2020 年第 5 期。

② 单勇、阮丹微、李欣:《犯罪治理精细化:国外经验与理论启示》,载《公安学刊(浙江警察学院学报)》2016 年第 3 期。

窃听、窃照专用器材罪；如果行为人非法使用偷拍设备窥探他人隐私，未用于贩卖、传播的，相关设备若属于窃听、窃照专用器材，可以非法使用窃听、窃照专用器材罪追责。如果将偷拍的内容贩卖、传播，根据偷拍的信息内容还可能构成侮辱罪或制作、复制、出版、贩卖、传播淫秽物品牟利罪，以及传播淫秽物品罪，应以非法使用窃听、窃照专用器材罪和上述罪名中处罚较重的罪名定罪处刑。但在司法实践中，真正以非法生产、销售专用间谍器材、窃听、窃照专用器材罪和非法使用窃听、窃照专用器材罪定罪的情况并不多。

对偷拍型犯罪追责的障碍之一，是偷拍设备需要由国家安全机关将其鉴定为专用的间谍器材或是窃听、窃照专用器材，而受技术门槛和专业难度限制，认定一个设备是窃听、窃照器材相对困难。即使偷拍设备被鉴定为窃听、窃照专用器材，要定罪还需要"造成严重后果"，但这类案件的"严重后果"很难评价，因此能不能定罪、适用行政处罚是否更为合适，都存在争议。过去，间谍专用器材或是窃听、窃照专用器材很难获得，所以入罪标准比较严格。随着信息技术发展，当下有必要用司法解释明确非法生产、销售专用间谍器材、窃听、窃照专用器材罪的定罪标准。至于远程侵入被害人家中安装的家用摄像头窥探隐私的犯罪，通常以非法控制计算机信息系统罪追责。可以说，现在摄像头偷拍犯罪的社会危害与其面临的处罚不相符。立法惩治不足、犯罪成本较低，是摄像头偷拍偷窥犯罪频发的重要原因。

不过，由于我国法律对侵犯公民信息类犯罪的法网设置已经比较严密，所以可以通过扩大侵犯公民个人信息罪的适用范围，追究偷拍犯罪的刑事责任。目前还鲜见以侵犯公民个人信息罪规制摄像头偷拍犯罪的案例，主要难点在于能否将个人外貌、身体等生物特征视为能够识别特定自然人身份的公民个人信息，随着人脸识别技术的广泛应用，这一问题在本质上应该不存在认识障碍。

再从信息化治理来看，防止家用智能摄像机被黑色产业链利用，最大的难点是产品面向家庭私人监控场景有个人隐私保护的需求,但同时有数以万计设备在线,无论是在产品隐私保护要求方面,还是成本实现方面,目前无法像公共直播平台那样有专门的团队审核。遏制摄像头偷拍的方法之一是推动智能摄像头行业的细化标准落地,例如在软件使用层面,必须实行手机号实名绑定,限制一定的分享数量,超过一定的数量必须二次实名验证。在硬件层面,要对产品形态作限制,不做微型的摄像机产品。另外,加强酒店等行业管理责任也非常必要。酒店作为场所运营管理方应当明确其承担安全保障义务,还可考虑给酒店增加检测摄像头的义务。比如在客人退房后,酒店打扫房间时需检测屋内是否有隐藏摄像头。要对那些潜在的违法犯罪者实施威慑,还有必要增加预防偷拍偷录的黑名单制度,就像失信被执行人名单,对他们的从业资格和出入场所进行限制。在社会上通过多种方式教育公众尊重和保护个人隐私。

四、源头治理:从外来流动人口和社会支持体系切入

"城乡贫富差距和城市贫富差距的扩大是导致我国城市犯罪率上升的重要原因。"[1]城市化进程导致原本就悬殊的城乡差距进一步扩大,为了改善经济状况,许多农村人口向城市迁移。农村人口大量向城市集聚成为城市流动人口中的主力军,在为城市发展提供了诸多积极影响的同时也为城市犯罪埋下了隐患。

(一)外来流动人口"城市求生"与城市犯罪

农村涌向城市的人口中大部分为受教育水平较低的人群,在城市能够从事的工作多为技术含量较低的体力劳动,薪资水平有限,难以保证其在城市拥有体面的生活,具体有以下表现:(1)只能在廉价的出租屋内栖身,由于自身从业技能的缺失导致的低收入水平无法支持他们选择更好的居住条

---

① 丛梅:《新时期我国城市犯罪若干热点问题分析》,载《河南警察学院学报》2019 年第 5 期。

件,只得在城乡接合部、城中村等地方租住房屋。这些区域多属于城市过渡地带,因为随时有被商业区或其他区域侵占的可能性,产权人大多不会用心对房屋进行整改装修,房屋逼仄老旧;社区多为开放式和半开放式,小区物业管理质量低下甚至根本没有物业管理公司进行管理,更没有长期的社区组织进行社区管理。而且随着特大城市疏解部分功能政策的推进,城市中心人口向外迁移,挤占城乡接合部资源,导致城乡接合部物价、租房价格上涨,加剧了城乡接合部流动人口的贫困。"虽然贫困不一定导致犯罪,但贫穷却是诸多财产类犯罪频发的现实诱因。"①因极端的贫困,在城乡接合部租住的流动人口极易受到刺激,实施"见效快""回报率高"的两抢一盗等侵犯财产类犯罪。(2)与家庭的割裂。在农村向城市移动的人口中青壮年劳动力是主力军,在城市求生能力较低的老人、儿童以及缺乏就业素养但又无法从事重体力劳动的女性较少。以上原因导致农村人口向城市的迁移多属于非家庭整体性迁移。独在异乡为异客,脱离了家庭生活的外出务工者缺少亲人的陪伴也没有陪伴亲人的机会,导致与家人间情感的疏离。在遇到挫折时不能被家人理解、不能得到家庭的支持,容易以不当的方式宣泄内心的负面情绪。(3)与社会的割裂。根据社会结构解体论的观点,人们生活在家庭、学校、游戏伙伴和团体之中,这些群体都适应于地区性的集体或大城市的某个地区。②根据社会结构解体论的观点可以得出这样的结论:一方面,从农村向城市移动的人口长久以来以农村为生活环境背景,适应了农村的生存法则,面对城市的规范不免会有无所适从之感。另一方面,来自全国各地不同农村的人口原本生活的"农村背景"也各有不同,汇集到同一个城市社区中既打破了原有城市社区结构又难以实现社会性融合,必然出现社区内部的地域性隔离与冲突。(4)城乡二元体制下的相对剥夺感。根据

---

① 殷星辰:《城乡接合部地区"两抢一盗"犯罪的新趋势及治理对策研究——以北京市 C 区为对象》,载《北京警察学院学报》2019 年第 4 期。
② 王淼:《犯罪学的一般理论与中国犯罪趋势研究——以"犯罪饱和理论为切入点"》,载《青少年犯罪问题》2018 年第 3 期。

2019 年发布的《中国城市流动人口社会融合评估报告》,50 个城市流动人口的社会融合水平偏低,青少年流动人口对所生活的城市缺少归属感。[①]农村人口虽然长期在城市生活、打拼,为城市的发展繁荣贡献自己的力量,但想要与城市人口享受同等待遇始终求而不得,会造成在城市生活的农村人口的心理落差,产生被剥夺感。因为"人们是在社会性比较中形成对于公平的判断……在与其他社会地位更高、生活条件更好的社会群体进行比较时,感知到自己所作贡献与所得回报不成比例,从而产生被剥夺感"。[②]农村流向城市的人口在城市的"不体面生活"直接或间接引发了城市犯罪。在恶劣与混乱的社区中租住的租客们面对自己身处城市却与这座城市相隔离的现实窘境,以及各种内外压力却缺乏良好的压力释放渠道的现实情况,就极易因各种生活琐事发生摩擦并升级成违法犯罪。这便是城市流动人口成为城市犯罪一大隐患的原因。

(二) 流动人口社会支持体系建构

既然城市流动人口中触犯刑事法律规范的人群多是由农村向城市流动的农民工,并且这些人群之所以会有犯罪行为是因为"不体面的生活",那么从根本上让他们的生活变得"体面"就成为降低城市犯罪率的一个努力方向。更确切地说,城市犯罪率的降低可以从为犯罪易发人群建立完善的社会支持体系切入,"社会支持体系一般指个人接受的、来自其他个体或组织的物质和精神的支持和帮助"。[③]"在日本,长期以来保持着较低的犯罪率,对此,国际犯罪学界的一种有影响的解释,就是日本社会中家庭、学校及社区等对犯罪的非正式控制因素起到了很大作用。"[④]这里的非正式控制因素在某种程度上与社会支持体系具有相似内涵。有效的社会支持体系能够给大城市的流动人口提供物质和精神的双重支持,重新构建流动人口的社会

---

① 辛文卿:《大数据时代青年流动人口管理创新研究》,载《武警学院学报》2019 年第 11 期。

② 丛梅:《新时期我国城市犯罪若干热点问题分析》,载《河南警察学院学报》2019 年第 5 期。

③ 郭琳芳:《论戒毒康复人员的社会支持体系》,载《西部学刊》2020 年第 14 期。

④ 冯卫国:《寻求更加有效的犯罪治理——走向国家与社会合作共治》,载《甘肃理论学刊》2015 年第 1 期。

关系,加强流动人口和家庭、社会的纽带,增添其不良情绪纾解渠道,提升他们的生存条件,以免流动人口在遭遇负面事件时通过违法犯罪的方式解决问题。因此要从源头上降低城市犯罪率,要义之一就是着力构建特大城市流动人口的社会支持体系。详言之,社会支持体系的优化至少应包含以下内容:

其一,优化社区支持体系。从农村涌向城市的人口多租住在环境较差的社区,这些社区公共基础设施建设落后、管理混乱。流动人口租住多的社区的行政区划单位政府部门可申请专项行政拨款进行社区公共基础设施建设,这些基础设施建设应包含公共图书馆、公共健身场地、公共文化娱乐活动中心等。通过公共基础设施的建设,为在该社区租住的流动人口提供一个栖息地,让其在工作之余有时间在阅读中充实自己的精神世界,在文体活动中培养自己的兴趣爱好,在与社区居民交流时了解、接纳不同地域背景的文化,逐渐树立起开放包容的心态。良好的社区支持体系能够重塑社区文化,让流动人口在社区生活参与中培养起社区主人翁意识,在对社区成员提供归属感的同时达到对社区文化的正向控制目的。此外,丰富多彩的社区生活除了能丰富流动人口的精神生活、增强其主人翁意识外,还能增强社区的犯罪抑制功能。在流动人口彼此孤立的社区中,流动人口的匿名性特征强烈,这种匿名性特征减轻了流动人口犯罪的羞耻感。通过加强社区成员的联系增进彼此的情感,消解流动人口聚居社区中成员的匿名性特征,能够使社区具备类似流动人口原生地社区的犯罪抑制功能。

其二,优化家庭支持体系。从农村流向城市谋生的人口通常因经济条件的限制和户籍制度等因素的限制导致其与家人长期分隔两地。其中最突出的是缺少来自婚姻中另一半的支持,缺少父母子女的陪伴。为了使在城市谋生的流动人口得到来自家人的精神支持和鼓励,应当为在城市谋生的流动人口的子女提供在城市就读的机会,让他们能够陪伴孩子的成长。同样可以学习某些地方部门组织的"团圆活动"为城市和农村分隔的夫妻提供异地团聚的机会。

其三,优化政府、社会支持体系。共同富裕、城乡一体化是我国长期倡导和追求的目标,在此目标指引下的流动人口希望自己能够有丰富的经济收入,能成为真正的城市人。但无论是在择业、经济收入、户籍管理还是医疗体系方面,来自农村的流动人口都无法与城市人口享受同等待遇。理想的平等和现实的差距造成了流动人口的内心不平衡感,要防止社会失范状态的出现,必须改善当前的政治经济制度和社会环境,使之具备让来自农村的流动人口有达至富裕和变成真正的城市人口的合法途径和手段。可以学习宁波市新居民事务局的举措,以"就业有培训,劳动有合同,上学有安排,居住有改善,社保有拓展,维权有氛围,维权有保障,政治有力度"[①]为目标。政府应该积极运用再分配的手段缩小城市人口和城市流动人口的收入差距;加快落实流动人口的医疗保障体系与城市人口医疗保障体系一体化建设;呼吁各行业协会、各志愿者团体对城市流动人口进行就业指导、技能培训、普法教育等,让流动人口根据自己的优点进行行业匹配,选择适合自己的行业,为从业素养不高的流动人口提供技能培训,为没有法律知识的农民工提供基本的法律指导和法律援助,让他们在自己的权益被侵犯前未雨绸缪、权益被侵犯后能够通过法律渠道维护权益。值得注意的是,城市流动人口中还有一部分是流动青少年。根据中国青少年研究中心在全国 8 个流动人口比较集中的城市对流动青少年违法犯罪情况的调查,在有效样本中,流动青少年违法犯罪的比例占 66.4%。[②]政府和社会在优化城市流动人口支持体系时必须重点关注流动青少年,为流动青少年树立社会主流价值观,建立青少年心理咨询中心,为遭遇重大挫折和负面事件的青少年提供心理咨询和康复治疗,帮助失学青少年复学或进行就业培训等。

良好的社会支持体系有利于城市流动人口个体的正向发展,帮助处于困境中的流动人口以积极的态度面对生活中的负面因素,保持良好的生理和心理状态,从而达到在根本上排除压力转化为犯罪的先决条件。在对外

---

① 朱利民:《关于流动人口管理法律创新问题》,载《湖北警官管理学院学报》2011 年第 4 期。
② 丛梅:《新时期我国城市犯罪若干热点问题分析》,载《河南警察学院学报》2019 年第 5 期。

来人口管理的具体操作方面,上海等大城市的经验值得借鉴。其中,压实基层的网格化管理,就是要以摸排掌握外来居住者的基本情况为基础,从小区到社区街道逐个摸底,通过将人户与居住区域的信息化整合,达到有情况就能够及时预判的目标。犯罪总是发生在某个时间节点的某个区域空间,总是人的所为,多数也存在被害者(包括间接、相关性被害),而这些因素最终必然落实到基层,可以说,犯罪治理信息化的落脚点就在于基层治理的信息化。用好基层的人力、物力,提高基层的信息化治理效率,尤其要发挥近年来年轻大学生毕业进基层的优势,犯罪治理作为智慧城市建设的一部分,一定能实现新的进步。

五、国际合作治理:从海外追逃看犯罪治理的国际合作

在世界经济、政治、文化广泛交流的背景下,犯罪现象呈现全球化特征,典型如毒品犯罪、恐怖活动犯罪、侵犯人权犯罪、走私犯罪以及国际金融诈骗犯罪等。此外也有一些国内犯罪如贪污贿赂犯罪、破坏金融管理秩序罪、金融诈骗罪,通过洗钱行为国际化,这里着重讨论贪污贿赂犯罪。在反腐语境下,贪污贿赂犯罪是反腐治理的重点对象,而近些年贪官外逃、赃款外流现象频发,为了阻止境外成为贪官的"避罪天堂",中国将反腐范围扩大到国外,海外追逃、追赃成为围追堵截犯罪分子的关键举措。事实上,海外追逃的国际合作也是犯罪治理国际合作的表现。

(一) 海外追逃:反腐败的延伸

党的十八大以来,以习近平同志为核心的党中央发出了"反腐"的最强音,要求"老虎""苍蝇"一起打,以零容忍态度严惩贪腐。为此,国家制定了《监察法》,设立了专门的反贪反腐治理机关——监察委员会。但在国内反贪反腐如火如荼地进行过程中,境外成为贪官规避国内法律制裁的"天堂",海外追逃成为我国弥补反腐漏洞的关键一环。事实上,一个国家对外逃贪官的追捕力度,直接关涉反腐的实际效果,是确保国内法治得到充分实践的

重要举措,海外追逃对于我国反腐败斗争具有重要意义。党中央高度重视反腐败追逃追赃工作的开展,绝不让境外成为一些腐败分子的"避罪天堂",不管腐败分子逃到哪里,都要将其缉拿归案,绳之以法。针对海外追逃、追赃问题,我国开展了以"天网"行动为代表的追逃腐败分子专项行动,并将"猎狐""治理违规开设境外账户""违规办理出国(境)证照问题专项问责""打击利用离岸公司和地下钱庄向境外转移赃款"等专项行动纳入国家反腐败追逃、追赃的统一行动中。①但由于国家间无论是经济发展水平还是法治水平都存在差异,这给海外追逃带来巨大挑战。

贪腐是个全球性难题,对每个国家政权组织都构成极大威胁,也是各国人民最痛恨的罪行之一。尽管各国政府都出台了各种关于反腐的规章制度对贪腐予以严厉打击,但重点都是对国内的贪腐行为予以刑法规制,对于贪官外逃、赃款外流的规制是非常缺乏的。面对贪官外逃、赃款外流的严峻形势,各国都对外展开了海外追逃、追赃的跨国合作工作,如我国签署了《联合国反腐败公约》,并加入了国际刑警组织。但不同国家的体制和法治结构,构成了国际反腐多样化、复杂化背景,这使得国家间关于海外追逃、追赃工作的展开面临着法治壁垒,不同的法治模式和环境有时甚至为腐败分子提供了"真空"环境。这种法治壁垒除了国家的政治外交关系之外,主要是由国家的国内立法差异以及缔结条约不同造成的。首要的便是引渡制度,它是追逃海外腐败分子归案的关键环节,而引渡制度须以国家间互相签订引渡条约或是外交认同为前提。截至 2018 年,我国已与 71 个国家缔结司法协助条约、资产返还和分享协定,与 50 个国家缔结了引渡条约(其中 37 项已生效)。从数量上看较少,而且与发达国家签订的较少,现实中从中国出逃的贪官主要逃往美国、加拿大以及澳大利亚等国家,我国与这些国家没有签订引渡条约,这给我国追逃逃往该国境内的犯罪分子带来极大困难。此外,即使与我国签订了引渡条约,但因为彼此在司法公正、人权保障等方面

---

① 李海滢:《海外追逃、追赃背景下反腐败立法的协调与联动》,载《当代法学》2019 年第 3 期。

存在不同,以及受到双重犯罪原则的限制,使得引渡条约的实际效果极其有限。最出名的就是"赖某星遣返案",我国与加拿大经过为期 11 年的谈判,才将赖某星缉拿归案,这也从侧面反映了我国海外追逃、追赃的艰难。

(二) 国际合作治理的基本原则

海外追逃作为我国反腐斗争的国际化延伸,体现了当今社会犯罪国际化、全球化的发展趋势,而海外追逃的现实困境也折射出治理犯罪的国际合作亟须加强的现状。贪腐作为全球性"病毒",是世界人民的"公敌",各国要想推进反腐治理长效机制建设,须在相互尊重主权、平等友好的基础上,从国内和国际两个法治场域进行制度构建和国际化合作。考虑各国的经济发展水平以及法治水平的差异,在反腐治理的国际合作中应当坚持求同存异、友好协商的方针,在联合国主导下,将犯罪治理国际合作的基本原则作为犯罪治理国际合作机制的指导理念和行为规范。

第一,国家主权原则。国家主权原则是指国家具有独立自主处理本国国内和国外事务的最高权力,不受其他国家的干涉,对内最高性和对外独立性是主权的两大基本属性。目前,国家主权原则是国际法的基本原则,是国家间友好往来交流的指导理念和行为规范。有观点认为,"作为国际法的基本原则,尊重国家主权原则体现并贯穿国际刑事合作与司法协助的始终。无论是合作请求的提出,还是逮捕并移交有关人员、双向司法协助、判决的承认与执行、被判刑人的转移等刑事合作与司法协助中都蕴含了尊重、平等和互不干涉的精神"。①事实上,犯罪治理国际合作的出发点和落脚点就是为了实现国家主权,在海外追逃、追赃的国际合作中,主要体现为请求国对于这些反腐分子、赃款的司法专属管辖权。但在追逃追赃的过程中被请求国的主权也同样应当得到尊重,否则就会引起被请求国的抵触甚至反击,进而引发两国的外交冲突。因此,我们在请求对方协助或是在被对方请求协助的情况下,应当以相互尊重主权为前提。

---

① 刘健、荣玫:《国际刑事法院刑事合作的基本原则》,载《湘潭大学学报(哲学社会科学版)》2007 年第 2 期。

第二,法治原则。在对犯罪治理的国际合作中,国际刑事司法协助是一个重要的国际合作制度。而国际刑事司法协助是一个国家刑事司法制度的重要组成部分,任何一个国家开展刑事司法协助都必须以遵守其宪法和法律规定为前提,除了要遵守本国的法律及其基本原则外,还要遵守对方国家的法律。对于这一问题,有观点认为国际刑事司法协助制度派生了两项原则:一是双重犯罪原则,二是一事不再理原则。①双重犯罪原则是罪刑法定原则在国际刑事司法协助中的体现,是指可引渡的犯罪必须是请求引渡国家和被请求引渡国家双方都认为是犯罪的行为。若请求引渡国家和被请求引渡国家中有一个国家对某一种行为是否规定为犯罪的认定不一致,那么就有违双重犯罪原则,则不能引渡。我国也将双重犯罪原则作为是否引渡的判断标准之一,在海外追逃、追赃过程中请求对方国家予以刑事司法协助的时候应当遵守该国的法律规定,若该国没有将我们国家应予刑事处罚的行为规定为犯罪,则不能强制要求该国作出引渡的承诺。同理,若我国成为被请求引渡国家时,也应当对请求国家要求引渡的犯罪行为进行审查,判断该行为在我们国家是否是犯罪行为,若不是,我国也应当作出拒绝引渡的声明。国际刑事司法语境下的一事不再理原则是指在国际犯罪案件出现刑事管辖权竞合的情况下,当请求方提出刑事司法协助的请求时,被请求方可根据该原则作出拒绝的回应。我国《刑法》第9条确立了普遍管辖原则,对于我国缔结或者参加的国际条约所规定的罪行,我国在条约义务范围内可以行使刑事管辖权,而当我国行使管辖权时,可以拒绝请求国家提出的刑事司法协助请求。

第三,平等互惠原则。平等互惠原则是国家间对犯罪治理国际合作的政治基础和利益基础,平等是基础,互惠是保障。有学者认为平等互惠原则的平等性主要体现为主体资格平等、缔约自愿性、权利义务平等、国民待遇平等、协商平等以及平等限制等方面。②互惠是指当事国之间在不具备公约

①②　成良文:《国际刑事司法协助的基本原则》,载《中国法学》2002年第3期。

所确定的权利义务的前提下,可以根据对等原则相互为对方提供司法优惠和便利。①事实上,互惠是当事国之间的一种约定或承诺,如在引渡或遣返的过程中,请求国对被请求国作出量刑承诺、保障外逃人员不受酷刑等非人道待遇的承诺以及保障外逃人员相关诉讼权利的承诺等,亦如当事国之间可以约定对对方的刑事司法协助行为提供最大便利,降低协助成本。由于国际司法协助更多是一种无偿提供便利的行为,尤其是针对一些不发达国家而言,这种无偿提供司法便利的行为耗费了大量的当地司法资源,因而当地司法机关经常表现出一种不主动、不积极的态度,大大降低协助的实际效果。因此,有学者认为我们可以参照国外在遵循互利互惠原则的基础上约定建立资产分享制度,早在 2016 年,我国与加拿大签署了《中华人民共和国政府和加拿大政府关于分享和返还被追缴资产的协定》,为这一制度构建提供了实践经验。②

（三）国际合作治理中的本土思考

随着我国的国际地位不断提高,面对犯罪全球化趋势,我国在犯罪的国际治理中的义务也随之增加。海外追逃、追赃的国际合作成为我国参与犯罪国际合作治理的先行试点,反映了我国在参与犯罪国际合作治理中存在的问题,也为我国在更高、更深层面参与犯罪国际合作治理提供了宝贵经验。海外追逃、追赃主要围绕贪腐分子和赃款展开,加强犯罪国际合作治理也主要从内部和外部两个逻辑层面入手,在遵守上述国际合作治理基本原则的基础上,我国应当反思与完善本土与国际合作治理的制度构建问题。

从内部路径完善来看,我国刑法规定了相关制度,但正如有学者所言,我国在面对一些跨国犯罪、国际犯罪时主要通过政治、军事手段解决,很少通过法律途径维权,并分析认为我国回避运用司法手段处理国际犯罪案件的原因在于国内刑事制度与国际刑法、国际刑事司法制度衔接不畅,具体表

---

① 王少华:《国际刑事法院司法合作的基本原则》,载《政法学刊》2016 年第 6 期。
② 张磊:《境外追逃追赃良性循环理念的界定与论证》,载《当代法学》2018 年第 2 期。

现为刑法的效力范围相对狭窄,且诉讼管辖制度存在疏漏。[①]不难看出,我国参与犯罪国际合作治理的主要问题在于国内法与国际法、国际公约衔接不畅,国内法律制度的构建未能有效衔接世界轨道。以海外在逃人员的引渡、海外赃款的追回为例,需围绕在逃人员和赃款构建相关制度。有学者指出应当清楚分析外逃现状及人员构成,明确境外追逃工作的重点和基本策略,从外逃地域来看,重点应是美国、加拿大以及澳大利亚等发达国家;从人员构成来看,重点应是国家工作人员或国有企业的管理人员。此外,除了被动追逃海外在逃人员之外,还可以充分发挥"劝返"的刑事政策功效,细化和稳定外逃人员自首的特殊认定标准,使海外在逃人员主动归案自首。[②]在赃款的追回路径方面,我国应当改革现行刑事没收制度,完善财产简易返还制度和构建资产分享制度。我国《刑法》第59条规定了没收财产刑,但是它与世界大多数国家的刑事没收制度存在冲突,因为我国的没收财产刑允许没收犯罪人的合法财产,甚至没收个人全部财产,而其他国家的没收仅限于个人违法所得财产,因此应当进一步明确追回财产的范围。不同的是我国《刑事诉讼法》第298条针对犯罪嫌疑人、被告人逃匿、死亡案件的没收程序的范围主要是违法所得及其他涉案财产,这在一定程度上限制了没收的范围,有利于与国际没收制度接轨。财产简易返还制度是指一国司法机关有权根据国际条约或互惠原则,在请求国的请求下,对转移境外的资产实施查封、扣押以及冻结等保全措施。我国《引渡法》虽然对此作出了规定,但规定过于简单和原则化,应当进一步明确简易返还决定权的归属、明确简易返还的通知以及担保等问题。此外,还应当构建资产分享制度,该制度在国外运用得较多,譬如美国规定凡是对美国境外犯罪资产提供了有效司法协助的国家,都可以与美国分享没收的海外犯罪资产。上文提到我国与加拿大已经迈出了资产分享的第一步,有利于未来构建资产分享的具体制度。

---

① 于阜民:《国际犯罪管辖和审理的制度建构与完善》,载《中国法学》2018年第3期。
② 黄风:《建立境外追逃追赃长效机制的几个法律问题》,载《法学》2015年第3期。

从外部路径构建来看,我国未来应当加强与国际间的刑事司法合作,尤其是与发达国家之间的合作。面对犯罪国际化、全球化趋势,应当加强犯罪国际合作治理,而国际合作又以国家间双边条约的签署为保障,应当扩大国际合作双边条约的签署国家范围。上文提到我国在引渡条约的签署方面数量较少,尤其是与发达国家之间签署的引渡条约更少,而这些发达国家又是在逃人员主要"避难地",缺乏引渡条约给我国缉拿外逃人员归案带来巨大困难。除此之外,还应当做好国内法与国际公约的制度衔接,进而实现将国际公约顺利转化为国内法律并运用。最后,结合犯罪的现代信息化特点,应当在全球范围内共建信息共享机制,构建多边合作信息平台。《联合国反腐败公约》也明确指出各国应当建立情报部门,保证全球之间的信息来往畅通。多边信息共享平台的构建应当遵循尊重主权、平等、互惠等国际合作治理原则,须在联合国的监督和授权下进行,避免一些国家以信息霸权控制和威胁他国的信息。

第四章　特大城市犯罪治理信息化的法律边界

　　理性和稳定是法律的内在秉性,这就决定了经济发展和技术进步总是会走在法律前面,由此导致法律规制的滞后性。一方面,很多新兴事物可能缺乏法律规制,或者只能通过对之前的原则性规定进行扩大解释来应对;另一方面,匆忙出台的新的法律规范难免存在不适用的困境。这就导致特大城市犯罪信息化治理过程中,同样存在法律规制的模糊不清,也就是边界问题。以人工智能参与犯罪治理为例,人工智能类似人而不是真的人类,那么用于治理犯罪(自然人为主)的法律是否能正确地适用人工智能技术以及其产品呢? AI 机器人的法律主体资格、可能造成的严重后果等都会给法律适用带来新挑战。如果肯定法律对机器人适用的可能性,那就要通过修改、完善法律制度,增加适用人工智能的条款,通过强化法律规制的传统制度改造,同时建立严密的监管防控的政策体系,形成制度性、法治化的 AI 治理体系①;如果否认机器人的法律适用性,则只能通过采取必要的预防性措施和因应性制度,避免在利用 AI 进行犯罪治理过程中所产生的负面影响,只能通过规制人类体现人工智能的法律权责。但无论是增设新的规范,还是沿用原有法律,犯罪治理信息化必然带来不一样的权责变化,导致法律的边界和底线发生改变。

---

　　①　吴汉:《人工智能时代的制度安排与法律规制》,载《法律科学(西北政法大学学报)》2017 年第 5 期。

一、社会治理信息化的限度

信息技术在现代社会被广泛运用,在给国家治理体系提供了变革工具、给国家治理能力提供契机的同时,也为国家治理带来挑战。党的十二届全国人大一次会议曾提出国务院机构改革和职能转变方案,第一次提到国家行政体制改革的基础性制度建设,并持续推动这项工作。可以说,社会治理的信息化已经成为必然趋势,但对这种趋势也应该附以一定的限度约束。

（一）信息化治理与公民权利保护

在数字人权时代,人脸识别、大数据分析等新型通用技术深入推动信息化治理革新,且犯罪治理作为信息化治理的重要组成部分,与其相关的技术创新也层出不穷,如智能警务、边境安防、预测性执法、平台治理、人工智能司法等技术的应用使得国家机关的社会能见度、风险感知度和反应灵敏度大幅提高,"运用技术平台监管社会成为现代社会的普遍做法"。[①]在犯罪治理技术化带来卓越成果的同时,犯罪治理技术化也给个人隐私以及公共安全埋下了不小的隐患,黑箱时代、算法歧视、警务预测偏差等一系列因技术适用而导致的不公现象使得社会焦虑加剧、公民权利保护与犯罪治理之间的矛盾升级。

正如习近平总书记在致 2018 世界人工智能大会的贺信中所述:"中国正致力于实现高质量发展,人工智能发展应用将有力提高经济社会发展智能化水平,有效增强公共服务和城市管理能力。"[②]信息技术被广泛应用于国家治理作为国家治理能力现代化改革的重要手段,不仅强化了对社会的控制,同时也为保障公民权利开辟出全新领域,通过对公民的知情、参与、监

[①] 单勇:《犯罪之技术治理的价值权衡:以数据正义为视角》,载《法制与社会发展》2020 年第 5 期。

[②] 《习近平致 2018 世界人工智能大会的贺信》,人民政协网,https://www.rmzxb.com.cn/c/2018-09-17/2171012.shtml,2021 年 5 月 10 日。

督等权利的保护来提供大数据福祉。例如在上海实施的"一网统管"成为"城市建设靠人民,建设城市为人民"理念的生动实践,该信息化治理模式利用实时在线数据和各类智能方法,精准发现问题、补充需求、防范风险,采用各种信息技术让社会治理中存在的问题在处置过程中能形成更好的协同,使市民能够通过该信息系统对社会治理所存在的问题实现细节上传、意见分享、协商共治等,实现线上、线下联动,让公民与政府能够实现共同高效处理问题,上海"一网统管"建设,始终朝着"态势全面感知""趋势智能预判""资源统筹调度""行动人机协同"四个方向努力,形成基于保障公民权利的根源性、针对性、整体性治理策略。而信息技术对于犯罪治理的"赋能"主要体现在数据监控的全面覆盖方面。所谓数据监控,即以个人数据为核心,通过大规模、系统化地收集、存储、处理和控制数据而对社会进行的长期的、秘密的、无特定对象的监控。①随着信息技术的发展,公民的各类信息组成一个独一无二的"数字人格",这种信息化的主体为数据监控提供极大便利,公民的所有特征乃至一个细微的动作都有可能转为可识别、使用的数据,犯罪治理与数据监控之间双向融合,数据监控及"数据巨机器"提高了国家对社会的控制、整合及动员能力,优化了犯罪治理的体制和机制,强化了综合治理组织体系的结构韧性,极大提升了犯罪治理能力,但在客观上也导致治理权力趋于集中。②

犯罪治理技术化在创造巨大价值的同时,也导致国家与公民之间原有的力量平衡出现变化,原本受到保障的公民权利有可能受到侵蚀。信息技术并非犯罪治理中独立的一环,反而十分依赖与其他治理因素的互动,但由于其本身具有较强的控制能力,导致其在与其他因素互动的过程中产生"过度"影响,如数据监控的更迭进化对公民个人隐私及自由的侵蚀愈加严重,监控数据的收集、运作未实现全透明化等。信息技术与犯罪治理的深度融

---

① 张衡:《大数据监控社会中的隐私权保护研究》,载《图书与情报》2018 年第 1 期。
② 单勇:《犯罪之技术治理的价值权衡:以数据正义为视角》,载《法制与社会发展》2020 年第 5 期。

合,引起了人们对于信息技术高度发达的情况下可能存在隐患的担忧。人越来越适应监测环境,监控技术与人的身体逐步融合,并构建了人的生活世界①,此时公民的隐私、自由空间是否会遭到挤压或吞噬呢?现今,人脸识别成为人口密集区域治安防卫的主要手段,广泛应用于犯罪治理,相关部门在获得大量人脸识别信息后,虽然使得数据监控的范围扩大,但公民个人却变得愈加"透明",个人隐私及自由不断受到侵蚀。为此反对过度使用人脸识别技术、注重个人隐私的社会倡议屡见不鲜。尤其是欧美等国家和地区,人脸识别技术遭到越来越多的质疑和限制,欧盟考虑5年内禁止在公共场所使用人脸识别技术,美国40家社会组织联名致信隐私和公民自由监督委员会,并呼吁美国政府暂停应用该技术,理由是在用户不知情的情况下收集人脸数据,严重侵犯公民隐私权,在非必要场景滥用人脸识别技术,网络安全隐患大等。②上述理由具有一定道理,但是笔者认为完全禁止人脸识别技术的使用有些矫枉过正,因为该技术已经在安防等领域发挥了突出作用,在犯罪治理中也因"屡建奇功"而受到重视。无论何种技术应用于社会治理,对公民的隐私权、自由权等人身权利都会有或多或少的影响,只因为信息技术本身具有广泛的社会覆盖面、强大的数据处理能力、超强的迭代更新速度、开放的社会整合机制,使这种冲突骤然加剧,以至于人们一时间无所适从,难以取舍。③在数字社会,实现公民对信息技术运用过程中的知情、同意、参与、监督等权利,是平衡信息化治理与公民权利的关键。个人的独立自主性主要是通过行使个人权利体现的,保障公民权利俨然成为人们在信息时代保持自主及批判思考的基本前提。

2021年4月,广东"佛山一路口62万车主违章,总罚款超1.2亿元"一事被曝光引发热议,一些被罚车主对该地点的违章处罚提出了质疑,认为

---

① 吴雯:《技术身体下的监测伦理审视》,载《自然辩证法研究》2018年第6期。
② 吕尧、周千荷:《欧美限制人脸识别技术对我国的启示》,载《网络空间安全》2020年第2期。
③ 单勇:《犯罪之技术治理的价值权衡:以数据正义为视角》,载《法制与社会发展》2020年第5期。

"实线画得太短了，不合理""司机如果不提前判断就要被罚"。后佛山市公安局交警支队通报指出，"电子警察"抓拍处路段的确设计不合理、标志标线设置不完善。①这一事件充分反映出，当信息化技术应用于防范违法犯罪行为时，不能让人怀疑具有逐利的不正当动机。

事实上，2021年两会期间，就有全国人大代表提出防止滥设滥用"电子警察"，清理不合理的"电子抓拍"的建议。据统计，2020年全国交通罚款总额在3 000亿元左右。截至2020年年末，全国民用汽车保有量约2.81亿辆，平均每车罚款逾千元。高额罚款显然离不开"电子警察"的"助力"。生活中，恐怕大多数司机也存在交通处罚不合理的烦恼。而从交通执法的实践来看，少数执法人员只看视频、不听申辩，只认处罚、不施教育，这种僵硬、机械，甚至带有指标性的执法方式，不仅使执法部门与驾驶员之间产生了不少隔阂，让驾驶员权益得不到保障，还缺少教育警示意义，未能实现保障交通安全的目的。②诚然，利用科技手段记录违法犯罪的证据有利于高效执法，但执法既要高效准确，也要公正合理。目的正当是行政执法的基本原则，也是违法犯罪治理的根本遵循。

（二）信息化治理与公权力监督

对公权力进行监督是国家廉政治理体系的重要组成部分，同时也是增强党和国家现代化治理能力的重中之重。完善公权力治理体系是国家治理体系以及治理能力现代化的重要体现，自党的十八届三中全会重点强调"构建权力运行体系"，到党的十九届四中全会提出"坚持和完善党和国家监督体系、强化对权力运行的制约和监督"及党的十九大报告中明确"创新监管

---

① 广台高速43公里200米路段位于佛山市顺德区陈村镇前往江门市和佛山市高明区（云浮市新兴）方向的分岔口，单向年均车流量约为1 900多万车次。该处"电子警察"抓拍设备于2020年3月18日经批准启用。经核查，截至2021年4月1日，累计抓拍交通违法行为184 373宗。据统计，"电子警察"启用后，该路段交通事故总数由上一年的85宗下降至39宗，同比下降54.1%；事故受伤人数由13人减少至3人，同比下降76.9%，对预防、减少事故发挥了重要作用。在媒体报道后，交警部门积极协调业主单位，对该路段标志标线集中进行优化改进措施。同时，迅速对全市"电子警察"及交通标志标线等交通信号开展全面排查，对发现的问题及时进行优化整改。

② 金泽刚：《佛山高速海量车辆违章，执法不能陷入只罚》，载《光明日报》2021年4月13日。

方式,增强政府公信力和执行力",再到党的二十大报告中强调"健全党统一领导、全面覆盖、权威高效的监督体系,完善权力监督制约机制,以党内监督为主导,促进各类监督贯通协调,让权力在阳光下运行",党和国家从未停止过探求公权力运行、制约与监督体系建设的正确道路。随着数字时代的到来,信息技术以其独特的优势逐渐融入国家权力治理体系之中,尤其是信息技术在公权力监督中的工具理性逐渐显现,其社会价值、应用价值与公权力监督相得益彰,两者的结合使得对权力的监督建立在信息技术平台上,信息化治理的实现极大增强了对公权力监督的效力,以技术限制权力也逐渐成为国家权力治理体系之中具有重要作用的手段之一。

信息技术主要是指利用计算机、网络和现代通信手段获取信息、传递信息、存储信息、处理信息、显示信息和分配信息的相关技术[1],其数据基础与公权力监督信息的现实性、整合性、即时性相契合,公权力监督信息本质上就是数据的集合,这些"数字化"的数据在信息技术的处理下都可以被捕捉、保存、分析,成为公权力运作、制约与监督的重要载体,具有以下三个方面的优势:一是其有助于优化行政层级,将"等级森严"的等级结构转变为"平行互通"的结构形式。正如约翰·奈斯比特所说:"计算机将摧毁政治领域的金字塔,我们建立等级森严的金字塔式的管理系统是因为我们需要掌控下属的去向以及他们的任务完成情况,而有了计算机的帮助,我们可以用平行联系的方法重新设计我们的组织结构。"[2]信息技术以数字形式、光纤传输方式传递信息从而实现对行政层级的压缩与重组,这对传统等级结构产生巨大威胁。纵向层面表现为决策层与实施层之间的直接互动导致中间层存在的必要性减弱致使层级的数量减少、规模缩小,使得政治层级从原有的"金字塔型"向"扁平化"发展,即意味着公权力部门之间的信息往来距离缩短,官员在其间能寻租的空间被压缩,有助于提高国家、社会对公权力监督的效率以及对腐败的反应能力。横向层面表现为信息技术将本来较为分散

---

① 郭建波、郭建中:《信息技术词典》,化学工业出版社 2004 年版,第 441 页。
② 转引自肖峰:《信息时代的网络民主与平等悖论》,载《洛阳师范学院学报》2018 年第 7 期。

的权力部门重新整合，以完整化、体系化的模式按照既定规则开展工作，通过信息手段合理规划部门职能、科学分配职责，有助于防止因权力过于集中而使腐败加剧。二是有助于提高公权力运行的透明度。由于主客观因素的限制，权力在运行过程中所形成的数据很难做到完全公开，即信息数据被权力所有者垄断，信息传递效率低下，这可能造成公权力成为少数人为己谋私的工具。而信息技术可以突破时空限制并解决公权力监督中信息不对称的问题，运用技术手段参与权力运行的各个阶段，运用数字思维弥补人工核实阶段中的不足，保证公权力运行的高透明度与高公开度，防止出现主观违法操作的现象。例如，公权力管理者在工作、生活中的操作(个人消费、社会交往等行为)都会在网络上留下痕迹而被互联网或大数据网络采集、追踪，信息技术可以将原本支离破碎、毫无关联的消费、财产数据通过数据抓取、分析，形成一幅个人收益等事项变动的轨迹与规律图①，监察部门和社会公众在必要时可以通过信息公开平台等渠道随时获取相关人员的行为动态，进行实时监控与事前预警，从而将违规违法行为扼杀在摇篮中。技术赋能的本质是通过信息供给、交互与应用革新促进信息流系统的开放、透明、共享②，此举不仅能有效制止公权力行使者利用信息差进行权钱交易等违法违规行为，同时也可大大降低腐败行为的发生率。三是有助于限缩自由裁量权的行使空间。中国社会更类似于人情社会，而信息技术能够有效消解"人情关系"带来的对规则、制度执行效力减弱的负面效应，增强权力运行的刚性③。首先，信息技术其本身具有的中立性特点，与权力监督的公正性、细致性原则相契合，能够有效减少监督者与被监督者之间产生利益纠纷的可能性，打击权力寻租行为，给予权力公平、独立运行的空间。其次，信息技术使得权力运行过程更加透明化、科学化、精准化。例如"护廉天目"智慧监

---

① 廖金萍、廖晓明：《基于大数据技术应用的公权力监督——以领导干部个人有关事项报告为例》，载《江西社会科学》2021 年第 4 期。

② 关婷、薛澜、赵静：《技术赋能的治理创新：基于中国环境领域的实践案例》，载《中国行政管理》2019 年第 4 期。

③ 王海稳：《论信息技术在权力制约中的优势与局限》，载《人民论坛》2012 年第 32 期。

督管理平台,坚持以"数字赋能、精细管理、科学研判、精准监督"为导向,立志构建一体推进不敢腐、不能腐、不想腐的体制机制。该平台能根据设定好的 275 项风险预警模型,对工程、公房、补助、出入境、监督对象五大领域的廉政风险和异常事项进行全流程比对、全自动分析、可视化预警,能做到对监督"人事物"数据的全面掌握,实现"线上""线下"联动监督一体推进,实现权力运行的"无死角"监督。权力的"线上"运行有利于实现权力行使的透明化和格式化,通过人与技术对权力的分享,消灭权力独断的机会,能最大限度地保证业务操作与制度执行的刚性,使抽象的权力变得"可控""可查""可纠",大大压缩"暗箱操作"和权力滥用、私用的空间①,进而完善新型公权力运行、制约与监督体系。

二、信息化治理与防止技术滥用

随着"科技兴警""平安城市""智慧城市"理念深入推进,视频监控系统作为立体化社会治安防控体系的重要组成部分,在犯罪预警、警情处置、犯罪侦查、维护稳定等方面的作用与日俱增,特别是在刑事侦查领域,视频侦查技术已经发展成为继刑事技术、网侦技术和行动技术之后的第四大技术支撑。但在视频监控高速建设、高频运用的同时,出现了许多亟须解决的问题,这些问题很大程度上限制了视频监控作用的发挥。在警情和犯罪状况复杂多变的今天,如何借助以大数据、云计算、物联网等为代表的新技术,进一步提高视频监控系统的犯罪预防与侦查功能,充分发挥其应用效益,是亟待研究解决的问题。

科技的飞速发展将人类社会推入一个全新的大数据时代,模式识别、知识挖掘、云计算等技术为视频监控系统的发展明确了方向。犯罪侦查机关需要运用大数据技术,积极研发图像智能搜索、人脸检索、车牌识别、人流统

---

① 王海稳:《论信息技术在权力制约中的优势与局限》,载《人民论坛》2012 年第 32 期。

计、浓缩摘要等智能视频监控系统,全面提升视频监控系统的犯罪防控效能。目前,视频监控在犯罪防控应用中还存在着以下问题:(1)监控布点不合理,管理维护不到位。视频监控建设与应用脱节,关键时期需要时看不清、看不着、看不见。因监控探头总量有限,各地在监控点位选址时主要考虑党政机关、广场、商业繁华地段、交通要道、重要路口、部分案件高发区域等位置,以掌握面上动态情况为主,在易发生问题的城中村、背街小巷安装的监控相对较少。监控布点不科学,存在着很多空白、盲点,这些防控"真空"地带,不仅给不法分子以可乘之机,也使得案件发生后,公安机关破案难、取证难。建设完成后,视频监控前端设备因风吹雨淋,极易损坏,后续维护非常重要,但受制于资金、人力资源,当视频监控出现断网、摄像头损坏、色彩偏差、焦距模糊、脏物遮挡等问题时,维修维护时间普遍较长,甚至出现视频监控一两个月甚至更长时间未修复的状况,导致故障监控长期处于瘫痪状态,影响系统正常运转。(2)监控整合不畅通,资源共享不足。因监控平台标准、存储模式、网络结构及视频监控分辨率不统一等问题,导致难以开发一个统一的视频监控平台来整合大量视频监控,存在技术接入难题。例如,在网络结构方面,有的使用专线,有的使用互联网,无法构建一个运转高效的系统。技术标准上的五花八门,给视频监控资源的共享带来很多困难。大量监控使用方根据自身的需求和目的建设视频监控,如金融机构、大型超市、酒店等在视频监控建设和使用过程中均强调自身利益,满足自身目的。虽然社会上存在大量监控,但缺乏共享意识,这使得在源头上即失去视频监控最大限度的共享机会。(3)人员能力素质不齐,队伍专业化水平有待提升。基层警力不足与任务繁重的矛盾普遍存在,加之公安机关的任务逐年加重,不得不聘用大量培训不足的辅警开展视频监控工作。监控人员的流动性非常大、队伍不稳定、人员配备参差不齐,导致监看、应用、综合管理工作不能有效开展。特别是将视频监控应用于犯罪侦查方面时,对监控人员在计算机系统操作能力、专业分析研判能力、应用意识和应用水平等方面的要求更高,除了要熟练操作各类视频设备外,监控人员还需具备较强的现场分析能力、逻辑推理与犯罪心理分析、合成作战意识等综合能力。但在实际操作中,因经费制约及人力紧张,有些地方并无单独的机构及充足的监控人员从事刑事侦查工作,致使视频监控服务侦查破案的效能不高。(4)工作规范不完善,视频资料证据作用被弱化。视频资料的调取、整理、分析研判、保存等环节缺乏相应的规范化要求。有些监控职能部门凭经验、按套路开展工作,没有形成一套体系化的操作流程。这些问题的存在,在制约视频监控实战效能的同时,也严重削弱了视频资料的证据作用。视频资料属于《刑事诉讼法》规定的法定证据中的视听资料,具有很强的证明力,其主要有以下几种表现形式:视频图像鉴定文书,包括视频图像鉴定书、视频图像检验报告、视频图像检验意见书以及视频图像检验结论告知单;辨认笔录,包括人的辨认、物的辨认;侦查实验及报告;视频资料,包括原始视频、片段视频和编辑视频,其中,原始视频要有基本情况记录和法律手续,编辑视频要有制作说明和画面标注,以及其他辅助证明材料等,如查看记录、分布示意图等。监控人员在采集调取、格式转换、播放分析、存储等一系列环节中,只要有一个环节未严格遵守证据要求都会大大降低视频资料的证据价值,如调取视频不出具法律文书、不记录视频数据,认定视频中嫌疑人和车辆时没有相应书面材料,修改和剪辑视频没有相关记录等。而且,视频资料具有易伪造的特点,可以通过一定的设备对其信息进行删除、编辑、修改等处理。工作规范的不完善、不健全,很大程度上弱化了视频资料证据的证明力。(5)视频监控智能化技术有待提升。目前,视频监控的智能化应用已引起公安机关的高度重视,但受到视频智能分析、质量诊断、视频浓缩、智能检索、人像识别等技术瓶颈的制约,视频监控的智能化程度不高。开展视频巡逻、视频研判、视频侦查等工作需要耗费大量警力,一定程度上限制了对视频图像信息深入挖掘的能力,削弱了视频监控主动预警、调查取证等作用的发挥。各地对视频监控的应用大多处于初级阶段,主要停留在实时监看和事后调看两个层面,视频搜索和查看分析主要依靠人眼逐段浏览,缺乏有效的手段支撑,面对海量的视频,快速准确找到目标及智能自动发现目标的能力尚不足,一方面花费了监控人员大量的时间和精力,另一方面造成了主动发现案件线索少、抓获现行违法犯罪少的现实情况。例如,在侦办周某华案件时,采集的视频有2万多小时,南京和重庆警方分别动用800人和1500人查看视频,耗时一周才最终锁定嫌疑人周某华。同时,视频图像的信息数据与其他公安业务系统的数据融合不够,如警务地理信息系统、警综系统、SIS系统等,也极大限制了视频侦查工作的效率。(6)对公民隐私权的保障有待加强。在视频监控系统广泛运用的背景下,因视频监控安装、使用不规范,监管不到位,导致侵权行为时有发生。例如,四川绵阳市中院两名法官"通奸"事件,举报人在网络帖子中配发了16张现场的监控视频截图,说明两名当事人整个事件过程。2017年在社会上引起热议的一家名为"水滴直播"的视频直播平台,该平台中出现了全国多地高校和商家视频监控的直播画面,涉嫌侵犯隐私权等。诸如此类问题的不断出现,使人们在安装、运用监控的同时,必须考虑与公民隐私保护的平衡问题。鉴于这种考量,很多省份制定了地方性法规避免滥用视频监控。2016年11月,公安部就《公共安全视频图像信息系统管理条例》向社会公开征求意见,依法对摄像头的安装、权属、管理、使用等作出统一规范和要求,对公民个人隐私被侵犯后的程序救济、纠纷解决、侵权责任承担等方面作出了明确规定,这对"摄像头"监管纳入法治轨道具有重大意义。但还存在立法精细度不高、应对现实突出问题还不足等问题,如对"合理距离"的界定不清,对政府部门调阅、复制视频信息的规范力度不足等问题。

为了解决上述问题,笔者认为应从以下几个方面入手进行处理:

第一,完善视频监控体系建设,实现视频监控资源共享。其一,构建网格化、全覆盖的视频防控体系。按照"圈、块、格、点"的防控模型统筹布局,首先,要"划圈",要将进出一个行政管辖区域的所有道路、水路及机场、码头、客运站等完全覆盖,尽量确保进出该区域的所有人、车、物都会在监控摄像头中留下痕迹。其次,要"切块",在该区域内,利用山脉、河流、桥梁等地理特点,逐步分割该区域,尽量做到块与块之间没有其他的连接通道。以

"切块"而言,比较典型的就是湖北武汉,武汉市政府通过在长江、汉江上的11座桥梁和长江隧道安装监控摄像头,将全市分为汉口、汉阳、武昌三块。再次,就是"分格",即在行政区划街道和主干道交叉路口安装监控摄像头,将区域细分为若干网格。最后,要"定点",除了在党政机关、水电油气、学校、医院、金融系统、危险品库等要害部位安装监控摄像头外,还要加强对于经由公共空间进入单元区域的半封闭空间的通道的卡口覆盖,以及"热点区域"覆盖。①其二,运用多种监控方式形成立体布局。一方面,利用高层建筑、信号塔等高空物体,建设专用制高视频监控探头,扩大监控覆盖面。另一方面,搭建无人机平台,发挥无人机价格低廉、声音较轻、携带方便、使用简单、滞空较长等优势,安装监控设备,采取手动遥控操作、事先设定自动飞行等模式,开展定线、定点及机动监控。要注重"有线与无线"的有机结合,弥补有线监控的局限。要在强化有线监控探头建设基础上,加大无线监控建设力度,发挥其灵活性、机动性、靠前性等优势,清除监控盲点。要利用运营商5G无线网络传输监控装备,有效运用一些不具备接入光纤的视频监控点位,实现无线传输。比如单警式监控装备,可以为民警配备随身携带的视频监控前端设备,对视线范围内全部影像进行拍摄,并依托电信、联通等无线通信网络,将视频信号实时传送后台存储。其三,社会视频资源的共享整合和优化运维工作。要规范各部门和社会单位视频监控安装、设备及技术标准,尤其要明确社会视频监控的存储模式、网络结构、硬件接口、图像像素等相关参数,为全面整合利用社会视频监控资源提供保障。在此基础上,制定以公安监控资源为主体,社会监控资源为补充的视频监控资源库,将民用或商用监控纳入视频资源整合内,最大限度整合社会视频监控资源。同时,要搭建视频联网共享平台,加大社会单位视频监控系统的联网、复接、应用力度,并将各个监控摄像头的位置、朝向、覆盖范围等统一标注于地图上,建立"实时调取、联动共享"的视频监控共享平台。而对于一般企事业单位、商

---

① 赵问道等:《城市犯罪空间的视频防控理论初探》,载《浙江警察学院学报》2015年第4期。

户、居民社区或者住宅小区建设的各类民装监控点，可以由政府部门出资维修保养，鼓励所有者及时上报，做好维修服务工作。

第二，加强队伍建设，规范视频监控工作运行机制。其一，推进视频监控队伍的职业化建设。要吸引、招录一批反应快、意识强的年轻人组建视频监控专职监看队伍，通过专业培训、经验交流、典型示范等形式，使其熟悉监控设备的使用方法和操作技巧，熟悉本辖区重点巡控点位的地理特征和治安形势，增强对可疑人员及情况的发现、跟踪、核查能力，提高发现违法犯罪活动的能力和水平。要多渠道、多方式选调专业人才，充实视频监控队伍，全面整合情报分析人力资源，科学配置岗位职能，吸收一批具有丰富经验的技术人员，扩大监控队伍的规模。从长远来看，这需要推行监控队员等级管理制度，落实激励与薪酬待遇，推进队伍建设职业化进程。其二，规范视频监控的工作流程和运行机制。要根据《刑事诉讼法》《公安机关办理刑事案件程序规定》等法律法规对视频资料的调取、整理、分析研判、保存等环节制定具体的工作规范、操作流程，确保视频资料的真实性、完整性、合法性。在调取视频资料时，要明确规定不得少于 2 人，必要时邀请 1 名至 2 名与案件无关的公民作为见证人，同时出具《调取证据通知书》，落实盖章签名制度。在视频图像处理文书制作规范方面，要按照人员、采集、保管、分析处理、时间等要素进行台账管理。视频资料要通过与其他证据的充分结合，如证人证言、物证书证等，形成一个环环相扣的证据链。另外，为发挥视频监控证据功能，有必要建立视频图像鉴定中心。视频图像检验鉴定是一门新兴的鉴定技术，需要遵循一定的程序和规范。开展视频图像检验鉴定机构需要具备相应的资质，才可以接受视频图像的检验鉴定。但目前在我国开展视频图像检验鉴定工作的机构并不多，严重制约了视频图像对于案件侦查、起诉和审判的效用。在这一方面，英国警方对于人像识别署的设置可以给予我们不少启示及经验。在英国，执法人员必须全面收集与案件相关的所有监控录像，以防遗漏重要线索，然后委任人像识别署对图像进行分析处理。人像识别署是专门为警方提供视频监控系统图像比对服务的机构，其出示的鉴定结论客观、准确并具有权威性。我国也可以在一定地域的公安部门建设视频和图片证据鉴定中心，聘请具有检验鉴定资质的专家、技术人员，分析处理视频图像并给出鉴定意见，探索将视频图像转换为法院认可的证据形式。而且，这个鉴定中心可以提供模糊图像处理和其他服务，进一步提高视频图像资料的证据价值及线索应用。

第三，提高视频监控科技含量。首先，引入智能视频应用技术。积极推进视频监控由人员密集型向科技智能型转变，通过应用现代电子技术、模糊分析技术、数据挖掘技术、人像识别技术等智能化技术，提高视频监控对"人、车、物、事件"的准确感知、动态分析能力，提高对海量视频图像信息的检索、快速筛查水平。比如，要基于视频图像采集摘要对比技术，探索建立视频智能检索系统，使监控人员从海量的视频图像信息中解放出来，输入关键词、标本图片后就能简便得到目标对象的视频图像信息，从而实现对重点车辆的特征比对、对嫌疑目标的人像比对及轨迹追踪，提高监控人员工作效率。再比如，探索建立视频智能处理系统，自动对视频图像进行信号分离、边缘检测、高斯处理、清晰化处理等专业技术处理，达到自动还原的效果，从而优化图像资料的内容及清晰度，提升视频图像的使用价值。还有，加强视频图像智能分析工具研发应用，努力将图像信息转换成有价值的数据，通过数据分析，自动识别重点人员、重点车辆，自动研判可疑行为，自动跟踪活动轨迹，实现对监控范围内所有动静图像的有效监控，对不符合惯例、逻辑等的异常情况实时报警，真正做到从"被动监控"转变为"主动监控"。其次，加强应用系统融合。推进视频图像关联信息整合与共享，做好视频监控系统与警务地理信息系统、警综平台、GPS 定位系统、卡口系统等公安业务系统的有机融合，实现灵活查询、智能识别、视频案件库管理、综合警务信息管理等功能，深化大数据警务云车辆识别、人像识别、图像检索和视频侦查应用。尤其是近几年，公安机关利用人像识别系统开展刑事破案、反恐处突、治安管理、户籍管理等工作经常见诸报端，并且成效非常显著。在户籍管理方面，截至 2015 年 3 月，全国已有 30 个省份建成省级人像比对系统。各级公安机关通过人像比对技术共清理重复户口58.7万个,占总数的40.85%。随着视频监控系统越发高清化、智能化,监控中出现的清晰人像实时比对后台数据库已成为现实。公安机关在不断建设视频监控系统的同时,要加快推进人像识别技术在视频监控中的运用,全面整合现有公安网内应用系统的各类图像资源,完成公安工作业务流与视频监控数据流的融合碰撞。最后,规范视频监控行为,做到保护公共安全与保障公民隐私权的辩证统一。(1)严格界定公共区域安装主体的范围。在立法上有必要明确公共区域安装监控主体的资质和范围,社会公共区域的安装主体主要可以分为三类:第一类主体是维护公共秩序的国家机关,如公安机关可以在社会公共区域安装摄像头;第二类主体是经过国家专门机关授权的具有公共管理职能的组织,如医院、学校、银行等,可在取得许可权后安装摄像头,但要进行相应的登记备案,受公安机关管理;第三类主体是经过国家专门机关审批的个体,如住宅小区、电影院等。安装前应提交公安机关审查,确有必要的情况下才能颁发安装许可,受公安机关管理。同时,应明令禁止任何社会组织、单位或个人在公共场所设置视频监控设备非法采集公共场所公民个人信息。[①]不过,如果从社会资源角度来看,私人安装的探头照见公共区域,如马路边的住户安装监控设备照见公路上面的情况,这一般并不属于侵犯他人隐私的范围。[②](2)严格控制安装位置和地点。2016年11月28日,公安部发布的《公共安全视频图像信息系统管理条例(征求意见稿)》中,对视频监控系统的安装范围提出了"合理设置"的原则,规定社会公共区域的视频图像采集设备的安装位置应当与居民住宅等保持合理距离。社会公共区域的视频图像采集设备,应当设置提示标识,标识应当醒目。同时,征求意见稿中明确了禁止安装的区域,规定旅馆客房、集体宿舍以及公共浴室、更衣室、卫生间等可能泄露他人隐私的场所、部位,禁止安装视频图像采集设备。这种概

---

① 曹静:《公共场所的隐私权保护——以公共场所的视频监控为例》,载《常州工学院学报》2016年第4期。

② 金泽刚:《公共区域摄像头有权照见多远》,载《新京报》2016年11月29日。

括式与禁止式相结合的方式，对于确定公共摄像头的具体安装范围具有重要意义。但问题也随之产生，多少距离才算合理？如果监控安装距离过小，很可能暴露民众隐私，但距离过大，又达不到犯罪防控的效果。笔者认为，物理上的距离并不是绝对化的因素，摄像头采集信息范围大小是否涉及居民隐私才是重点。对监控安装地点和范围的设置，应保证居民的知情权和监督权，应该引入公众决策机制，将公共监控探头的布点规划予以公示征求意见。还应由公安机关及居民代表对摄像头的采集信息范围进行审查，最大程度保护个人隐私。（3）严格规范视频监控资料的使用范围和程序。《公共安全视频图像信息系统管理条例（征求意见稿）》第 21 条规定："行使侦查、检察、审判职权的机关因司法工作需要，公安机关、国家安全机关因行政执法工作需要，或者县级以上人民政府行政主管部门因调查、处置突发事件需要，可以查阅、复制或者调取公共安全视频图像信息系统的基础信息或者采集的视频图像信息，相关单位或者个人应当予以配合。"但工作人员也要严格遵循法律的要求，特别是遵守信息资料使用、保密制度。在必要情况下可以允许社会单位或个人使用监控资料。对于需要调取公共场所监控资料的，应由相关单位或个人提出申请，报公安机关审查，经同意后由专门人员进行调取，并做好登记工作。视频监控在犯罪防控中的应用是一个系统性、深层次，并不断向前发展的问题。面对新的犯罪形势，公安机关要尤其注重"大数据"对视频监控系统带来的机遇与挑战，不断提高视频监控系统的智能化程度。与此同时，也要高度重视隐私权给视频监控带来的影响与约束，在立法机关完善法律法规的同时，积极改进管理方法，更好地发挥视频监控的犯罪防控功能，同时抑制负面效应的产生。

三、信息化治理的顶层制度设计

作为工业革命的制度成果的现代法治，体现了物理时空、以物权为中心、行为中心主义的基本逻辑。信息化治理改变了人类有史以来的时空观念和生活方式，并进行了数字化、智能化重建。它以虚实融合、远程临场、数字可视的方式打破了生产生活的"物理围墙"，"面对面"变成了"屏对屏"，如腾讯会议、微信社交、网络购物、在线庭审等，都突破了"物理围墙"的阻隔。同时，网络化、数字化、智能化技术的交融发展，使人类获得了空前的大数据分析、虚拟现实、算法预测能力，这不仅可以回溯历史、重组时空行为，也可以干预未来，如异步审理中的错时开庭、犯罪预测系统对"可能"风险的处置等，从而实现了对"时空维度"的"穿越"。当信息革命颠覆以往的物理世界之后，万物数字化的方式日渐侵蚀现代法治赖以存在的物质基础，个人隐私、财产所有权和人格尊严等人的基本权利面临着伦理的、法律的多重挑战。

以人工智能为例，作为新一轮科技革命的核心驱动力量，人工智能正在深刻改变世界。控制论之父维纳在他的名著《人有人的用处》中谈到自动化技术和智能机器，得出了一个较为夸张的结论："这些机器的趋势是要在所有层面上取代人类，而非只是用机器能源和力量取代人类的能源和力量。很显然，这种新的取代将对我们的生活产生深远影响。"维纳的这句谶语，在今天未必成为现实，但已经成为诸多文学和影视作品中的题材。《银翼杀手》《机械公敌》《西部世界》等电影以人工智能反抗和超越人类为题材，机器人向乞讨的人类施舍的画作登上《纽约客》杂志 2017 年 10 月 23 日的封面……人们越来越倾向于讨论人工智能究竟在何时会形成属于自己的意识，并超越人类，让人类沦为它们的奴仆。1942 年，美国科幻作家艾萨克·阿西莫夫（Isaac Asimov）提出"机器人三定律"，构想了通过内置的"机器伦理调节器"设定机器人不得危害人类的原则。而今，计算机专家、伦理学家、社会学家、心理学家等正在共同努力，走在实践这一设想的路上。2023 年，包括特斯拉首席执行官马斯克在内的多位全球人工智能顶尖专家签署承诺书，呼吁不要开发"人工智能自主武器"，这已经不是业界第一次警告人工智能的潜在风险了。尽管当前处理单项任务、完成人类指令的"弱人工智能"自主性还很低，但人们却不能因此忽视新技术应用的潜在隐患。

随着人工智能技术的迅猛发展，特别是其在犯罪治理领域的运用，其背后的科学伦理问题愈发显现。例如，AI 决策的行为规则、权利义务等所产生的价值对接及伦理逻辑在与现实生活交合时双方就可能产生矛盾。再如，人工智能技术发展应用造就了 AI 赋能产品和应用的增值，表现出强大的实践能力，这将使得人类很多工作愈发简单化、自动化，这对人类的就业及个人价值、社会价值的实现产生巨大的冲击。针对人工智能的科学伦理问题，欧洲机器人研究网络（EURON）发布了《机器人伦理学路线图》；韩国贸易、工业和能源部颁布了《机器人伦理宪章》；日本组织专家团队起草了《下一代机器人安全问题指引方针》；美国国家科学基金会和美国航天局设立专项基金对"机器人伦理学"进行研究。此外，一些行业组织、公司和企业也在伦理规范方面强化人工智能专家的专业责任。例如日本人工智能学会内部设置了伦理委员会；谷歌公司设立了"人工智能安全伦理委员会"，旨在强调科研人员的社会责任，并对合理研发人工智能提供指导①，其工程师也联名提出要求公司退出军事人工智能的研究工作。2017 年年初，麻省理工学院媒体实验室和哈佛大学伯克曼·克莱因互联网与社会研究中心合作推出了 AI 伦理研究计划，微软、谷歌等巨头也因人工智能的发展风险而成立了 AI 伦理委员会。越来越多的机器人专家呼吁，在机器人和自动化系统上安装"道德黑匣子"以记录机器的决定与行为。放眼未来，人工智能的应用正在模糊虚拟与现实的界限，可能重构人类的生存环境和认知形态，并由此衍生出一系列棘手的伦理、法律和安全难题。正是因此，不久前生效的欧盟《通用数据保护条例》(GDPR)专门规定，人工智能公司必须安排人员审查某些算法决策。

在信息化迈入数字时代后，大数据分析、算法决策几乎无处不在，社会治理更加高效便捷，但一旦出错，带来的不良后果不仅快速显现而且可能难以预估。不仅如此，与历史上其他技术创新相比，人工智能的法律、伦理问题受到如此大的关注，一个重要原因还在于它在理念上有望实现可计算的感知、认知和行为，从而在功能上模拟人的智能和行动，进而使得机器具有

---

① 何哲：《通向人工智能时代——兼论美国人工智能战略方向及对中国人工智能战略的借鉴》，载《电子政务》2016 年第 12 期。

准人格或拟主体的特性。

人类现有的法律规范、概念框架及知识储备，能否应对人工智能发展引发的新问题，是人们不得不正视的挑战。针对人工智能应用的潜在风险，国际社会在标准设计、伦理道德等方面提出了一系列试图控制智能机器系统的方案，逐渐形成一个共识原则：通过算法给智能机器嵌入人类的价值观和行为规范，以此让它们具有和人类一样的同情心、责任感、羞耻心等伦理道德。实际上，近些年我国在发展信息化技术过程中，也高度重视相关法律伦理问题。[1]2017年国务院印发的《新一代人工智能发展规划》中提出，"初步建立人工智能法律法规、伦理规范和政策体系，形成人工智能安全评估和管控能力"。2019年以来，中国又先后发布《新一代人工智能治理原则——发展负责任的人工智能》《全球数据安全倡议》《新一代人工智能伦理规范》等文件，明确了人工智能治理框架和行动指南，逐步建立相关法律法规及行业标准。2021年9月发布的《新一代人工智能伦理规范》强调，将伦理道德融入人工智能全生命周期，促进公平、公正、和谐、安全，避免偏见、歧视、隐私和信息泄露等问题，为从事人工智能相关活动的自然人、法人和其他相关机构等提供了伦理指引。中共中央办公厅、国务院办公厅在2022年3月联合印发《关于加强科技伦理治理的意见》，提出敏捷治理、伦理先行、合理控制风险等治理原则和基本要求。

而从信息化与人工智能的关系来看，人工智能是信息化技术高度发达的产物，是快速信息化的"杰作"，对于社会治理来说，关注典型还要以信息化最基本的要素即信息为基础。所以信息化治理的顶层制度设计要以信息、数据等信息化核心要素的利用、保护为基本内容，形成既有中国特色又具国际视野的社会信息化治理体系，同时规制犯罪治理信息化可能引发的问题。

---

① 《人民日报》发表的代表性观点，如蔡映洁：《人工智能，以法律和伦理为界》，载《人民日报》2017年8月23日，第5版；喻思南：《人工智能：给智能机器嵌入"道德"算法》，载《人民日报》2018年9月3日，第18版；张博岚：《人工智能的司法应用引争议》，载《人民日报》2020年2月25日，第18版；《推动人工智能向善发展才是正道》，载《人民日报》2021年12月15日，第3版。

实践表明,社会治理信息化带来卓越成果的同时,首先冲击的是个人隐私安全隐患,信息技术的普及改变了人类最基础的沟通与交流方式,人工智能技术的落地实施也必须基于海量的数据乃至生成海量的数据,各种新型技术被广泛应用于搜集、整合、分析、利用公民个人或者政府组织的信息数据,隐私权、自由权等重要权利就存在被侵犯的可能,甚至会引发其他违法犯罪行为。以智能安防监控为例,根据不同用途可将视频监控分为三个部分:前端摄像头＋传输＋后端中控系统/云——人工智能技术既可以在前端处理处应用,也可以在后端计算分析处应用。从前、中、后端运行来看,在应用诸如指纹识别、人脸识别、虹膜识别等生物特征识别技术时,都会对个人信息有所留存,其收集、存储的信息数据都会成为社会关注点。受限于移动设备计算,当前主流做法是对人工智能技术进行后端的植入和处理,其信息收集方式固然能在技术上更方便地得以实现,但是聚合化的特点也决定了其终端一旦遭到破坏,数据泄露必将造成巨大的影响。2018 年 5 月 25 日,欧盟出台了《通用数据保护条例》。该条例对没有人为干预并会对数据主体产生重大影响的自动化决策进行了规范,明确了数据主体的权利义务,并且制定了相关的救济措施和惩罚措施,被称为"史上最严数据保护条例"。数据的隐私将成为未来人工智能技术实践应用的红线,在"AI＋犯罪预防"系统中的应用也不例外。

面对日渐羸弱的信息管理与保护机制,《数据安全法》《网络安全法》《电子商务法》《个人信息保护法》等法律法规相继出台,信息化治理的机制设计至此已初具规模。信息化治理的顶层设计必须结合社会发展的现实状况,综合考量在社会治理与信息技术融合发展的过程中存在的问题,给予社会未来发展以广阔空间。

在信息化治理的过程中,随着信息技术的广泛应用,信息安全问题屡屡出现,传统保护捉襟见肘,亟需新的解决方法。如何通过立法来防范信息技术带来的风险,或许会成为未来信息保护领域的长期课题。2021 年 8 月 20 日,十三届全国人大常委会第三十次会议表决通过《个人信息保护法》,吸引了大众视野,对个人信息保护作了较为详细的规定,其以规范个人信息处理活动为核心,旨在解决个人信息被滥用、泄露等侵犯个人隐私权的问题。虽说该法规定详细,但仍有三个方面的内容需要进一步重申。

首先,明确信息技术应用的法律原则。法律原则是指集中反映法的一定内容的法律活动的指导原理和准则,即法所确认的一定社会生活和国家活动的规律性要求。信息化治理过程中需要遵循合法性原则、狭义比例原则和知情同意原则。其一,信息技术应用与社会治理需要遵循合法性原则。信息技术使用者应当根据相关法律的规定,考察针对对象是否符合相关法律和规定所要求的应用条件,即考察其是否属于考察范围以及权限适用对象,且公权力使用者应当根据相关法律法规所要求的法定程序实施符合程序标准的特定行为。其二,应用信息技术必须遵循狭义比例原则,狭义比例原则主要是以"手段—目的"的关联性作为分析工具,来检视限制基本权利的手段与其所追求的目的之间是否相称,有无逾越必要的限度,其表达了一种适度、均衡的理念和思想,反对手段和目的各自所代表的相冲突的法益在效果上显失均衡。①在信息技术的应用中,需要考虑信息技术在何种场景必须应用、基于信息技术获得的利益是否大于对社会造成的危害以及当危害结果不可避免会发生时采取何种措施将危害值降到最低等问题,当前信息技术尚有不成熟之处,在应用过程中存在诸多不确定的风险,在这样的现实之下既要风险防范,又要实现效益获取,以狭义比例原则作为价值指引,显得尤为重要。②其三,信息技术的应用需遵循知情同意原则。"知情同意原则"就是指信息管理者在收集个人信息之时,应当对信息主体就有关个人信息被收集、处理和利用的情况进行充分告知,并征得信息主体明确同意的原则。③该原则要求任何主体在收集、整理、利用信息时需征求信息个体的同意,在

---

① 郑晓剑:《比例原则在现代民法体系中的地位》,载《法律科学(西北政法大学学报)》2017 年第 6 期。

② 夏金莲:《人脸识别技术的应用风险及其法律规制——以〈个人信息保护法〉的制定为契机》,载《西昌学院学报(社会科学版)》2021 年第 1 期。

③ 转引自范海潮、顾理平:《探寻平衡之道:隐私保护中知情同意原则的实践困境与修正》,载《新闻与传播研究》2020 年第 2 期。

必要情况下可以要求需求主体出示书面告知书,且应当以合理的方式通知到位,信息个体的同意也应当以明示的方式作出,以免出现混淆的情况。

其次,正确处理国家与公民在信息化治理中的角色定位。在纷杂的治理场景中,国家与公民分别扮演着不同的角色,承担不同的责任并相互作用、弥补不足。国家在信息收集、整合、利用等方面有所作为,对于改正公民个体决策误差、消除社会歧视具有重要意义。例如在理性当道的社会中,公权力部门主动搜集、整理、公示犯罪信息、信用记录等与社会利益息息相关的数据,可以改变社会对某一群体的刻板印象,起到反统计性歧视的作用。正因权力机关相较公民而言拥有更多获取数据的权限与操作的空间,因此应当在相关法律中明确其职责以及需承担的义务,正如在《个人信息保护法》第 62 条规定,"国家网信部门统筹协调有关部门依据本法推进下列个人信息保护工作:(一)制定个人信息保护具体规则、标准;(二)针对小型个人信息处理者、处理敏感个人信息以及人脸识别、人工智能等新技术、新应用,制定专门的个人信息保护规则、标准",该规定与 2021 年 4 月 26 日发布的《移动互联网应用程序个人信息保护管理暂行规定(征求意见稿)》第 4 条第 1 款对国家网信部门的权限规定在精神上一致,有助于进一步厘清监管部门的职责分工。此举不仅能促使公权力机关明确自己的定位,同时还能阻止无效率的信息传递,帮助公民在社会治理中发挥自身独特作用。

最后,在不同的信息技术应用场景下设置不同的法律规制重心。根据信息技术应用范围的差异可以将其分为基于公共利益的应用与基于个人私益的应用。由于在基于公共利益的应用中,个人利益受限于公共利益,对于信息技术的适用很少会有拒绝的空间,因此对于此类应用主要以事前规制为主,即对于公权力机关或者其他具有权限的社会组织应用信息技术应当进行严格的事前审查,设置严格的事前审批流程制度,未经批准不得使用。与此相对的是,在基于个人私益的应用中,信息个体与公司、企业等私主体之间是一种平等关系,信息个体对于信息技术的应用具有自由选择的权利,在此情况下再设置事前审批显得过于累赘,因此对于该种情况只需进行事后审查即可。当然,事后规制需以健全的法律责任制度作为基础,只有法律明确规定企业组织违反相关法律规定应用人脸识别技术应当承担的法律责任,执法部门才能通过事后追责进行有力监督,也只有这样受害人才可以通过事后的民事诉讼依法维权。①

从目前来看,在发展规划方面,仅有北京、上海、深圳等部分特大城市将人工智能技术的应用列入城市建设规划中,但涉及智慧城市建设的政策法规尚不健全,相关人工智能技术的应用依然存在争议。如果不能及时调整现有政策法规以适应并规范新技术的发展,技术应用可能出现无序状态,反而会增加城市安全风险。健全城市治理安全等级和风险预估机制,就是为了预防人工智能等信息化技术"越界"的风险,要将人工智能的运用以及信息化治理手段可能造成的负面效应和相关隐患遏制在萌芽状态。

四、犯罪治理信息化的刑事立法及司法前瞻

(一) 信息化治理与刑事立法完善

美国未来学家雷·库兹韦尔在其著作《奇点临近》中指出,"技术在赋予我们创造性的同时,也在赋予我们毁灭性""人工智能的短期影响由控制它的人决定,而长期影响则取决于人工智能是否完全为人所控制",这也是知名物理学家霍金给人类留下的警示。我们不必被人工智能的风险所吓倒,但在享受人工智能福利的同时,也需要划好伦理道德、法律规则等红线。在运用人工智能治理犯罪过程中,必须考虑如何避免让人工智能越界成为犯罪的帮凶。

在信息化飞速发展的时代,人们的现实生活场景与网络虚拟空间因信息技术的发展结合得越来越紧密。换言之,现实世界与网络空间的融合度越来越高,信息数据对于人类的意义愈加重要,甚至开始突破虚拟空间的限制,与现实世界产生真切联系,使许多网络虚拟活动逐渐出现客观化的现

---

① 夏金莲:《人脸识别技术的应用风险及其法律规制——以〈个人信息保护法〉的制定为契机》,载《西昌学院学报(社会科学版)》2021年第1期。

象,使其虚拟属性得以改变。然而,在信息化浪潮的冲击下,我国传统刑法对于信息犯罪的应对措施尚不完善,在面对非模拟现实性、强流动性的信息数据时无法及时回应,对于如何通过数据的刑法保护去维护传统法益的安全还有待考究,使得信息时代中的数据安全还面临着不小的威胁。因此,在现行背景下,信息犯罪呈现新的特点,而传统刑法的应用在司法实践中还面临着诸多难题,制定与完善相关规定势在必行。本书在此以个人信息刑法保护的完善以及涉智能网联汽车犯罪的信息化治理为例进行说明。

1. 信息化时代个人信息的刑法保护

随着"大数据分析""人脸识别""云计算"等技术的普及,信息数据以令人惊诧的速度增长。个人信息不仅具有识别特定主体的功能,还具有丰富的经济价值。近期信息犯罪案件数量激增,此类犯罪呈现以下三个方面的特征:

其一,涉案个人信息的数量呈指数化增长且涉案信息更加精细化。信息技术的广泛应用使得公民信息的采集、整合、利用实现了数字化、智能化。相较于传统的作案手法,利用信息技术进行犯罪所获得的数据范围更大,且具有人力成本低、信息处理能力强的特点;信息技术能实现用户数据实时跟踪,相较于传统犯罪所获得的"粗糙"的数据而言,能够更加精准地获得公民信息。例如,在 2018 年 3 月发生的 Facebook 用户信息泄露事件,就是因为黑客在客户端上植入了 AI 赋能的小程序,不仅抓取了用户本人的信息,也抓取了用户好友及双方互动的信息。①

其二,信息犯罪手段多样化且技术含量高。犯罪分子通常以互联网为媒介,利用现代信息技术窃取、倒卖个人信息,并且呈现较高的技术性,与传统的通过信息复制粘贴和拍照等方式盗取信息不同,现在的不法分子通过网络获取公民个人信息往往借助一定的技术手段。②例如在白某等人非法获取公民个人信息罪一案中,行为人通过软件在互联网筛选出钓鱼网站,然

---

① 刘钊、林晞楠、李昂霖:《人工智能在犯罪预防中的应用及前景分析》,载《中国人民公安大学学报(社会科学版)》2018 年第 4 期。

② 郑毓枫:《大数据时代侵犯公民个人信息犯罪研究》,载《广西社会科学》2018 年第 8 期。

后利用技术手段进入该钓鱼网站后台,窃取包括姓名、身份证号码、银行卡账号、银行卡密码、联系方式等公民个人信息,进行筛选、验证、整理,并将符合条件的银行卡信息出卖后获利。经法院审理认为,被告人白某等人利用计算机技术手段,通过互联网窃取他人信用卡信息资料,数量巨大,其行为已构成窃取、收买、非法提供信用卡信息罪,依法应予惩处。[1]

其三,易滋生下游犯罪。在公民信息被窃取、非法使用、售卖之后,往往会引发敲诈勒索、抢劫、强奸、诈骗等一系列犯罪,犯罪人通过已经掌握的被害人个人信息,分析其生活习惯及社会关系,制定周密计划对被害人实施犯罪行为。例如,在郑某等人敲诈勒索罪一案中,行为人所在的恶势力犯罪集团的具体作案模式为通过 QQ 添加中国境内的男性被害人为好友,由被告人郑某等业务员与被害人聊天,引诱被害人同意裸聊,并以安装聊天工具为由诱骗被害人安装"匿名聊天""蜜柚"等应用软件,通过上述软件窃取被害人手机内的通讯录、短信等内容;然后,业务员将 QQ 交给裸聊人,由裸聊人与被害人进行裸聊,诱导被害人露出隐私部位,并对聊天过程进行录像;裸聊完成后,被告人郑某等业务员持裸聊录像和通讯录对被害人进行言语威胁,以不给钱就将录像发给其亲朋好友为要挟,迫使被害人交付财物。经法院审理认为,被告人郑某等人以非法占有为目的,在境外参加"裸聊"敲诈犯罪集团,结伙利用电信网络技术手段,以威胁、恐吓、滋扰等方法,勒索他人财物,数额特别巨大,两名被告人的行为均已构成敲诈勒索罪。[2]因此,信息犯罪所引起的一系列下游犯罪对被害人的人身权利、财产权利带来严重危害。

刑法是预防和打击侵犯公民个人信息犯罪最为严厉的手段,在处理和威慑该类犯罪的场合起到重要作用,但随着信息犯罪案件的日益增加,在司法实践中也面临着不少的难题:首先,犯罪对象界定存疑。侵犯公民个人信息犯罪的对象是公民个人信息,而目前我国学界以及实务界虽然都尝试对"公民个人信息"内涵及范围进行界定与识别,形成了不同的观点,但始终未

---

① 参见(2016)渝 0103 刑初 42 号刑事判决书。
② 参见(2020)浙 0304 刑初 817 号刑事判决书。

能完全达成共识。"当前,个人信息概念面临着识别标准难以认定、风险等级难以界分等不确定性困境,其问题症结主要在于技术驱动和认知迭代对个人信息范围的持续拓展。"①一般认为,公民个人信息的构成要素分为实质要素和形式要素。前者指个人信息可以直接或间接识别到本人,后者指个人信息必须得以固定和可以处理。②2017年《关于办理侵犯公民个人信息刑事案件适用法律若干问题的解释》第 1 条中对"公民个人信息"种类进行了列举,最后用抽象概念进行兜底,即表明其具有多种形式,包括电子方式等。此举在一定程度上方便了司法实践的适用,但是不加区分地将一些抽象化、概念化的个人信息定义为"公民个人信息"或许会造成对于此类犯罪打击面过于宽泛的问题。其次,客观行为方式规定单一。我国刑法对于信息犯罪的客观行为方式仅规定有"出售、非法提供和非法获取个人信息",但是随着信息技术的广泛应用,这样单一的规定方式已经不能满足现实需求,信息的非法窃取和非法获取会自然发展为非法利用,刑法应将非法利用也纳入侵犯公民个人信息罪的客观行为中。尽管从日常用语习惯来看,提供、出售他人个人信息的行为就是利用行为,但刑法的严密性使其用语与日常用语有所区别,非法利用行为是针对个体的直接侵害,而非法出售和非法提供个人信息的行为则可能是成批量地处理数据信息的行为。③最后,缺少过失犯罪规定。刑法作为社会治理的最后手段,应秉持其谦抑性,我国刑法对新型犯罪立法一向呈谨慎态度,但犯罪化并不意味着刑事法制的严苛,也并不意味着一切新兴事物和产业均应由刑法规制。④就信息犯罪而言,随着信息技术与社会治理的深入融合,在传统数据时代,个人信息泄露的危害或许不及生命健康被侵害的危害大,但大数据时代使得个人信息的价值被最大

---

① 韩新远:《论个人信息概念的不确定性及其理论应对》,载《西华大学学报(哲学社会科学版)》2023 年第 3 期。

② 参见齐爱民:《个人信息保护法研究》,载《河北法学》2008 年第 4 期。

③ 刘梦觉:《大数据时代如何规避侵害个人信息犯罪》,载《人民论坛》2018 年第 14 期。

④ 张明诚、吴勃:《交通事故中自动驾驶汽车制造商刑事责任再审视——以增设产品过失犯罪为切入》,载《东北农业大学学报(社会科学版)》2020 年第 1 期。

化挖掘,其所造成的危害也更加严重①,因此,有必要在刑法中增设过失犯罪去规制该类信息犯罪行为。

2. 涉智能网联汽车犯罪的信息化治理

在人工智能时代,智能网联汽车的研发与应用是革新汽车技术、提升产业水平的必经之路。2021 年 7 月,工业和信息化部、公安部、交通运输部印发《智能网联汽车道路测试与示范应用管理规范(试行)》,规范智能网联汽车道路测试与示范应用,上海、北京、武汉、深圳等地相继开展智能网联汽车自动驾驶功能示范应用。发展智能网联汽车技术既是机遇,也是挑战。机遇在于智能网联汽车能够大大改善人们传统的驾驶方式,提升驾驶的舒适度甚至安全性,同时对于汽车产业的革新将产生巨大推动力。挑战在于智能网联汽车作为人工智能时代下的一个全新的产物,其融合了电子控制、人工智能、互联网、通信等多项技术,因而将带来很多在传统驾驶时代根本不可能出现的新风险。其中,尤以刑事风险的出现和存在需要引起我们高度重视。智能网联汽车技术的刑事风险之"内忧"主要体现在现阶段智能网联汽车技术尚未完全成熟,在研发过程中可能出现设计上的漏洞,在生产过程中可能发生产品质量不过关等智能网联汽车自身程序设置瑕疵所导致的问题。②近年来出现的上海车展女子"站车顶维权"事件就是因产品质量产生的争议案例。③尽管经有关部门督促监管后,特斯拉公司发文道歉,并提供事发前半小时的车辆"原始数据",但围绕数据问题又引发新一轮纷争。2021 年 4 月 22 日,特斯拉公司表示其已将事故前半小时的行车数据提供给车主和市场监督管理局。同时,特斯拉向媒体透露了有关刹车事故前一分

① 刘梦觉:《大数据时代如何规避侵害个人信息犯罪》,载《人民论坛》2018 年第 14 期。

② 参见刘宪权:《涉智能网联汽车犯罪的刑法理论与适用》,载《东方法学》2022 年第 1 期。

③ 2021 年 4 月 19 日上海国际车展媒体日首日,一女子站在车顶上维权,高喊"特斯拉刹车失灵",引发舆论关注。随后,该女子被带走。特斯拉通过官方微博发表声明称,当事人为 2021 年 2 月发生的河南安阳超速违章事故车主。她曾因超速违章发生碰撞事故,而后以产品质量为由坚持要求退车,2021 年 3 月曾在河南郑州特斯拉体验中心郑州福塔店进行维权。在 2021 年 4 月 17 日,该车主在自己微博上展示了自己的"事故车辆",4 月 19 日出现在上海车展现场。

钟的行车数据。

在驾驶员最后一次踩下制动踏板时,数据显示,车辆时速为118.5千米每小时。在驾驶员踩下制动踏板后的2.7秒内,最大制动主缸压力仅为45.9巴,之后驾驶员加大踩下制动踏板的幅度,制动主缸压力达到了92.7巴,紧接着前撞预警及自动紧急制动功能启动(最大制动主缸压力达到了140.7巴)并发挥了作用,减轻了碰撞的幅度,ABS作用之后的1.8秒,系统记录了碰撞的发生。驾驶员踩下制动踏板后,车速持续降低,发生碰撞前,车速降低至48.5千米每小时。

综上所述,车辆以较高速度行驶,驾驶员开始踩下制动踏板力度较轻,之后,自动紧急制动功能启动并发挥了作用,提升了制动力并减轻了碰撞的冲击力,制动系统均正常介入工作并降低了车速。另外,关于事故发生前30分钟车辆的状况,特斯拉方面的叙述是在车辆发生事故前的30分钟内,驾驶员正常驾驶车辆,有超过40次踩下制动踏板的记录,同时车辆有多次超过100千米每小时和多次刹停的情况发生。与此同时,由于维权客户的电话一直未接通,特斯拉有关人士表示已经将数据以邮件的方式发给客户买车时填写的邮箱。而在维权的张女士还在拘留所羁押的情况下,其丈夫李先生对特斯拉的做法并不认可。李先生表示,在特斯拉将车辆发生事故前一分钟的数据公布于众前,并未与张女士的家属取得联系。郑州市郑东新区市场监督管理局相关负责人只是告诉李先生已经责令特斯拉向车主提供数据,并未提及要将行车数据通过媒体发布。所以,李先生首先对特斯拉出示的行车数据表示不认可,同时,他认为,行车数据属于个人财产及个人隐私,而特斯拉未经车主允许,擅自将信息公布给媒体及大众,他无法接受。下一步,李先生将会向郑州市市场监督管理局进行投诉,同时要求特斯拉公开道歉,并将行车数据撤销。2021年4月25日,走出了看守所的张女士在接受媒体采访时,提出了五点质疑,除了质疑是否同意第三方检测、是否提出过赔偿之外,重点谈到了特斯拉提供的车辆数据,包括重大隐瞒、严重不合理和数据不充分三个方面。她认为特斯拉有必要给车主解释数据的出处,以及筛选原则。而且,在事故当天是否超速这一问题上,张女士说,自己和家人在事故后在该路段做过多次实验。同时也希望特斯拉可以用店内的试驾车辆到事故现场做一次数据还原,"当天回程正赶上高峰期,那个路段两个红绿灯仅相隔 500 米,怎会开到 118 千米每小时?"这样一来,这起因车辆事故引发的消费者纠纷越来越偏向了高科技之辩,车主认为车辆刹车失灵是车辆本身存在问题,而特斯拉公司作为车辆的生产商则要证明自己的车辆没有问题。

应该说,特斯拉维权事件只是智能汽车发展可能带来的法律风险的缩影,毫无疑问,科技发展给人类带来了更加美好的生活,但也会引发新的问题。传统汽油车中不会产生争议的行车数据问题,在科技赋能的特斯拉汽车中引发巨大争议。而此时此刻,法律在哪里,或者法律应站在何处?现代社会往往技术先行,法律容易滞后,新兴事物怎么处理极大地考验着监管者的智慧。刑法作为最后的保障法,理应对此类社会及早关注、及时预防。智能汽车作为人工智能产品的类型之一,考虑到其智能性与自动化,使用者在使用人工智能产品的过程中对人工智能产品作用发挥的影响力相较普通产品而言明显减弱,而生产者生产人工智能产品时所设计的程序系统对人工智能产品作用发挥的影响力明显增强,因此,法律赋予人工智能产品生产者与使用者的注意义务大小也应有所调整,也即与普通产品的生产者与使用者所承担的注意义务相比,人工智能产品的生产者理应承担更多的注意义务,人工智能产品的使用者则应承担更少(甚至不承担)的注意义务。[1]涉嫌犯罪时,就人工智能产品生产者主观罪过的认定而言,研发者设计以实施犯罪行为为主要目的的智能机器人时,对于智能机器人造成的一切严重危害社会的结果,研发者的主观罪过应被认定为直接故意。研发者设计以实施非犯罪行为为主要目的的智能机器人时,对于智能机器人造成的严重危害社会的结果,若研发者违反了注意义务且有刑法明文规定时,其主观罪过应

---

[1] 参见刘宪权:《涉人工智能产品犯罪刑事责任的归属与性质认定》,载《华东政法大学学报》2021 年第 1 期。

被认定为犯罪过失。应根据智能机器人的"智能"程度分"直接过失""管理过失""监督过失"三种类型来确定研发者犯罪过失的认定标准。①如果现有罪名无法将行为涵括在内时,也可通过修正案的方式增设相关罪名。

(二) 信息化治理与刑事司法应对②

1. 警务自动化

通过计算机统计学,或比较统计学来预测未来犯罪高发或"热点"的地理空间模型③,已发展成为利用地理信息系统(GIS)绘制犯罪地图管理警务的一个范例。这被认为是减少犯罪、提高生活质量、管理人员和资源的一种多层动态方法,而不仅是一个计算机程序。这个构想不仅能在地图上直观地"看到犯罪",更是发展了一种全面的管理方法或一种警察管理理念。作为一种"人力资源管理工具",它涉及"官员们每周开会审查最近的指标(犯罪报告、传票和其他数据),并讨论如何改善这些数字"。④与算法预测软件相比,Compstat系统的校准频率较低。一名美国圣克鲁斯的警官反映,"我正在看上周的地图,而前提就是下周的地图跟上周的地图一样"⑤,Compstat更依赖于人类来识别模式。尽管如此,它首次纳入了观察犯罪如何演变的想法,并侧重于"表象"而非犯罪的原因。有学者对这样的预测分析评论道,"我们通常不知道因果关系,我们也不必关心……更多的是为了预测而不是了解世界……它只需运行,预测胜过解释"。⑥与人工智能分析

---

① 参见刘宪权:《涉人工智能犯罪中研发者主观罪过的认定》,载《比较法研究》2019年第4期。

② 此部分内容可参见[斯洛文尼亚]阿列什·扎夫什尼克:《刑事司法、人工智能系统和人权》,金泽刚、赵增田译,载江溯主编:《刑事法评论(第45卷)》,北京大学出版社2021年版,第204—218页。

③ See E.R. Groff & N.G. La Vigne, Forecasting the Future of Predictive Crime Mapping, 13 Crime Prevention Studies 29(2002).

④ John E. Eck & Spencer Chainey et al., Mapping Crime: Understanding Hot Spots, U.S. Department of Justice, Office of Justice Programs, National Institute of Justice(2005), http://discovery.ucl.ac.uk/11291/1/11291.pdf.

⑤ E. Goode, Data-Crunching Program Guides Santa Cruz Police Before a Crime, The New York Times(2011).

⑥ E. Siegel, Predictive Analytics: The Power to Predict Who Will Click, Buy, Lie, or Die, Wiley, 2013, p.90.

相比,它的限度在于信息的深度和相关分析的广度。数据量并不是问题,因为当局每天都会收集大量的数据。相反,下一个挑战是从收集到的数据中提取与操作相关的知识的能力。"犯罪预测地图标注"的计算方法于十几年前开始进入犯罪控制领域。①预测性"大数据"警务工具又向前迈进了一步。首先,人工智能的进步预示着其能理解大量的数据,并从分散的数据集中提取相关信息。其次,它们代表了从决策支持系统到主要决策者的转变。最后,它们的目标是整个社会的管理,而不仅是打击犯罪。警方正在利用 AI 工具深入调查尚未着手实施犯罪的准备阶段,并对已经发生的犯罪进行详细审查。关于事前预防措施,自动化工具能从大量的数据中挖掘出尚未实施犯罪的密谋者。关于自动化工具的事后使用,在打击人口贩卖方面有许多成功的案例。在欧洲,国际刑警使用国际儿童性剥削图像数据库(ICSE DB)以打击儿童性虐待。该数据库可以通过分析家具和其他在虐待情境图片中的普通物品(如地毯、窗帘、家具和房间的装饰品)或者视频中可识别的背景噪声,来帮助识别受害者和犯罪者的位置。利用聊天机器人扮演真人是打击性调教和网络视频"性旅游"的另一个进展。在欧洲,荷兰儿童权利组织"Terre des Hommes"是第一个通过使用名为"甜心"的虚拟人物来打击网络视频儿童"性旅游"的非政府组织。"甜心"的外貌被设置为一个 10 岁的菲律宾女孩,其由该组织的一名探员操作,在聊天室和在线论坛上识别性犯罪者。此外,"Terre des Hommes"已经开始设计一种人工智能系统,无须人为干预就能刻画和扮演"甜心"的角色,以便识别惯犯并阻止初犯者。

2. 智慧司法与刑事法庭自动化

刑事司法显然没有落后信息化进步的步伐。20 世纪 80 年代就有学者开始探讨电脑量刑系统。赵廷光是最早进行规范化量刑探索的代表性人物。1988 年赵廷光开始思考如何将量刑与计算机结合起来。经过两年努

---

① J. Saunders, P. Hunt & J.S. Hollywood, Predictions Put into Practice: A Quasi-Experimental Evaluation of Chicago's Predictive Policing Pilot, 12 Journal of Expermental Criminology 347, 347—371(2016).

力,一套名为《中国刑法专家系统》的软件问世。1993 年赵廷光开发了真正运用于刑事审判的《实用刑法专家系统》,这套系统被一百多家法院、检察院和律师事务所使用过。1997 年刑法颁布后的近十年,赵老师一直把研究重点放在《辅助量刑系统》上。①随着信息化技术发展,数据信息成为至关重要的治理资源。特别是人工智能的应用,"电脑量刑系统"逐步迈入"智能辅助办案系统"新阶段。2017 年 5 月,全国首个"刑事案件智能辅助办案系统"在上海诞生,这个系统以大数据、云计算和人工智能为技术内核,在对上海几万份刑事案件的卷宗、文书数据进行学习后,已具备初步的证据信息抓取、校验和逻辑分析能力,四年后研发成功,成为国内外该领域的"领跑者"。该系统首创最全的证据标准、证据规则和办案指引体系;首创证据校验、审校系统;首创智能辅助审讯系统;首创智能辅助庭审系统;首创电子签章捺印系统;首创网上换押一体化平台;全国首次实现公检法司刑事办案信息数据的互联互通,一网运行;全国首次建成从打击犯罪到司法审判,再到改造犯罪的 AI 辅助办案工作链接。其全面构建了我国刑法确立的罪名在办案中常见的 102 类刑案的证据标准、证据规则体系,通过统一格式和统一标准,实现公检法司各办案系统之间的互联互通,这些都具有划时代的意义。②2017 年 2 月,笔者还应邀就该系统中的"刑事证据统一适用标准体系建设"问题发表了专门意见。

---

① 参见《武大教授开发"电脑量刑"软件　试揭法官量刑暗箱》,中国新闻网,https://www.chinanews.com.cn/gn/news/2007/10-08/1043341.shtml,2007 年 10 月 8 日。

② 该系统因中央政法委将"推进以审判为中心的诉讼制度改革软件"研发任务交给上海的时间节点为 2017 年 2 月 6 日而得名"206"系统。2016 年 10 月 11 日,《关于推进以审判为中心的刑事诉讼制度改革的意见》正式发布实施。中央政法委为使这项改革落地生效,有效防范冤假错案,作出了研发相配套软件的决定,并把这项任务交给了上海。如今,上海利用"206"系统办理刑事案件已成常态。截至 2020 年年底,公安机关累计录入案件 11 万余件,检察院批准逮捕 5.19 万余件,检察院审查起诉 6.04 万余件,法院收案 5.2 万余件、审结 4.69 万余件。另有数据显示,刑案办理质量大幅提升,办案瑕疵率几近为零。截至目前,全国已有多个省市均开展"206"系统应用的试点工作。随着其推广应用力度的加大和研发工作的持续深入,"206"系统的智能程度必将越来越高,学习能力越来越强、互联互通越来越畅、融合度越来越深、体验感越来越好。参见《AI 辅助办案防范冤假错案成常态　上海研发推广"206"系统走出四年"天路"》,中国长安网,http://www.chinapeace.gov.cn/chinapeace/c100007/2021-02/05/content_12447557.shtml,2021 年 2 月 5 日。

智能辅助办案系统是社会信息化建设在司法领域的突出表现,是智慧司法的重要组成部分,也是司法信息化建设的重要成果。2016 年 1 月 29 日,时任最高人民法院院长周强主持信息化建设工作会议,首次提出建设立足于时代发展前沿的"智慧法院"。2017 年 6 月 8 日,周强在"中国—东盟大法官论坛"上明确了"智慧法院"的概念:"智慧法院"是依托现代人工智能,围绕司法为民、公正司法,坚持司法规律、体制改革与技术变革相融合,以高度信息化方式支持司法审判、诉讼服务和司法管理,实现全业务网上办理、全流程依法公开、全方位智能服务的人民法院组织、建设、运行和管理形态。"运用大数据联网使得法官确认信息、审核材料更加方便。法院内网的连接,能更好地促进法院之间的沟通。"[1]2022 年 4 月 19 日,中央全面深化改革委员会第二十五次会议审议通过了《关于加强数字政府建设的指导意见》。习近平总书记在会上提出"以数字化改革助力政府职能转变"的重要论述,为纵深推进数字化改革提供了根本遵循。2022 年 5 月 26 日,由中国最高人民法院主办、浙江省高级人民法院承办的数字经济法治论坛开幕,周强致辞表示,"深化数字法治国际交流合作,为完善全球数字治理体系贡献智慧和力量"。最高人民法院副院长杨临萍指出,中国法院坚决贯彻落实习近平法治思想和习近平总书记关于网络强国的重要思想,大力推动数字科技与司法工作深度融合,全面深化智慧法院建设,不断完善互联网司法模式,全面推进审判体系和审判能力现代化。杨临萍表示,中国法院已经建成支持全国四级法院"全业务网上办理、全流程依法公开、全方位智能服务"的智慧法院信息系统,司法质效显著提升,为信息时代的世界法治文明提供了中国方案。具体的经验做法有四个方面:一是广泛运用互联网技术,建设一站式多元纠纷解决和诉讼服务体系,深化司法公开,重塑互联网时代司法服务模式。二是积极运用人工智能、区块链技术,提升审判执行工作质效。三是深度应用司法大数据技术,有效服务司法管理和社会治理。四是建设云

---

① 黄姿:《人工智能时代的智慧法庭建设》,载《西部学刊》2020 年第 6 期。

网一体的信息基础设施,确保智慧法院在运行过程中的网络安全、数据安全和个人信息安全。①

在检察机关方面,2017 年最高检印发了《检察大数据行动指南(2017—2020 年)》,到 2018 年 1 月,最高检又明确提出智慧检务建设的重大战略,印发《最高人民检察院关于深化智慧检务建设的意见》,该意见指出,深化智慧检务的建设目标是加强智慧检务理论体系、规划体系、应用体系"三大体系"建设,形成"全业务智慧办案、全要素智慧管理、全方位智慧服务、全领域智慧支撑"的智慧检务总体架构。到 2020 年底,充分运用新一代信息技术,推进检察工作由信息化向智能化跃升,研发智慧检务的重点应用;到 2025 年底,全面实现智慧检务的发展目标,以机器换人力,以智能增效能,打造新型检察工作方式和管理方式。围绕法律监督职能,检察机关强调牢固树立大数据思维,增强运用大数据的意识,运用数字技术推进跨部门大数据协调办案,从制度层面深入探索"法律监督模式系统性变革"这一重大命题。要以核心业务数字化为重点,统筹运用数字化技术、数字化思维、数字化认知,通过加快建设重点场景应用,推进检察监督机制转变、制度重塑、流程再造,通过数字赋能转变监督办案模式,从整体上推动检察工作全方位变革。②

在地方实践方面,依照最高检的建设性意见,上海等地迅速行动起来,积极顺应办案信息化的发展趋势。上海铁路运输检察院采用全流程视频监控与案件信息化管理系统,在信息化指挥中心,检察官现场操作该院刑事案件智能量刑辅助系统、司法办案区智能人像平台、检察官网络在线接待平台,以及移动手机端交互平台。上海铁路运输检察院贯彻"智慧检务"建设要求,推动信息化平台、大数据、人工智能和检察工作深度融合,建设了六大系统和两大平台,并积极在卷宗智能流转、智能量刑辅助、检法"零距离"协同、人像识别等方面进行创新探索。上海市徐汇区人民检察院研发了"远程

① 《深化数字技术与法院工作融合 推进审判体系和审判能力现代化》,中国法院网,https://www.chinacourt.org/article/detail/2022/05/id/6708132.shtml,2022 年 5 月 27 日。

② 贾宇:《"数字检察"助力治理现代化》,载《人民日报》2021 年 9 月 10 日,第 7 版。

提讯 1.0 系统"，该系统在 2020 年新冠肺炎疫情发生后，进一步升级为"远程提讯 2.0 系统"，通过运用智能化手段，在线上进行笔录制作，被讯（询）问人签名、捺印等工作，保证了诉讼程序的顺利进行。在疫情防控期间，徐汇区人民检察院实现了远程提讯系统 100％全域覆盖，"远程提讯"已经成为该院常态化办案模式。[①]2022 年徐汇区人民检察院与上海市人民检察院联合申办的《远程提讯 2.0 系统》v1.1.2 著作权取得了中华人民共和国国家版权局计算机软件著作权登记证书。2021 年 12 月，湖北省检察院构建的政务数据云监督平台，从行政执法部门共享的 103 万条信息中推送了一条线索：犯罪嫌疑人余某亮在长江非法采砂，涉嫌非法采矿罪。该院迅速督促将案件移送公安机关立案侦查，发现了以余某松、余某亮为首的犯罪团伙多次在长江相关江段"采、运、销"涉砂作案。如今，数字检察不单是手段的革新、工具的升级，更是在整体上推进"数字赋能监督，监督促进治理"的法律监督模式重构变革。在浙江省检察院大数据中心，立足大数据法律监督平台的数据中心、建模中心和场景中心可以推进监督模型的"一地突破、全域共享"。有了这样的大数据检务平台，检察官不再局限于个案审查、卷宗审查、人工审查，通过数字赋能最大程度激发了"数据"对检察办案的积极作用。"数字检察"已成为超越"智慧检务"的高频词，这也意味着检察机关在犯罪治理信息化领域实现了新的飞跃。

在法院系统运用方面，对于刑事案件的审理，除了使用智能辅助办案系统外，网络视频远程审理是"互联网＋司法"的另一种表现形式，前者侧重实体，后者侧重程序。2012 年最高法通过的《关于适用〈中华人民共和国刑事诉讼法〉的解释》第 544 条规定："人民法院讯问被告人，宣告判决，审理减刑、假释案件，根据案件情况，可以采取视频方式进行。"由此，网络视频远程审理成为与被告人到庭审理具有相同地位的法定审理方式。2022 年 2 月

---

① "远程提讯 2.0 系统"的特点：系统自带文档编辑软件；实时语音转写；导入讯问笔录模板；格式性问答一键录入；以实时投屏的方式向被讯（询）问人展示检察官修改笔录全过程；配备电子签名捺印技术；全程录音录像留痕；全程可视监管。

最高法出台的《人民法院在线运行规则》第 1 条规定，人民法院可以运用互联网、大数据、人工智能和区块链等信息技术，高效支持审判执行活动。2022 年 3 月 1 日最高法印发的《人民法院在线运行规则》正式施行。该规则是继《人民法院在线诉讼规则》《人民法院在线调解规则》之后，最高人民法院出台的又一份重要文件，在世界范围内构建起全方位、系统化的互联网司法规则体系。刑事案件网络视频远程审理是时代发展的必然，也是新时代法律变革的要求。而这种由新兴规则体系构建的法律变革最终还是要正确处理效率与公正的辩证关系，不能以牺牲被告人诉讼权利为代价。

在国外，利用高科技助力审判工作也有多年的历史，还有法庭使用 AI 系统来评估罪犯的再犯可能性、待审的犯罪嫌疑人逃跑的可能性或者被告人保释和假释的可行性。可以说，国外利用人工智能辅助司法工作已进入更加细密和深入的阶段。

关于庭审信息化被分析和讨论最多的例子还是来自美国，美国也是目前使用这类软件最多的国家。[1]阿诺德基金会算法（The Arnold Foundation Algorithm）已经推广到美国 21 个司法辖区，该算法利用 150 万起刑事案件预测被告人在审前阶段的行为。佛罗里达州使用机器学习算法设定保释金额。[2]一项对 136 万例审前羁押案件的研究表明，电脑甚至比法官更能预测犯罪嫌疑人是否会逃跑或再次犯罪。[3]尽管这些数据似乎很有说服力，但我们更需要考虑到，这些决策实际上可能没那么公正。在每个特定的案例中，总是会有一些额外的事实，它们可能是独一无二的，并且在该研究算法设定的大约 40 个参数之外，而这些事实在很大程度上决定了审议的结果。因

---

①　See S. Dewan, Judges Replacing Conjecture with Formula for Bail, The New York Times (2015).

②　See L. Eckhouse, Big Data May Be Reinforcing Racial Bias in the Criminal Justice System, Washington Post(2017).

③　See Jon Kleinberg & Himabindu Lakkaraju et al., Human Decisions and Machine Predictions, 133 The Quarterly Journal of Economics 237, 237—293(2018). More on positive uses: Cass R. Sunstein, Algorithms, Correcting Biases(December 12, 2018), Forthcoming, Social Research, https://ssrn.com/abstract = 3300171.

此,就不可避免地需要对其进行无限地改进。此外,还需要考虑选择性标记的问题,我们只看到子群体的分析结果,即只包括被释放的人,我们所看到的数据来自送交审前羁押的裁决,法官可能具有比算法关注的变量更广泛的偏好。最后,还存在这样的问题:我们希望通过人工智能系统实现什么?我们想"优化"什么? 减少犯罪是一个重要的目标,但不是刑事司法的唯一目标,程序的公平性也同样重要。一些欧洲国家(比如格鲁吉亚、波兰、塞尔维亚、斯洛伐克等)正将自动决策系统广泛用于司法行政管理,尤其是用于法官的案件分配,或者是将案件分配给其他公职官员,如塞尔维亚法院系统自 2018 年起正式采用自动化、随机分配案件的机制。这一机制旨在提高司法效率和公平性。[①]然而,尽管是间接自动化决策系统,但它们仍然可能严重影响当事人获得公正审判的权利。一项名为"Algorithms——State of Play"的研究表明,这四个使用自动决策系统进行案件分配的国家都不允许外部访问其算法或源代码。由于自动决策系统缺乏基本的透明度,因此无法对其进行独立的监督和审核,主要的顾虑在于无法确定这些系统实际的随机性,以及它们是否允许修补。更令人担忧的是,用于法庭管理的自动决策系统甚至对法官本身也是不透明的。另外还有一些其他涉及法庭裁判的进展,在爱沙尼亚,司法部资助了一个设计机器人法官的团队,机器人法官可以裁判 7 000 欧元以下的小额索赔纠纷。[②]理论上,双方当事人上传文件和其他相关信息之后,人工智能将作出一个可向人类法官提出上诉的裁决。从原来的法官裁判发展到由法官与机器人共同裁判,至少在人人平等的意义上能够让当事人感受到公正性。

3. 监狱自动化

同样地,在信息化时代,新的技术工具将以多种方式运用于定罪后阶段。在监狱中,人工智能越来越多地用于安保自动化以及囚犯的改造工作。

---

① The World Bank: 2021 Serbian Judicial Functional Review.

② See E. Niiler, Can AI Be a Fair Judge in Court? Estonia Thinks so, Wired(2019), https://www.wired.com/story/can-ai-be-fair-judge-court-estonia-thinks-so/amp?twitter_impression = true.

据报道,中国一所监狱正在安装人工智能系统。该系统能够全天候识别和跟踪每一个囚犯,如果发现不合常理的地方,就会提醒狱警。①这些系统还被用来查明通过治疗可以矫正的罪犯的犯因性需求,并监测量刑程序中的干预措施。②在芬兰的监狱,对囚犯的培训包括人工智能算法培训。③犯人对用户调查中的简单问题进行分类和回答,例如,审查从社交媒体和互联网上收集的内容。这项工作既使组织监狱工作的 Vainu 公司从中受益,同时也帮助囚犯学习了与工作相关的新技能,促进他们在服刑后成功回归社会。同样,在英格兰和威尔士,作为 120 万英镑一揽子计划的一部分,政府宣布为囚犯提供新的编码培训的资金,以帮助被压制的群体从事这类工作。④一些学者甚至在讨论使用人工智能来解决美国的单独监禁危机,方法是雇用类似于亚马逊 Alexa 的智能助手作为囚犯的一种"监禁同伴"。虽然"同伴"可能会减轻一些囚犯的心理压力,但对单独监禁问题"表面"的关注掩盖了关于这种监禁加重伤害的争论,从而在实际上有助于单独监禁刑事政策的合法化。将犯罪人关进监狱可以说是最特殊的犯罪治理了,而且是预防再犯意义上的犯罪治理,因而,监狱的治理更在于改造确定的犯罪人(可能变好),而容易忽略犯罪人的权利,忽视法律的界限。试想,由于监狱处于封锁状态,如果在监狱中都是机器人与犯罪人对话,对于犯罪人会是一种什么感受?看起来有利于秩序维护和管理,更容易完成监管任务,但犯罪人在这种监狱改造的效果恐怕是值得怀疑的。

---

① See S. Yan, Chinese High—Security Jail Puts AI Monitors in Every Cell "to Make Prison Breaks Impossible", The Telegraph(2019), https://www.telegraph.co.uk/news/2019/04/01/chinese-prison-rolls-facial-recognition-sensors-track-inmates/.

② See D.L. Kehl & S.A. Kessler, Algorithms in the Criminal Justice System: Assessing the Use of Risk Assessments in Sentencing(2017), https://www.dash.harvard.edu/handle/1/33746041.

③ See A. Newcomb, Finland is Using Inmates to Help a Start—Up Train Its Artificial Intelligence Algorithms(2019), http://fortune.com/2019/03/28/finland-prison-inmates-train-ai-artificial-intelligence-algorithms-vainu.

④ See A. Mari, DCMS announces new funding for prison coding skills. Computer Weekly(15 March 2019), https://prisonstudies.us14.listmanage.com/track/click?u = cb51806b184b825cd5f587a8a&id = da236c42f8&e = 134997c2cd.

第五章　特大城市犯罪治理之信息化预测

近些年来,特大城市的发展也催生了公共安全与犯罪问题,比如,交通安全领域的犯罪难以处理,重大矿难与工程安全事故时有发生,贪财类犯罪数量依旧居高不下,职务犯罪在持续增多①。而且,犯罪与新兴技术相结合,类似电信网络诈骗类犯罪、危害信息安全类犯罪等呈明显增多之势。回顾特大城市犯罪治理的历程,从"犯罪控制"走向"犯罪治理"②,惩罚和预防犯罪呼唤"本体、过程与效果"等范畴③的革新。事实证明,犯罪治理不能总是随着犯罪变化,而是要力争将防线前移预防犯罪,早防早打早治。如今,在某种意义上,信息网络技术刺激了新型信息、网络犯罪的出现,也使传统犯罪向信息化"转型",但信息化也使预测犯罪成为可能。因为在信息化条件下,犯罪预测比传统预测更具效率,犯罪的信息化转型也需要信息化预测去解决。可以说,犯罪治理信息化对犯罪预测提出了更高的期待。

一、信息化条件下犯罪预测的意蕴

相较传统犯罪预测的"人工主义""经验主义",信息化犯罪预测更能挖

---

① 丛梅:《新时期我国城市犯罪若干热点问题分析》,载《河南警察学院学报》2019 年第 5 期。

② 师索:《犯罪治理:一种基础理论的解构》,载《中国刑事法杂志》2014 年第 5 期。

③ 卢建平、姜瀛:《论犯罪治理的理念革新》,载《中南大学学报(社会科学版)》2015 年第 1 期。

掘容易被人忽略的细节，实现精准、智能评估，这对犯罪预测的界定也将产生深远影响。

（一）犯罪预测的界定

犯罪是一种复杂的社会现象，是多种因素交互影响产生的结果。犯罪曾被视为不具有可预测性的随机行为，但实际上事物在长期的演变过程中，有些特征常常表现为一种固定的模式，同样犯罪分子也在长期"传承"中形成了一定的活动规律。[①]犯罪是一种社会运动，不同于自然运动具有绝对规律性，其规律具有复杂性，但不可否认的是，犯罪规律仍然是客观存在的，也是可能被认识的。比利时统计学家 Quetelet 曾通过统计分析发现，在一定的社会中，犯罪具有相对的稳定性，犯罪率以及犯罪形势则具有相对固定的反复规律。[②]也就是说，当与犯罪相关的各种因素处于某种稳定状态时，一定区域内犯罪现象的发展变化具有可认识的相对固定规律，犯罪具有可预测性。基于此，不同国家的学者相继对犯罪预测进行了不同程度的研究。虽然这样的预测是困难的，但不意味着不可能作出。犯罪预测作为犯罪预防的基础，其实质是对案件发生规律的描述和展示。犯罪预测作为犯罪学的重点研究领域，必须建立在对犯罪规律、因果性等进行深刻认识的基础上。

犯罪预测的基本内涵是通过运用一定的技术方法，结合现有的与犯罪相关的数据、资料等，研究犯罪的现状，探究犯罪规律，以推测未来整体的犯罪态势及个体犯罪风险，并进行犯罪预警的过程，即从犯罪发生后的打击转变为在犯罪发生前对潜在犯罪进行预判和治理。犯罪预测需要将一系列已经发生的犯罪作为材料。在传统犯罪预测阶段，犯罪预测只能依靠小规模数据，以及人工、启发式探索或简单的数学计算作出预测判断。因为数据较少，复杂程度也较低，此时的犯罪预测是低成本的，多局限于较小辖区范围

---

① 孙海哲、魏毅、胡家豪：《火车站潜在犯罪嫌疑人知觉预判的探索研究——以南京火车站为例》，载《北京警察学院学报》2014 年第 4 期。

② 张筱薇：《比较外国犯罪学》，百家出版社 1996 年版，第 95 页。

内。现代社会中各种数据数量呈几何倍数增长，犯罪预测分析开始借助计算机硬件设备和复杂的数据分析系统，使得在犯罪行为发生之前发现犯罪成为可能。计算机基本能力包括自然语言处理、知识表示、自动推理、机器学习、计算机视觉以及机器人学习等，这些能力均影响着当前的犯罪预测方式。例如，计算机的知识表示能力可以通过自动推理，运用存储的数据来回答问题，得出犯罪预测需要的结论；而随着数字技术发展，机器人学习（如人工智能）更专注利用算法（algorithm）的辅助作用，运用算法辅助的机器人学习，能够结合新数据进行自我更新完善，在犯罪预测时即可基于算法所预设的基础条件，实现精准预测。随着经济高速增长，我国信息化已向新的第三阶段迈进。第三阶段信息化主要以物联网和云计算为代表，这两项技术引起了计算机、通信、信息内容的监测与控制的 4C 革命[①]，信息化技术为社会生活的各个方面提供全方位的应用，自然包括犯罪治理。

可以说，信息化犯罪预测是信息技术应用于犯罪预防领域的新尝试，既是犯罪学对犯罪存在的价值形态、发展规律的研究和应用，也是将它们不断转化为数字、代码的过程。在信息化语境下，犯罪预测本身的范式已发生变化，这种变化既属于新技术的融入以及新的应用，也是犯罪预测应对新时代所必要的改变。总体而言，信息化犯罪预测依赖信息技术功能在"未违法、未犯罪、未再犯"时对未来犯罪、可能犯罪的趋势进行先知先觉式的预知、预判，以便于犯罪治理能够提前介入、适时干预。

（二）把握犯罪规律是前提

犯罪预测的前提是犯罪规律能够被感知，唯有具有规律性，才能根据这些规律所隐含的因果逻辑去判断各个主体或行为是否存在刑事意义上的风险。虽说犯罪意义上的规律不如自然科学的规律明显，但不能否认特大城

[①] 在自动化系统中应用了现代计算机技术（Computer）、现代控制技术（Control）、现代通信技术（Communication）及现代图形显示技术（CRT），即 4C 技术。4C 电子产品是计算机产品（Computer）、通信产品（Communication）、数码家电（Consumerelectronics）、网络产品（COM）的简称，比传统 3C 电子产品多出网络产品类目。

市犯罪具有一定规律性，只是由于融入了犯罪行为人的主观意识，而变得更复杂。犯罪规律与犯罪预测相互联系，在以往的研究中，这些规律主要表现为犯罪时空、主体等因素。

一为犯罪时空规律。许多国家将犯罪的时间性规律作为犯罪预测的基础性结论。这是因为通过现实的犯罪情况可以发现不同季节不同时刻发生犯罪的类型和频率有明显差别，即犯罪作为人类社会活动的异常表现，其实施也是具有时间选择性的，犯罪的类型和数量与时间存在一定客观联系。在20世纪初，学者切萨雷·隆布罗索通过统计得出由于夏季衣着无法掩盖财物，多发侵财类案件，冬季由于待在室内的时间大大增加，多发人身侵犯类案件。随后其他学者也对此相关性进行研究，比如学者阿德里安·尤滕博加德（Adriaan Uittenbogaard）为了表明犯罪的季节变化性，将斯德哥尔摩几年的犯罪数据按照季节分类，发现冬季和夏季的暴力犯罪水平存在显著差异，每天有五起以上的犯罪差距，但此测试中不同季节的财产犯罪没有显著差异。①与上述情况类似的还有以时刻、空间、经济、环境等为要素的犯罪预测探索，尤滕博加德曾对斯德哥尔摩一段时间内的财产和暴力犯罪案件进行了时刻性统计②，发现暴力犯罪以22时至4时（深夜时段）为高发时段，财产性犯罪以13时到19时（下午时段）为高发时段。再如，一些城市中人口密集的车站、商业街等地点由于人流大，为罪犯提供了大量的潜在目标，导致了较高的犯罪发生率。作案后如何脱身也是罪犯实施犯罪行为前会考虑的问题，因此交通便利的地点往往较其他地点犯罪率偏高。显然，这样的规律可用于未来犯罪的时间评估，以及不同时间点意义上的犯罪治理。这是传统相对简单的犯罪评估方式，其通常依据小规模数据、简单数学运算以及人工测量得出结论，所得出的结论也往往适用小范围的特定区域。

---

①② Adriaan Uittenbogaard. Space-time Clusters of Crime in Stockholm，Sweden. Review of European Studies，2012，Vol.4(5):151.

二为犯罪主体规律。在域外犯罪研究领域最受关注的犯罪人群主要是未成年人和刑释人员。例如,针对未成年人危险评估的研究自20世纪中叶开始在美国、英国等国家兴起。其中最早开始进行未成年人犯罪预测研究的是美国的格卢克夫妇,他们从1939年开始历时10年,挑选两组500名少年和403项可能影响因素进行了综合性研究,依据6岁以前经历进行未来的初犯预测。这一预测方式虽然被不少学者所诟病,但该预测是影响力最大的少年犯罪预测研究,其预测准确率可达91%。此后,不少学者也做过类似的实证研究,其中魏斯特等人发现少年早年从事犯罪的记录就足以预测其日后是否实施犯罪行为,这项研究在国际上产生了巨大影响。再如刑释人员预测,曾经有学者在利用逻辑回归分析道德敏感性对个体犯罪的预测作用时发现,有过犯罪行为的个体的道德敏感性普遍低于一般群体,因此刑释人员的再犯风险就当然高于一般社会群体。前文提到的格卢克夫妇也对假释人员进行过研究,选择50个犯罪因子并筛选出8个因子进行再犯预测。之后根据8个因子,计算假释成败的百分比,制成再犯预测表,根据此表可预测假释者再犯的可能性。到了20世纪30年代,美国学者伯吉斯也对矫正机构的假释罪犯进行过类似研究,形成了伯吉斯再犯预测法。我国学者孔一在《社区矫正人员再犯风险评估与控制》一书中也介绍了再犯因子计算、赋值以及形成的再犯评估表。

正是因为这些规律的存在,让犯罪预测成为可能,这些规律可以说是预测的基础前提。伴随数学、统计学科的发展,这些原理、方法也不断融入犯罪预测领域,犯罪预测规律被不断研究和呈现。当然,信息技术的出现又为犯罪预测提供了更新的工具,并且具备高效率计算、自动化预测、减少出错率等优势,随着不断升级,还存在深度学习的可能性。但不能忽视的是,哪怕是信息化犯罪预测,也始终要以犯罪基础规律的发现、挖掘为前提。

(三)运用信息技术是基础

传统犯罪预测在人为建模意义上不断优化,但是始终存在两个问题:一为犯罪预测时空范围受限于数据统计以及分析范围,如上述尤滕博加德对财产性犯罪案件的时刻性统计,其所得规律可能仅限于瑞士斯德哥尔摩区域。二为犯罪预测在适用过程中存在滞后性,如孔一教授所得出的犯罪危险规律在空间范围上有所突破,这与数据技术发展有关,但更多是人为建模能力的提升,但在适用中也存在局限性,即其一边予以具体适用,一边又在丧失其规律性。犯罪实际情况在不断发生变化,某些因素在一定时间内具有相关性,但未必在未来一直保持相关性。一方面犯罪预测离不开犯罪规律的发现与应用,另一方面犯罪规律又容易受到时空等因素影响。在此,强调信息化犯罪预测的必要性,就是因为信息化技术的介入相较传统方式更能及时而全面地解决这些问题。

如果说传统犯罪预测是因为工具的问题而受限于时空范围,那么信息技术的发展就为突破这一限制提供了新的可能性、新的方案。利用信息技术所形成的犯罪预测模式至少具有如下优势:一为利用"互联网＋"以及智能化手段,犯罪预测规律即可从小范围向大范围扩展,通过大数据技术可以分层次、递进化得出规律,而用于犯罪预测可以更好突破时间与空间的束缚。例如只需在特定的地点安装摄像头即可 24 小时实现对该区域行为的监控,如果摄像头安装的区域足够广泛,那么地理范围的限制也将逐步缩小,从而突破地域限制,形成一种全时限或全方位的规律挖掘。二为大数据技术带来的自动化优势可以实现对犯罪规律的"动态更新",利用已更新的规律进一步与大数据技术结合,即可实现不同犯罪危险评估,以及实现与犯罪预警系统衔接。信息技术的最大优势在于代码表达方式的程序设定,通过编程设计数据或信息的运行轨迹,以特定的数据运行程式进而实现信息有序计算。换言之,如果将监控系统及其他系统呈现的数据信息当作原材料,那么代码程序就是一个加工的过程,将犯罪预测的规律通过代码表达,从而实现每时每刻地数据分析,以及分析后的结论得出。这也就意味着犯罪预测自动化或智能化在某种意义上是能够实现的。我们常说实际情况是变化的,但是如果每一个时刻以及每一个地点都在计算的范围内,所呈现的数据随着时空变化而不断更新,那么动态图像也将表述这种犯罪预测的动态过程。

近几十年来，域外探索涉及环境预防、地点警务、第三方警务、犯罪风险评估等精细化治理模式，国外精细化犯罪治理的理论启示包括防控方法从经验认识到科学计量的转向、防控技术从人工判断到信息化测量的转向。[①]信息化犯罪预测优势不断显示，但是也面临一个不容忽视的问题，即如何将所发现的犯罪预测规律或者方法转换为代码运算程式，将原本手动计算的语言转化为计算机执行的语言，这是信息技术的基础命题。进一步讲，以往特大城市犯罪预测所考虑的因素，如特定时间某个区域特定犯罪增多，在数字技术下应当转化为代码表达。一旦涉及信息化犯罪预测系统，即使是监控所得到的直观画面，也需要转换为数字代码，唯有如此才有可能施以程式运算得出结论。在这个过程之中，不变的是之前适用的方法论，而变化的是不同情况下数据呈现的有效性。当然，在时机成熟的情况下，方法论的升级或变化也不无可能，只是在信息化条件下，这种内涵式的变化也需要一个恰当的契机。

以人工智能为例，人工智能技术使犯罪信息化预测达到新的阶段。"AI＋犯罪预测"主要依托知识图谱、数据挖掘等技术，通过对信息数据的收集、比对和研判，构筑出不同个体元素之间的内在关系，将其沿着一定的规则和机制进行交叉碰撞、归纳和演绎，从而预测出犯罪现状及其发生发展态势。"AI＋犯罪预防"是以人工智能技术为依托，结合海量数据，利用全新的分析路径部分辅助或代替人类进行分析研判，同时搭载 AI 范畴的周边设备及平台，形成以人工智能技术为核心支撑，能进行精准、高效监测和稳定控制的预防犯罪系统。

"AI＋犯罪预测"区别于传统犯罪预测最显著的特点在于其着重分析预测信息数据背后的相关性，而非简单的因果推导。人工智能技术能将现象规律转化为更高维的数据信息，通过模型和算法，将收集到的所有元素与现实事实认定进行正确的匹配、推导、预测和延伸，建立起以输入目标为核心

---

① 单勇、阮丹微、李欣：《犯罪治理精细化：国外经验与理论启示》，载《公安学刊（浙江警察学院学报）》2016 年第 3 期。

的科学完整的关联网络,再根据人们所希望获取的信息目标,对犯罪预测的结果进行综合施策。结合人工智能对大数据的整理和分析,使得人工智能技术在预防网络犯罪、金融犯罪等方面获得良好的效果,如英特尔公司利用具备高透明度的关联记忆人工智能解决方案来检测金融犯罪的发生,IBM公司的 Watson 系统由于其优秀的计算机认知能力被用于预防和打击网络犯罪。传统的视频监控采取人工分析视频数据流的方式来获取情报信息,随着布置监控点位越来越多,海量视频数据不断堆叠,数据分析需要耗费大量人力、物力,效能低下,无法满足社会对公共安全的迫切需求。而运用人工智能技术,采用视频结构化方案,结合服务器集群,就可以数倍于人工排查的速率完成任务,并产出更优结果。而且,人工智能技术能够在多源融合感知的基础上,将多个没有证据证明、看似毫无关联的事实结合在一起,为犯罪预测提供更加丰富的想象力,优化了犯罪预防的调整策略。同时"AI+犯罪预防"所具有的效能不仅涵盖本系统的设备、平台和技术的作用,同时能对接外部的信息渠道,将各种数据汇总融合成实体对象,并根据其中的属性联系、时空联系、特征联系等建立相互关系,形成一张包罗万象的天网,通过"可视化研判 + 多维情报"的分析挖掘,使现实中对犯罪的防控能力得到显著提升。[1]

二、特大城市犯罪信息化预测的难题

在信息化时代,犯罪治理的思维由传统犯罪分析的"侦查学"思维,向大数据犯罪分析的"犯罪学"思维转变。[2]但是"特大城市犯罪预测 + 信息技术"属新兴事物,其在相互结合带来质量与效率优化的同时,也暴露出不少现阶段技术以及方法上的问题。

---

[1]　刘钊等:《人工智能在犯罪预防中的应用及前景分析》,载《中国人民公安大学学报》2018 年第 4 期。

[2]　吕雪梅:《现代犯罪治理的理念创新与思维转变》,载《山东警察学院学报》2019 年第 6 期。

（一）特大城市犯罪预测技术

在信息文明时代，大数据等新型技术推动了犯罪治理的变革，犯罪的技术治理模式兴起。司法实践已开始运用大数据技术进行犯罪预测，如在网格化管理模式下，部分街道、社区利用手机拍照、定位等功能，对社区戒毒、社区矫正等人员所在区域、行为痕迹等数据予以收集。但是从特大城市信息技术适用犯罪预测实际来看，信息技术适用仿佛进入了"叫好不叫座"的怪圈，信息技术具体应如何介入，也成为必须直面的议题。

1. 信息技术之适用意识性问题

长期以来对特大城市犯罪治理多停留在犯罪打击层面，公权力机关往往在城市犯罪发生后介入。在这种情况下城市犯罪实害已然发生，任何打击或补救都无法避免产生一定权益被牺牲的成本。打击特大城市犯罪固然重要，但是伴随信息化技术发展，新型技术适用不应只停留在打击层面，犯罪治理对于犯罪预防提出新的要求。不过，现阶段信息技术的适用还是偏好犯罪打击，包括监控技术、话单分析技术等应用，都是为了破案需要。而对于犯罪预测，大都还处于概念建构阶段，将信息技术用于犯罪预测的城市屈指可数。在整体城市治理体系中，犯罪预测的技术更多停留在理论或宣讲层面，在实际适用上犯罪预测依旧未被重视。当然，特大城市犯罪规律挖掘，以及规律的代码程式转换也是信息技术适用犯罪预测的桎梏。此外，信息技术适用犯罪预测在意识层面还表现为对传统办案经验主义的依赖。虽然传统的人为经验在实际办案或预测实践中依然具有效果，但信息技术对人为经验的补足越来越有价值。由于不同办案人员经验、能力等存在差异，依赖经验所作的评估在客观性、科学性、标准性上缺乏说服力，但人为经验转为程式的自动化方式是否更具实践效能，同样是值得深思的问题，一旦经验数据化被广泛适用，那对犯罪预测很可能实现一种即时的检测，这对特大城市犯罪预测来说将是一种全新的转型升级。

2. 信息技术之收集有效性问题

虽说信息技术在高速发展，但是新型技术与犯罪预测融合度并不高，一些高新技术并没有巧妙适用在城市犯罪预测领域,也很少有技术与犯罪预测高度结合形成自动化的新型预测体系。现阶段一些特大城市广泛适用监控技术、监听技术等,开始适用算法技术、图像技术、自动技术,但这些技术更多情况下被用于案件的侦破以及对罪犯的追逃,在犯罪预测领域仍然应用较少。在特大城市犯罪治理的体系中,犯罪预测也并非主流、热门的方式。而实施简便、成本较低、试图提升公众内心自觉性的普法宣传教育,目前仍是预防犯罪宣传的主要方式,只不过在普法教育过程中,也有一些新的尝试,如 VR 沉浸式教育。

总体而言,特大城市犯罪预测在新技术适用上仍有不足,迫切需要信息收集、信息分析技术介入,更不用说形成技术体系以进一步实现自动化预测。目前,特大城市中密集的监控设备、通信基站为信息收集的主要设施,但显然这样的信息收集设施并不能适应特大城市的复杂结构,在犯罪预测基础信息的挖掘上也表现出不足。

一是隐蔽空间、灰色空间以及虚拟空间存在监测难度。特大城市监控系统可以收集公共场所的信息或数据资源,但是对一些封闭场所却无能为力,如企业车间、个人私宅或私域网站等。此外,一些涉及虚拟空间的犯罪,其违规行为很难被物理的监控设备捕捉,尤其是一些信息犯罪与网络犯罪,如何在庞杂的网络信息中收集犯罪信息存在着技术性与方法论上的难度。

二是在一些特大城市,犯罪可能存在共同作案的问题,如果以共同作案为结论倒推犯罪预测情境的话,那么精准的犯罪预测意味着要收集多数未来共犯者的信息,如何精准从个体信息着手,从而预测整个犯罪团伙,甚至在一开始直接以技术介入跳过个体信息,直接获得整个团伙信息,这需要突破技术的壁垒。现阶段,适用的典型犯罪预测手段为话单分析技术[1],但在

---

[1]　手机话单分析技术基本原理:手机每次通话的时间、地点、对方号码、通话时长等均被通信公司记录在案,通过分析手机通话记录,能够客观真实地获取通信工具持有者(机主)的生活习性、活动轨迹、落脚点、关系人等情况,从而为案件侦破和人员管控等业务工作提供技术支撑。参见黄晨:《手机话单分析系统的设计与实现》,载《警察技术》2013 年第 2 期。

团伙作案的情况下难度也相应增加,至少在实施话单分析技术时需要初步确定哪些对象可能参与犯罪。

三为黑数据、坏数据涉及的数据有效性问题。如何剔除坏数据是当前公安部门进行数据预测时面临的难题。尤其在涉及算法的领域,常说算法是一个黑箱,那么进入黑箱的数据具有决定作用,如果数据的质量不高,这一黑箱所得预测结论也同样是不准确的。当前,网络数据的庞大、增大,无不控诉着数据量的强化、质的弱化,特别缺乏对共享数据的质量控制,信息数据源于各个不同渠道,但由于缺乏监管,不实信息、谣言的鉴别考验着信息技术水平。

3. 信息技术之共享衔接性问题

精准的预测无疑需要大量的数据信息作前提。当前,特大城市犯罪预测缺乏前提数据基础。一方面,数据信息收集方式有欠缺,另一方面,特大城市也并未全面形成信息共享大格局。犯罪预测需要超前性、前瞻性,其信息可能涉及个体或团体的出入场所、银行信用、收入渠道、浏览页面、聊天记录等,这些数据信息分别被不同单位管理,如何实现数据信息精准共享,是犯罪预测的"必修课"。为进一步说明问题,我们以企业犯罪预测为例。企业犯罪预测必然需要收集企业信用、审查、税收、处罚等信息。通常而言,信用差、审查敷衍、擅长逃税漏税,并且已被行政处罚的企业,更具刑事犯罪可能性。但是,这些数据往往被不同机构占有,难以统一收集。更何况特大城市本身结构更加复杂,这些数据信息收集较一般城市更为困难、工作量更大。于是,这些数据以什么形式联系,哪些单位有权实施数据集中是必须解决的问题。

通常而言,司法机关有权力收集所涉辖区有关犯罪预测的信息,并且其本身也掌握一些已经发生的犯罪信息。[1]但是现行很多信息超越时空范围,如互联网犯罪超越辖区以及本身就在虚拟空间的犯罪,相关信息面临着是

---

① 单勇:《以数据治理创新社会治安防控体系》,载《中国特色社会主义研究》2015年第4期。

否有权收集以及该如何收集的问题。有人设想让单一主体在发现信息端倪时主动提供，但这只是一种最简单的情况，在多数情况下犯罪预测需要借助诸多信息作出综合判断，多数情况下单一信息很难发现问题。这也意味着如果数据本身处于割裂或者"各自为政"的状态，那么就很难实现犯罪预测需要的数据信息的集中。大数据视阈下数据共享不仅是共享权限的问题，更是如何共享的问题。甚至有时这是一种两难的选择，例如第三方单位与客户签有保密协议，其为何要冒着法律风险提供数据。毕竟企业犯罪预测并不意味着企业已涉嫌犯罪，第三方机构基于其盈利发展以及约定义务，完全有理由不提供数据信息。

（二）特大城市犯罪预测方法问题

特大城市犯罪预测除了技术层面存在问题，犯罪预测方法层面也存在问题。在数据收集、分析、应用等环节，如何用科学、有效的方法精准预测犯罪趋势也需要被充分考虑，包括关键数据收集、有效分析方法以及其他层面的问题。

1. 收集过程中的关键数据

在信息化发展过程中，特大城市犯罪预测存在两个极端表现：一是有些数据信息容易被忽视或者难以收集，这些数据信息需要从无到有的获取；二是在整体上数据信息面临着"大规模数据"甚至"数据爆炸"的发展趋势。在过去，这些表现还存在物理上的难题，即硬件采样率由于受模数转换发生速度的限制，在物理层面局限了采集数据的数量。但时至今日，硬件的存储容量增大，其内存已不再是采集应用的限制因素。[①]更重要的是，该如何运用高效、精准的方法在海量的信息中挖掘关键数据？进一步来说，在特大城市犯罪预测的实践中，收集的数据须为有用数据，以及数据收集须具备及时性、完整性等。不少传统犯罪类型本身存在信息收集的难度，另有一些犯罪行为也开始与新技术结合，其行为更具隐蔽性、虚拟性，这就又增加了数据

---

① Richard. McDonell：《如何管理模拟世界的大规模测量数据》，载《计算机测量与控制》2014年第1期。

收集的难度。在此,我们不妨从传统犯罪与新型犯罪两个视角举例说明。

传统犯罪如虚开增值税发票罪,其犯罪主体虽为一般主体,但是往往涉及对企业管理人的数据收集。这就需要判断哪些为有用数据,如确定企业账单数据(排除正常交易)亦为关键数据后,又需要考虑这类数据要通过什么方式获得。通过大数据途径,或者在税务部门可得相关数据,但是这些税务数据的有效性以及这些数据是否如实反映了企业经营情况又有待判断。新型犯罪视阈如网络赌博类犯罪,伴随网络技术发展,已由之前的线下方式向网络赌博的线上方式转移。为逃避司法机关的查处和打击,犯罪分子常将赌博网站服务器设在境外,不仅增强了隐蔽性,更让信息收集存在"国界"。总体而言,城市犯罪类型以及方式也随着信息技术发展发生了新的变化。在特大城市犯罪预测运用大数据技术的同时,不同主体的"反预测手段"也在发展。大数据技术不仅带来了犯罪预测的痕迹,也带来了海量数据的复杂性与迷惑性。

2. 分析过程中的运算公式

"大数据分析依赖于数据模型和算法,而统一的数据标准是信息化的模型和算法有效运作的前提。"[①]海量数据信息不能完全依赖经验判断,不像以往仅靠人工分析就能完成。大数据分析技术需要有效提纯公式,让运算结果最大程度上反映犯罪事实。为此,有学者直言"当前大数据驱动犯罪预测侦查的核心是数据分析"。[②]大数据背景下,特大城市犯罪预测面临数据分析有效性问题,即如何实现对数据的深度挖掘从而实现数据结论为犯罪预防服务。传统数据分析运用经验主义,多针对已发犯罪,主要用于破案。而数据预测方式具有更多的功能,坚持实证主义,不仅可用于犯罪侦破,更可用于犯罪预防。数据预测方式相较人工测算,在方式上得到了升级,更具智能化以及精准性。

---

① 杨万方:《警务大数据应用的问题与对策研究》,载《决策咨询》2018 年第 4 期。
② 丁小巍、徐胜、朱飞:《大数据背景下的犯罪预测侦查》,载《广西警察学院学报》2019 年第 5 期。

但数据预测方式有一个技术前提，即需要人工实现预设运算公式，进一步而言，即代码识别与表达，从而实现虚拟运算以及自动化计算功能。这个过程不仅涉及公式的构建，更是不同公式间所形成的"公式集合"或"公式树"的种植过程。数据预测方法的技术基石在于人工预设运算公式的实现，这进一步要求代码的精确识别与表达，以赋能虚拟运算及自动化计算功能。此过程不仅涵盖单一公式的构建，更是一个复杂"公式集合"或"公式树"的构建与培育过程，其间涉及多个公式的相互关联与优化布局。在这一动态进程中，关键不仅在于确保各个数据公式背后的准确性，还包括对运算公式的持续完善与优化。尤为重要的是，当数据公式经过高度精练后，由这些公式及其运算机制所构成的系统，能够展现出自我学习的能力，通过调整公式结构并基于学习反馈进行循环优化，从而不断更新公式系统。这一过程恰是"人工智能"的核心理念体现：利用代码不仅调整和优化自身，而且实现持续的自我革新与进步。

例如，在环境类犯罪实践中，不少检察机关为提前发现危害行为，开始探索与新技术的智能化融合。为了有效发现危害环境的行为，一些检察机关将系统公式建构与公民投诉情况相互捆绑。除测算公民的投诉次数外，同时利用公式评估"投诉语言"，通过语言的识别辅助判断投诉真实性。新的语言在被判定有效后，公式系统将自动学习且自我优化，将该语言纳入公式集合之中，实现自身系统完善。当然，案例中的情形只是对犯罪预测的一次技术尝试，其在证明数据信息技术先进性、自动化的同时，也表明现阶段特大城市犯罪预测所要进一步解决的难题，即不仅需解决公式所涉影响因素的精准性问题，同样也需解决公式构建的科学性问题。

不过，想要将计算机与犯罪预测相结合不仅需要解决技术问题，在一定程度上，新兴技术使用不是问题，问题是怎么将犯罪预测的功能用"0"与"1"的计算机语言表达出来，这需要人工智能与法学交叉学科专业人才介入，而显然这样的人才仍旧稀缺。总之，当前计算机人才缺乏犯罪学、刑法学知识，不能精准抓取影响因素以及挖掘因素间的联系。而犯罪学或刑法学人才缺乏对数据学、统计学技术的了解，不能从技术的视角解析评估公式的搭建。同时，算法运作一旦无法保证数据的完整性、客观性和正确性，容易形成带有偏向性的错误结果。2016年3月，微软公司聊天机器人 Tay 被恶意训练成了集性别歧视、种族歧视等于一身的"不良少女"①。在类似深度学习的"黑箱"算法中，决策的可解释性很低，决策的偏向性根源难以挖掘②，容易出现危害个人权益的行为，并给犯罪预测与治理带来恶劣导向。

此外，还有一类特殊的情况也需要考虑。信息化犯罪预测离不开利用代码所形成的公式树，在这个过程中，代码公式的科学性需要验证。当前，代码公式大致有两类出处：一是编程人员的输入，这也意味着在通常情况下犯罪预测系统所依赖的程式对用户而言是不可见的，要想保障这种"黑匣子"的精准性，离不开实务的矫正。二为深度学习功能扩展，机器自动生成公式，并予以应用，即计算机自我学习，对自身编码进行调整。这也意味着一些犯罪预测系统在不断使用的同时，可能也在不断修改着自我程序内容，就连当初预设的程序员也不知情。那么在这些情况下，如何评估、检测犯罪预测运算公式的有效性成为新的问题。

3. 预测过程中的其他问题

在特大城市犯罪预测过程中，还有一些细节问题需要考虑。这些问题可能不是专业计算机或法学问题，却实际影响着犯罪预测工作的有效性。例如，与犯罪预测配套的结果计算以及激励机制该如何设置，这也是方法层面的问题。换言之，如果在激励问题上不能有效促进预测适用，那么多数司法实践部门还是会将重心放在犯罪打击上，即使特大城市犯罪预测系统做得再完美，都将不能发挥其真正的作用。

再如传统警务依旧习惯运用实践经验、传统手段部署工作，大数据介入

---

① 《算法决策兴起：人工智能时代的若干伦理问题及策略》，腾讯研究院，http://www.tisi.org/4900，2017年5月24日。

② 刘钊、林晞楠、李昂霖：《人工智能在犯罪预防中的应用及前景分析》，载《中国人民公安大学学报（社会科学版）》2018年第4期。

方式并未形成体系，也影响警务人员适用犯罪预测系统的动力。这即为行为惯性、观念层面的问题，需要运用管理学方法、心理学方法与数字方法共同解决。还有以信息技术介入犯罪预测的法律边界、效力问题，尤其是如何配置权利与义务、确定哪些情况下哪些主体具有上报信息义务等，都将成为判断如何合法或合理行使公权力的问题，需要法律的适当介入。另外，从犯罪预测的角度来看，在数据分析后系统得出了预测结论，如何将这个结论适用最大化也是一个需要解决的技术问题。而且，这里面还有如何核查犯罪预测结果的有效性问题。除此之外，在查验有效性后如何进行进一步的监管等都需要深思。

（三）特大城市犯罪预测价值问题

除了技术、方法层面的问题，特大城市犯罪预测还包括价值层面的问题。

一为是否会造就社会偏见。其一，热点犯罪区域与警方关注度的悖论。例如，当一个地区被标记为犯罪"热点"区域时，警方就很有可能加大对该地区监控的力度，这需要探究究竟是力度加大导致的犯罪发现，还是该区域真的属于犯罪热点区域。其二，当数据不断显示某些地区或某类人存在高概率犯罪时，人为与系统的偏见都有可能产生，警察办案会产生倾向性意识，认为该类人群更易犯罪，而数字系统在深度学习功能作用下，更易预警特定区域或人群存在问题。其三，一些犯罪预测的行为被质疑存在歧视。有的研究提出根据面部特征判断是否会犯罪，这可能在实际中具有一定的精准性，但也被诸多学者诟病对一些面目特征明显的人存在事实的偏见。

二为犯罪预测是否属于侵犯隐私的行为。精准的犯罪预测需要广泛而细致的数据信息，随着信息化预测的容量与功能的扩大和发展，犯罪预测系统对数据的收集能力也势必加强，尤其是"个性化数据"都会成为被分析的对象，个体产生的信息例如个人私密生活、通话记录、购物情况、行车轨迹等，均有可能被系统获得，这样的行为是否属于侵权行为需要进一步鉴别。

美国的大数据犯罪预防和反恐 DAS 系统可以利用摄像机、车牌读取器和射频感应器创建纽约市的实时监测地图。该系统与整个纽约市的私人闭路电视监控合作,并与多个非纽约警察局的情报数据库进行对比。在 DAS 运行后,纽约市市民认为这一行为严重侵犯了个人隐私权以及免于无根据监视的权利。2018 年,纽约市议员吉布森提出了《监视技术公共监督法》以期对此行为进行规制。同时,美国各地开始制定协议,确保不会滥用自动车牌阅读器和其他监视技术。这是典型的犯罪预测技术应用与权利保护间的矛盾冲突。

三、域外信息化犯罪预测系统实践与经验

犯罪预测在一些西方国家率先启用,利用信息化契机,域外一些国家对于犯罪预测信息化研究有了一些相对成熟的经验,是研究对策所不能跳过的,特别是一些数字系统通常被用于大城市的犯罪评估、抓捕行动之中,值得参考。

(一) 欧美犯罪预测系统及其实践

欧美犯罪预测系统研究起步较早,面对城市复杂的犯罪情况,利用信息技术的应用相对创新。

1. 美国犯罪预测系统

美国是犯罪预测领域的先驱者,20 世纪初就十分重视警务装备的现代化,并已经基本形成了一套跨区域、跨部门、跨行业的现代化信息数据共享、各体系协同作战的警务信息体系。20 世纪 90 年代美国提出情报导向警务战略,依托信息技术由警察局主导预测系统研发及运用。"在资源不增加的情况下,只有把手中的有限资源集中到警务变革最需要的地方,才能实现对暴力犯罪的有效打击,获取最大回报。"[①]在此理念影响下,1994 年纽约市警

---

① 俞秋明:《美国情报信息主导警务战略 Compstat 模式评析》,载《经济研究导刊》2013 年第 34 期。

察局就推行了 Compstat 系统,即比较统计数据模式。Compstat 系统摆脱了依赖数据随机收集和 911 报警电话的被动局面,开始依靠电脑建立犯罪数据库并进行深度分析。Compstat 系统是对传统美国警务模式彻底的革新,不仅需要建立信息网络和系统,还需要建立一套与之相适应的信息化工作体制和管理体制。美国司法部调查显示,2004 年美国已有 58.2% 的警局已经或正在实行 Compstat 模式,但不是对纽约市警察局模式的完全移植,而是对 Compstat 模式作了不同程度的改良以适应各警局自身的特点和社区需要。总体而言,模式的核心元素基本相同。Compstat 模式的核心特色要素具体而言是四个基本的构成原则,即准确及时的情报、有效的战略战术、迅速地人员资源部署以及持续的后续追踪评估行动。

美国研发了不同类型的犯罪预测系统且运用效果显著。"PredPol"的犯罪预测软件能通过官方渠道,实时从每个部门的记录管理系统(RMS)获取提要来收集犯罪类型、位置和时间,从而为预测引擎提供反馈。[1]其中 PredPol 犯罪预测系统根据历史犯罪活动统计数据,借助算法预测最可能发生犯罪的时间地点和类型。其设计原理源于地震预测软件,认为犯罪会像地震一样,短时间内会在原来发生犯罪的地点再次发生同类案件。该引擎每天为不同的任务创建预测,极大地提高了出警效率。洛杉矶警察局的山麓分局从 2013 年 1 月至 2014 年 1 月的预测犯罪率下降了 20%,并且在 2014 年 2 月 13 日一整天实现了没有犯罪。阿尔罕布拉市警察局报告说明,自 2013 年 1 月部署犯罪预测软件以来,入室盗窃案下降了 32%,车辆失窃率下降了 20%。2014 年 5 月被报告是该市历史上犯罪率最低的一个月。亚特兰大警察局的两个社区的犯罪总量于 2013 年 7 月分别下降了 8% 和 9%;诺克罗斯警察局在 2013 年 8 月之后短短四个月内涉盗窃和抢劫案件的数量降低了 15%—30%;加利福尼亚州阿罕布拉的盗窃和偷车案件数量在 2013 年 1 月之后分别降低了 32% 和 20%,且该市的犯罪率于 2014 年 5 月

---

① 刘钊、林晞楠、李昂霖:《人工智能在犯罪预防中的应用及前景分析》,载《中国人民公安大学学报(社会科学版)》2018 年第 4 期。

降至历史最低水平。到 2015 年年初美国已经有 60 个警察局采用 PredPol 系统，且效果十分显著。①

　　PredPol 系统的运作基础是通过城市内安装的摄像头以及声音感应器获取的数据，运用犯罪预测计算机算法，预测犯罪多发地点。在每次运算结束后会呈现一张犯罪热点地图（通过运算得出在城市中哪些区域属于犯罪多发地，随时计算、随时得出结果），并可同步到警务人员的电子设备上。这一模式可以提高警务人员工作效率，通过地面巡逻减少犯罪发生。不仅有地点范围，PredPol 系统还可分析人的危险程度。这种分析与预测的算法会将是否有犯罪史、居住地等信息作为考虑因素。PredPol 系统得到的犯罪主体预测结果十分详尽，包括排名前二十的嫌疑人的基本信息，数据甚至可以具体到其实施犯罪的百分比。根据 PredPol 系统名单，警方可以提前对这些危险程度较高的人进行心理咨询及治疗，以降低其实施犯罪的概率。

　　在美国暴力犯罪最严重的城市之一田纳西州孟菲斯市还使用了一个犯罪预测系统——Blue Crush 系统，它是通过对已发生犯罪的时间、地点等历史数据进行分析，以预测未来犯罪发生的时间及地点。该系统于 2005 年投入使用，系统预测得出的时间与地点为警察提供了重点巡逻时间和重点街区范围，以便警察提早制定战术，并在特定地点采取行动。该系统使用后，孟菲斯市犯罪率显著减少。"犯罪洞察和预防解决方案"则由 IBM 公司研发，其基本模式是整合犯罪数据，系统分析发现线索，预测犯罪高发区域，并进行相应的警务部署。犯罪数据包括案件报告、警务电话信息等，其独特之处在于可以通过警方不同部门的协同工作，将多数犯罪控制在轻罪阶段。在里士满，自 2009 年警察局应用 IBM 的"犯罪洞察和预防解决方案"后的 12 个月里，该地区的暴力犯罪和杀人案件减少近 30%。②

　　在公司领域，利用人工智能预测网络攻击的美国 Cylance 公司，是估

---

① 陈甜甜、钟鑫：《基于大数据的预测警务在美国的发展现状》，载《中国安防》2018 年第 6 期。
② 李忠东：《预测犯罪》，载《检察风云》2019 年第 5 期。

值 10 亿美元以上的"独角兽",其人工智能反病毒软件"Cylance Protect"可以有效地预测网络攻击的发生。Ionita 提出了一种利用数据挖掘进行网络入侵检测的多智能代理方法[①]。Kumar 和 Reddy 基于人工智能技术,为无线网络开发了一种独特的基于代理的入侵检测系统,该系统从不同的节点收集信息,并利用这些信息与进化的 AIS 来检测无线网络的入侵,并用于网络犯罪预防[②]。Barman 和 Khataniar 主持基于神经网络系统的 IDSS 的开发工作,他们所提出的系统在发现 DDOS 攻击时的检测速度相较于其他系统至少要快 20.5 倍。[③]可以说,美国的信息化犯罪预测水平处于世界前沿。

2. 英国犯罪预测系统

英国比较有特色的犯罪预测系统为英国国家情报模式下的情报核心分析系统(ICAS),该系统主要分为以下几个环节:规划和指导—收集—加工—分析—传递,其中第二环节和第四环节较为重要。情报收集环节采用国家情报模式,每个地方设有情报部门,由国家犯罪情报局统筹情报收集,协调统一保证情报收集的完整性;在情报分析环节,为了满足情报分析工作量不断增加的需要,英国政府投入大量人力、财力,其中对专业人员的要求十分严苛,必须精通计算机技术、通信技术、安全防控等全方位知识,以适应犯罪形势的诸多变化。此外,英国对情报分析结果应用充分,以警务情报产品为动力推动警务工作的开展,形成了信息通畅、高标准化的警务管理机制。此外,还有一点比较特殊即英国情报机构的跨境域协调。在英国脱欧

---

① IONITA I, IONITA L. An Agent—Based Approach for Building An Intrusion Detection System[C]//NETWORKING in Education and Research, 2013 Roedunet International Conference, Edition. IEEE, 2014:1—6.

② KUMAR G V P, REDDY D K. An Agent Based Intrusion Detection System for Wireless Network with Artificial Immune System(AIS) and Negative Clone Selection[C]//International Conference on Electronic Systems, Signal Processing and Computing Technologies. IEEE, 2014:429—433.

③ KUMAR D, MANAGER B S, KHATANIAR G. Design of Intrusion Detection System Based on Artificial Neural Network and Application of Rough Set[J]. International Journal of Computer Science & Communication Networks, 2014, 2(4):548—552.

前,英国情报机构与欧盟存在广泛的合作,英国情报机构可与欧洲警察署共享数据库和信息、提供风险报告等。

英国警方在 2018 年使用了新的 AI 系统,即国家数据分析解决方案(NDAS),它利用 AI 软件分析数据评估个人持枪或刀犯罪的可能性,同时还可以评估个人成为犯罪受害者的概率。NDAS 系统是在英国警务部门资金紧缺的背景下应运而生的,该系统可以监视所有已知个人,并优先追踪急需注意的一小部分。该项目负责人伊恩·唐纳利表示,这样做的目的不是预防性地逮捕任何人,而是要为当地治安和社会工作者提供支持,即为被 NDAS 系统锁定的最需要干预的人员,提供咨询服务、社会或医疗帮助,以避免他们实施犯罪。虽然其他国家警察也使用软件测定犯罪临界值,但 NDAS 的功能性在世界范围内都遥遥领先。因为该软件囊括了多达 8 支警察力量的数据库,其中包括伦敦和大曼彻斯特地区警方的数据,这样的数据库集合在全世界范围内是首例。根据警方的数据库,该软件已经能够识别多达 5 万人,而且已经发现 1 400 个可以帮助预测犯罪的指标,如一个人单独犯罪或与他人共同犯罪的次数等。在这些统计数据的基础上,该系统的自主学习功能可以预测和评估某个人未来犯罪的风险,并生成一个危险系数,指示未来出现攻击行为的可能性。

3. 德国、意大利犯罪预测系统

德国在犯罪预测领域也有一些创新与实践做法。德国犯罪预测系统中相对成熟、知名的是区域犯罪预测,包括对场所、社区、城市等犯罪现象进行预测,评估其犯罪发生的趋势,为犯罪治理提供前提。德国 Precobs 软件是区域犯罪预测的典范,利用过往犯罪、已发生犯罪的数据,分析位置、时间、事件、行为以及细节等,来查找"高风险"区域。该系统中犯罪区域预测大致包括如下步骤:一是通过对以往犯罪的观察与分析,定义检测重复犯罪的标准;二是计算在逆向分析中已经检测到近重复数据出现的区域,并创建空间预测。通过逆向模拟测试标准和计算的区域,以查看所选假设是否有效。当这些区域记录了新的触发要件时,将创建预测(警报),以安排警察的执法活动[①]。意大利"KeyCrime"公司研发的犯罪预测软件,通过调用警方有关犯罪嫌疑人的数据,配合被抢劫的商店地点、视频监控里犯罪嫌疑人的动作及携带的工具,分析罪犯的实时危险程度,并且与其附近一定范围内的犯罪案件进行关联分析,进而对不同的罪案建立起联系网。[②]

(二)亚洲犯罪预测系统

由于我国地处亚洲,研究亚洲一些国家有关犯罪预测的先进做法,具有积极意义。

1. 日本犯罪预测系统

2016年日本京都警方向美国NEC公司引入预测性犯罪防御系统,通过大数据分析京都地区过去10年超过10万件的街头犯罪和性犯罪的发生时间和地点,分析出下一个可能发生类似犯罪的地点。2018年日本神奈川警方投入4 800万日元,对过去的110万犯罪案件进行数据挖掘和深度学习,预测犯罪可能发生的时间和地点、当事人的性别和年龄等。此外,日本东京警视厅也开发出一套名为"电子警察"的手机软件,并上架供国民免费下载使用。软件中介绍了在诈骗犯罪中经常出现的诱骗词句,以增强国民的防骗意识。不仅如此,只要用手机定位,所在区域的实时犯罪情况会出现在首页,包括抢劫等犯罪和可疑人员的信息,用户还可以自主添加一些评论。将犯罪信息通过社交软件形式公布,而且是采用可视化的手段,不仅可以提高公众警惕,还可以提高公众的参与度和增强警方工作的满意度。这些可供我国近年来的全民反诈行动参考。

日本的日立公司也自行研发了日立可视化犯罪预测分析系统(PCA)。这个系统不仅运用历史犯罪数据,还搜寻地图信息、天气信息、交通信息、报警信息等来预测何时、何地可能发生犯罪行为。其中比较有特色的是充分

---

① 胡铭、严敏姬:《大数据视野下犯罪预测的机遇、风险与规制——以英美德"预测警务"为例》,载《西南民族大学学报(人文社会科学版)》2021年第12期。

② 《人工智能已经在"预测"谁会犯罪了》,搜狐网,http://www.sohu.com/a/148489000_432835,2017年6月13日。

利用社交媒体数据。通过实践证明,这一要素可使犯罪预测成功率得到显著提高。由于社交推文中可能包含地点信息,因此系统使用 LDA 模型可以筛选并提取可能发生犯罪的特殊地点信息,作为防控犯罪的依据。面对如此海量的数据,完全依靠机器学习找出容易被人类忽略的可疑行为,不需要人来衡量哪些因素重要以及有多重要。而且 PCA 系统充分应用了可视化技术,提高交互界面质量,通过不同图标代表不同犯罪类型,通过数字百分比代表案件发生的可能性。这样更直观地为系统用户提供了犯罪预测分析的结果。

2. 印度犯罪预测系统

在犯罪率排名全球前列的印度,近几年也在着手犯罪预测系统的研发,其中一家名为 Staqu Technologies(以下简称"Staqu")的人工智能面部识别创业公司作出了巨大贡献。2017 年 5 月,Staqu 与印度北部拉贾斯坦邦的 Alwar 警察部队合作开展了一项名为 ABHED(基于 AI 的人类艾滋病检测)的试点计划。根据该区警察总监 Rahul Prakash 的说法,该计划已经协助官员逮捕和登记近 1 000 名犯罪嫌疑人。2019 年 Staqu 公司和北方邦警方合作将一个支持 AI 的视频分析平台 Jarvis 引入印度监狱,通过语音识别和机器学习来监视囚犯及其谈话,以寻找可能暗示阴谋或策划犯罪活动的可疑语言或措辞,从而弥补监狱员工与囚犯人数比例 1∶8 的不合理状况。至今,北方邦已经在全州 70 所监狱中部署了该平台以进行多功能分析,无论是罪犯越狱、打架斗殴,还是狱警非正常暴力、受贿等现象,都可能被高科技终结。其实早前,印度作为发展中国家,电子信息技术水平并不高,只有小部分犯罪记录以数字形式存储,这意味着调查和追踪犯罪分子的方式是离线的,随之而来的往往是烦琐的任务。虽然许多犯罪记录可能包含图像、语音和文本数据,但无法在整个地区实时提取信息。简单的软件算法很难从电子存储的少数记录中解析出各种非结构化、不同和异构的复杂数据以预测犯罪活动。Staqu 公司先进的混合人工智能技术解决了这个问题,它将不同的神经网络模型合并以处理图像、语音和文本,然后提取有效信息作出更好的刑事决策。

（三）域外犯罪预测系统的发展趋势

相较于以往偏重于经验运用的犯罪预防，近年来兴起的大数据犯罪预测运用统计学、心理学和计算机科学等知识，明显提高了犯罪预测的准确度和科学性。走在信息化前列的一些国家均已启动信息化犯罪预测，开始尝试将犯罪预测数字化、平台化、体系化，这标志着犯罪预测呈现新的发展趋势，预测信息化进入新的阶段。

1. 从宏观预测到微观预测

犯罪预测的内容包括宏观预测与微观预测两个方面。犯罪宏观预测需要对整体及个罪的犯罪率进行统计，分析犯罪率、犯罪主体、犯罪手段等整体上的变化趋势及原因，在对犯罪统计、分析的基础上，对犯罪率的升降、犯罪重点人群以及犯罪手段的变化作出科学的预测，并提出行之有效的对策，为预防犯罪政策及措施的制定提供依据。比如，在犯罪治理的过程中，相较犯罪实施行为更加关注犯罪人。而域外国家在种类繁多的犯罪主体类别中，更加重视前文所述的两大类人群（未成年人和刑释人员），这两大类人群，都是相对于"强势群体"的弱势人群。弱势群体是指由于某些障碍及缺乏经济、政治和社会机会而在社会上处于不利地位的人群[1]，比如相对于成年人的未成年人。在犯罪预测过程中将这几类重点犯罪人群作为独立的对象从其他犯罪类别中划分出来，作为犯罪预测的重点人群进行单独研究，把握其犯罪规律和特点，加以识别预测。这不仅有利于对少数重点人群的犯罪进行预防，而且对整个社会治理以及刑事政策的制定具有积极意义，能够切实掌握控制犯罪的主动权。

不过，当下宏观预测已不是域外犯罪预测的主流趋势，他们认为犯罪的发生和发展既有其一般的规律，又有其特殊的规律，进行犯罪微观化的个体预测是现阶段防控犯罪更有效的手段。犯罪个体预测是指通过犯罪人的个人基本情况、思想品格、心理素质等，具体分析犯罪的原因及条件，统计各类

---

[1] 刘媛媛：《弱势群体的犯罪趋势预测》，载《河南大学学报（社会科学版）》2011年第2期。

犯罪具有的规律性的手段、时间及地点，及时对具体对象在已经形成或即将形成的某些条件和诱因的情况下可能发生的犯罪行为、犯罪手段、时间、地点作出预测。进行犯罪微观预测的理论依据是犯罪的种类及其时空分布的规律性。时空因素是制约人类活动的环境基础，随着时空因素的改变，主观情感、客观行为也会发生相应的变化。总而言之，人类的一切精神活动和实践行为都具有显著的时间和空间属性。犯罪现象作为人类反映其思想和精神活动的实践行为，也相应地具有时空特性。从应用角度来看，有关这方面的研究有助于根据时间和空间因素分析犯罪分布状况、犯罪类型等方面的特征，把握犯罪活动的时空规律，有利于选择适宜的时机和地点采取正确的犯罪预防措施。当然，宏观预测为微观预测提供基础和方向，微观预测是具体目标，犯罪预测要先有宏观预测再实现微观预测，二者并不能完全割裂。

2. 从经验主义到数据主义

通过对域外犯罪预测系统的梳理，笔者发现，域外犯罪预测已很少有经验预测的踪影。从20世纪30年代开始，迈向现代化的国家就开始逐步完善通信网络等设备，为之后建立现代化警务系统提供基础框架，并开始重视数据的积累。比如美国国家信息中心在19世纪末就存储了上亿条犯罪人员的详细信息；英国某团队在研发预测软件时，从当地和国家的警方数据库收集了基础单位较大的数据，包括人们被禁止和被搜查的记录以及犯罪记录。数据对应大约500万个可识别的个体，包括被逮捕人员及其所犯罪行的记录。到了20世纪80年代，电子信息技术迅猛发展，警务人员不再满足于机械的书面定期报告，开始转变思维方式，逐步构建以动态数据为基础的电子警务系统。以美国为代表的许多域外国家都已认识到，如果一个国家拥有足够多的优质数据和先进的数据挖掘能力，那么相应的综合国力也就得到了提升。这样的认知代表着犯罪预测已经从经验主义走向了数据主义，数据主义是对经验主义的继承和发展，而不是全盘否定。数据主义的两大主要阶段为数据的采集和数据的分析，数据采集阶段虽然基本没有人类经验渗透,但是数据分析阶段的算法模型就不可避免地渗透着数据挖掘者的意图。以前受技术限制只能观察和收集有限的犯罪数据,并以此为基础运用理性经验归纳犯罪发生的一般规律,是一种知识驱动的经验主义。随着信息化条件的具备和成熟,算法模型的建立仍然需要数理逻辑理论支撑,其实质是对大量数据的归纳,具有传统经验主义特征。当数据量足够大时,对理论模型的依赖会减小,在特定公式树的作用下,数据的自动化运算才能得出预测结论。

四、特大城市信息化犯罪预测对策与实践

随着"互联网+""智慧化+"的发展,我国犯罪预测也开始积极行动起来。相较一般地域,特大城市在经济实力、技术水平等方面均有优势。当前,我国一些特大城市犯罪预测实践总体上尚未形成系统化规模,呈零星分布的态势,但也产生了一定效果,实现了本土化创新,如上海市奉贤区人民检察院探索开发"刑事犯罪风险预警与动态预测系统"。该系统以检察环节执法办案数据为基础,在科学构建指标体系、设置权重的基础上,自动计算并动态评估特定区域的刑事犯罪风险等级,为预防打击犯罪、网格化管理等提供决策支撑。

(一) 应然层面的对策

1. 理念更新:犯罪预测特征转型

迈入高质量发展阶段的犯罪治理应树立整体性、长周期的治理观,倡导精细化治理理念以及总结、固定典型案例的成功模式。[1]犯罪治理涵盖"本体、过程与效果"等基本范畴,效果范畴之理念革新表现为建立科学的犯罪治理预测机制[2],城市犯罪预测同样是犯罪治理效果范畴的理念革新内容。

---

① 朱笑延:《中国犯罪治理的制度逻辑:以总体性治理吸纳现代化治理》,载《犯罪研究》2021年第1期。

② 卢建平、姜瀛:《论犯罪治理的理念革新》,载《中南大学学报(社会科学版)》2015年第1期。

伴随信息技术发展,以犯罪预防为核心的犯罪治理策略,与数据技术、规律以及分析相互捆绑,对特大城市犯罪预测理念转变提出创新要求。

其一,特大城市犯罪预测理念对"长周期"提出要求。因相关技术的桎梏,传统犯罪预测实施受诸多制约,尤其是在信息收集方面,警务人员不可能24小时且事无巨细"蹲点"记录每个个体或被怀疑个体的所有情况。这也不难理解传统办案机关只能将精力向"要案"及"要案侦查"倾斜。哪怕存在"犯罪苗头",司法机关以及相关部门对个体或团体的犯罪预测也仅从短期或相对宏观层面进行。但是随着大数据技术的发展,借助网络纽带以及规则体系、方法的更新,个体及团体的信息被监控记录、经财务审计、受到多元监督等,渐渐具备了长周期数据供给的可能性。

其二,特大城市犯罪预测理念对"精细化"提出要求。虽然数据信息有长周期供给基础,但是这些数据信息在不同情形下难免存在"瑕疵"。例如,在整体数据库中,难免存在一些无用或虚假数据;再如,虽有算法用以整理各处收集的信息,但在整体上这些数据信息仍旧杂乱无章、缺乏规律,这是数据信息的"粗糙性"问题。由于技术、人力等限制,传统特大城市犯罪预测主要从大范围、宏观层面进行,如预测特定区域范围内总体犯罪率升降、犯罪手段变化等情况。在大数据技术加持下,犯罪预测也开始向更微观层面转变,进而精准到特定个体与团体,这是"精细化"的必然要求。

其三,特大城市犯罪预测理念对"数据化"提出要求。犯罪治理的思维由传统犯罪分析的"侦查学"思维,向大数据犯罪分析的"犯罪学"思维转变。[1]19世纪末,域外国家就开始记录犯罪人员信息,以期进行犯罪规律性研究。20世纪30年代,域外国家逐步使用现代设备,现代警务系统框架也被频繁提及。时至今日,大数据技术发展不仅带来了技术的革新,也带来了方法论意义上的质变。传统的"侦查学"思维依赖人为经验适用犯罪打击,而现代意义的"犯罪学"在提出犯罪治理理念的同时,也提出了数据主义在

---

① 吕雪梅:《现代犯罪治理的理念创新与思维转变》,载《山东警察学院学报》2019年第6期。

犯罪预防中的适用。在新时代背景下，数据信息虽不能说无处不在，但至少都有迹可循，犯罪治理先进性同样需要正视这样的变化，犯罪预测理念应从经验主义向数据主义转变。

2. 犯罪预测理论的应用与深化

现代信息技术与研究方法强调量化分析，信息化犯罪预测同样依赖量化分析，一方面现代化发展对于标准化提出要求，另一方面标准的量化是信息技术适用的主要方式。科学的犯罪治理与预测都离不开数据收集及分析技术创新，也需要对理论的清晰认知与深化解读。

一直以来，近重复理论与风险地形建模是犯罪预测的主要模型，近重复理论旨在"识别和解释某些犯罪表现出的在同一地点产生重复犯罪活动的现象"。该理论认为，一旦特定地点发生犯罪，统计学上该地点和附近区域发生犯罪的可能性就增大。在发生首次犯罪后的短时间内，附近环境可能遭遇其他类似的犯罪事件。[①]近重复理论在财产类犯罪中尤其是在盗窃罪中，基本被验证。相对应，信息化犯罪预测即可在这种理论的框架、规律中完成代码式、数字化的转化。"犯罪预测"常被西方学者喻为"旧把戏、新技术"，其中也反映了变与不变，变化的是技术的嵌入，不变的是理念的适用。风险地形建模则侧重从社会、物理空间视角作用于行为因素间的动态关系。风险地形建模大致流程包括给各个因素配值，让每个因素形成单独风险图层，最后在 GIS 系统中将所有图层汇集组合，形成一个风险地形图。风险越大，发生犯罪的概率也就越高[②]，由此应用于犯罪预测。在当前实践中，该理念与模式主要依托数据技术与交互技术进行犯罪预测的优化，不仅能用于财产类犯罪预测，也适用于暴力类犯罪预测。

风险地形建模是得到相对广泛应用的犯罪预测理论，如日本的犯罪预

---

① 胡铭、严敏姬：《大数据视野下犯罪预测的机遇、风险与规制——以英美德"预测警务"为例》，载《西南民族大学学报（人文社会科学版）》2021 年第 12 期。

② Leslie W. Kennedy et al., Risk Clusters, Hotspots, and Spatial Intelligence: Risk Terrain Modeling as an Algorithm for Police Resource Allocation Strategies[J]. Journal of Quantitative Criminology, 2011, Vol.27, 339—362.

测系统中的交互功能，就是以风险地形建模为基础构建的。不过，这些犯罪预测理论在不同的国家或地区有不同的适用方式。一方面，这种适用理应被强调，在预测理论中增加数字系统创新构建，利用不同科学技术优化预测精准度；另一方面，特大城市犯罪预测的过程也应是这些理论深化发展的过程。随着人脸识别、深度学习、人工智能等技术的发展，犯罪预测理论也不断扩展。2017年上海交通大学的两位学者发布了一项题为"利用脸部照片自动推断犯罪性"的研究，利用基于有监督的机器学习的方法，根据人的脸部特征预测一个人是否有犯罪倾向，"准确率接近90％"。虽说该研究被专家认为存在社会偏见，但也提供了新的理论视域，人体的面部特征、行动姿势、生活习惯等均成为犯罪预测需要深入研究的基点。假如我们认为仅看面部特征容易造成偏见，那么当结合风险地形、重复理论、行为姿势等因素时，是否就能精准判断呢？这需要结合技术深入讨论。

3. 甄别可预测犯罪的基础条件

诚然，事实上不同犯罪在不同情况下也可能呈现同类型的特征，这时犯罪预测是否有规律可循就成为问题。进一步而言，不同犯罪类型的可预测性、预测必要性都存在不同，另有部分犯罪难以纳入可预测犯罪的范围。以我国刑法中鲜少适用的丢失枪支不报罪为例，我国《刑法》第129条规定，丢失枪支不报罪是指依法配备公务用枪的人员，丢失枪支不及时报告，造成严重后果的行为。该罪名是针对依法配备公务用枪的特殊人员，在明知枪支丢失的情况下，故意不作为的行为制定的。同时，根据我国《枪支管理法》的规定，丢失枪支不报罪中的丢失枪支仅指因保管不善而遗失的枪支。在对该类犯罪开展犯罪预测时，需要对枪支丢失的可能性进行预判，但就连犯罪行为人对枪支在何时会因保管不善而丢失都无法预测，更难以让侦查机关准确预测枪支可能丢失的时间和地点，因此，该罪不具有可预测性。应当从方法论的角度鉴别哪些犯罪可预测，哪些犯罪不可预测。纵观当前信息化犯罪预测实践，可预测的犯罪至少存在以下几个前提条件或者类型表现。

一是从犯罪主体角度来看，可预测的犯罪属于理性的犯罪。实证研究表明，并非所有的犯罪都是理性的产物，还存在非理性的犯罪。与理性的犯罪相对应，非理性的犯罪具有较强烈的感性色彩，是犯罪人在感情冲动支配下或情感冷漠情况下实施犯罪的情形。其非理性的特征表现在犯罪原因的情绪化、行为动作的冷酷化，以及危害对象的非针对化。依据引起犯罪情感原因的性质，非理性的犯罪可分为积极的非理性犯罪和消极的非理性犯罪。积极的非理性犯罪是在冲动情感支配下积极实施犯罪行为的犯罪。较为典型的是情绪性犯罪中的激情犯罪与应激犯罪。激情犯罪是因情绪爆发而突然实施的犯罪行为，例如 2013 年，莆田 14 岁少女帮路人指路，因不经意行为激怒路人，后惨遭杀害弃尸，犯罪人与被害人之间并无积怨，素不相识，只因偶发事件刺激犯罪人而引发犯罪。这些犯罪行为因具有突发性、盲目性、临时性而很难进行预测。消极的非理性犯罪是因情感冷漠而导致的行为异常引起的犯罪，如不作为犯罪。2013 年北京一商场突发火灾，消防中控室的值班人员听到警报后并未启动喷淋系统，而是摁掉警报声继续打游戏。该案中犯罪人员在听到警报声后未积极开展救火的行为，在能够履行的情况下置之不理，造成了严重的后果，构成犯罪。是否构成犯罪还取决于犯罪人本身的意志支配，主观性过强，也难以预测。相反，像一些杀人犯，平时的表现是沉默寡言，不急于施展暴力，但当其在杀害被害人时，则充分暴露出内心阴暗、手段残忍，甚至变态的一面，这种共性反映出人们对这类"冷血杀手"已达成基本共识，也说明这类杀人犯在性格和内心上还是理性的，只不过是冷酷的理性，仍然具备可预测性，实践中有必要加强对这类犯罪的有效预测。

二是从犯罪性质和类型来看，可预测的犯罪往往是常见多发的犯罪。这与犯罪治理和犯罪预测的目的也是一致的，对于极少发生，甚至基本没有适用过的罪名，预测本身就不存在较大意义。事实上，发生次数较少的犯罪没有太多数据，预测也更加困难。结合学者们对常见犯罪的认识，一般根据全国各地司法数据情况，可以确定适用较多的一些罪名。一般可以将适用数量前 50 的犯罪作为常见罪（刑法规定的罪名接近 500 个）。最高人民法院发布 2021 年 7 月 1 日起实施的《关于常见犯罪的量刑指导意见(二)(试行)》规定了七种常见犯罪。①这就说明常见犯罪是容易确定的,预测也有必要有针对性地予以跟进。在实践中,盗窃罪和诈骗罪一直是我国高发的犯罪类型,但随着人们生活方式和财产形态的改变,盗窃罪和诈骗罪的犯罪数在一定时期和地域内可能发生变化,预测也应该考虑相关因素变化而得出相适应的结论。再比如,尽管社会经济文化发展变化,故意杀人罪和故意伤害罪的数量一直比较稳定,社会的发展并没有消灭这些犯罪。而因立法规定了醉驾等危险驾驶类犯罪,所以在随后几年内这类犯罪的数量就超过了盗窃罪的数量,这种变化与立法有直接关系,预测也要随之变化。还有因信息网络发达导致网络类犯罪激增,这同样与立法有关,随着案例不断增多积累,对这些犯罪的预测也会越来越具有现实性。

三是从预测的基础来看,可预测的犯罪需要充足的数据和信息。犯罪预测以数据分析结果为主要依据,一个较为精准的犯罪预测结果的得出,不仅需要对犯罪行为本身的数据进行统计与分析,同样需要对可能影响犯罪的各种因素,如与社会、经济和文化等密切相关的数据展开分析。在传统犯罪预测中,由于技术的局限性,我国犯罪预测大多收集与犯罪直接相关的数据,收集范围狭窄,虽然在特定时空中可能和实际情况相近,但由于未将影响犯罪的所有因素都纳入考虑范围,也未对其进行深入的挖掘,预测结果的可靠性、准确性十分有限。在信息化条件下,犯罪预测对数据的依赖程度加剧,为形成完整的犯罪预测与犯罪评估链条,大量的历史数据更显重要。

4. 犯罪预测精准数据收集策略

面对可预测犯罪,该如何抓住规律进行精准预测,这是另一个需要探讨的问题。不同犯罪在发生前后伴随不同征兆、特征,无论是个体还是团伙作案,犯罪类型决定是否可预测,也决定该如何预测,或者说正因为从这些方面进行预测能实现精准的目的,才让这种预测成为可能。例如,企业涉嫌非

---

① 七种常见犯罪为非法经营罪,猥亵儿童罪,侵犯公民个人信息罪,帮助信息网络犯罪活动罪,开设赌场罪,拒不执行判决、裁定罪,组织卖淫罪。

法吸收公众存款罪,分析犯罪的行为、结构后,不难得出犯罪与企业经营范围、实际经营业务、往来交易记录以及主要管理人的行为情况等信息有所关联,那么对这些因素的收集分析和测算,将促进更好得出预测结论。还有一些犯罪是以特殊主体为要件的,那么对于这类犯罪,其预测就可以限缩在个体以及相关个体的范围内,某种意义上对于犯罪预测规律的挖掘一定要对犯罪本身作类型分析,并且不断归纳类型所涉及的因素,这是信息能够融入算法且能被计算的前提,也是精准挖掘数据信息的必经步骤。

以 2022 年 4 月河南发生的一起恶劣金融事件为例,从种种数据的关联性进行分析,其背后很可能潜在金融犯罪的高风险。当时案发是因为河南的 4 家村镇银行和安徽的 2 家村镇银行关闭了线上资金渠道,导致线上储户无法提现,因而引发关注。涉事银行在成立的时候,就已具备了较多的不正常要素,其股东构成及其身份等都是犯罪预测的基础因素,如果没有及时纠正整改,其潜在的风险很可能演变为金融犯罪。而对这些因素进行收集整理,运用一定的预测模型和算法,不难得出预测结论。

一方面,犯罪预测离不开犯罪规律的基本把握,另一方面,犯罪预测需要收集大量信息要素,面对现阶段数据杂乱无章的难题,数据信息的精细化研究影响犯罪的因素以及各因素间的联系。换言之,越是精准的犯罪的预测,越是牵涉诸多方面,依赖大量的数据信息,那么确定精准收集数据的策略就很重要。例如孔一教授在研究刑释人员再犯风险评估时,就选取了 51 项相关因素,并在量化后按同一标准确定为再犯预测因子。[①]这样的方法论同样表示,针对特大城市犯罪预测,需进一步确定其影响因素,甚至需对这些影响因素按照因子程度排序。通过公式计算,影响因子比重越高,所排列的影响因素越靠前,意味着其与犯罪实施越有密切关联,显然,与此因素有关的数据将成为更关键的数据。在进行犯罪预测时,应优先考虑。

当然,网络数据的私密性以及非真实性都加大了对这些关键数据的收

---

① 孔一、黄兴瑞:《刑释人员再犯风险评估量表(RRAI)研究》,载《中国刑事法杂志》2011 年第 10 期。

集难度。在对影响因素进行排序的同时,同样需要确定具体的因素信息收集策略,这决定了数据能否收集成功,即可行性的问题。"现代犯罪治理理念应以多机构协作为主体,以大数据犯罪分析为路径,以犯罪情境预防为主要策略。"[①]由于传统"侦查学"思维将犯罪打击作为主要任务,犯罪线索、数据收集等主要依赖公安机关完成。但若将"侦查学"思维向"犯罪学"转变,基于犯罪治理与预防目的,犯罪数据供给不仅需要公安机关积极作为,同样需要其他单位组织一同协作,包括其他公权力机关、第三方技术组织、广大知情群众等。例如,市场监管局出具企业法定代表人、股东、行政处罚等数据信息;电信、移动等通信企业拥有个体通话记录等,都将成为特大城市犯罪预测的重要数据。一些中介服务机构也为犯罪预测需要的数据收集提供了便利,如"企查查"就是一款企业信息查询工具,立足于企业征信的相关信息整合,经过深度学习、特征抽取和使用图构建技术,为用户提供全面、可靠、透明的数据信息,这些信息对于公司企业的犯罪预测都是有价值的数据。

5. 信息数据智慧分析与交流机制

提及犯罪治理领域数据系统的运用,美国的 Compstat 系统非常有名。Compstat 系统摆脱了依赖数据随机收集和依靠 911 报警电话的被动局面,开始依靠电脑建立犯罪数据库并进行深度分析,其主要有两大内核,一为实现信息网络和信息系统建设;二为与之相适应的信息化工作体制和管理体制。[②]随后美国还研发了不少犯罪预测系统,这些均成为可以参考、借鉴的素材。比如 PredPol 犯罪预测系统根据历史犯罪活动统计数据,借助算法预测最可能发生犯罪的时间地点和类型。其设计原理源于地震预测软件,认为犯罪会像地震一样短时间内会在原来发生犯罪的地点再次发生同类案件。除美国外,其他国家也有典型应用犯罪预测系统案例,如英国的 NDAS

---

① 吕雪梅:《现代犯罪治理的理念创新与思维转变》,载《山东警察学院学报》2019 年第 6 期。
② 俞秋明:《美国情报信息主导警务战略 Compstat 模式评析》,载《经济研究导刊》2013 年第 34 期。

系统,利用 AI 软件分析数据评估个人持枪或刀犯罪的可能性,同时还可以评估个人成为犯罪受害者的概率。一旦发现被计算机系统标注为有心理健康问题而可能实施暴力犯罪的高风险人群,NDAS 就会提出为其提供咨询服务或医疗帮助的建议,以避免他们真的犯罪。①除此之外,还有英国情报核心分析 ICAS 系统、日本日立可视化分析 PCA 系统、以色列人脸识别个性分析 Faception 软件等,各国一直都在针对犯罪危险数据评估系统、模式进行研发、创新。

这些事例给我国语境下特大城市犯罪预测带来启示,如参考 PredPol 系统中算法与犯罪预测的结合,预测犯罪高发时间以及地点,这为精准普法教育提供有力佐证。再如参考 NDAS 系统,以提前预测心理健康问题以及暴力倾向人群,联合社会组织提早介入,以实现真正的犯罪预防。一直以来,个体与团体信息的私密性、隐蔽性是阻碍犯罪预测的一道难题,还要知道犯罪行为的受害者或其他第三人信息始终存在。在日本的 PCA 分析系统中,有一项特色的做法即利用社交功能来获取犯罪危险信息。系统用户在社交界面上可以表达地点、犯罪类型以及犯罪可能性等。在我国司法实践中,不少犯罪所涉诸多受害者或者碎片化的信息被第三人掌握,比较典型的如非法集资类、环境保护类等犯罪。在这种条件下,就需要一个用以交流的系统将线索拼凑在一起。不同用户可以在系统中表达自身受害情景或有关犯罪情报,然后,将这些数据导入预先设置的公式树之中,最终筛选、提取所谓犯罪评估的关键信息。与用户互动的数据筛选、提取过程,在现阶段更多是内容识别、鉴别过程,包括对用户表达的犯罪地点、类型、可能性、证据、线索、情节等内容鉴别。一方面,警务人员的一线经验可以对公式树进行初步设置;另一方面,人工智能因具备自动学习功能,也能够不断自我完善公式树结构。这也就意味着,这种"人工＋机器"不断完善模式,更有利于全面收集、分析数据,相较一般警务人员,更容易找出可能被忽略的必要因素。

---

① 李忠东:《预测犯罪》,载《检察风云》2019 年第 5 期。

当然,这种互动方式还具有数据验证的功能,如一个信息能够被不同用户提及,这个信息的真实性也就越强,价值也就越大。

6. 犯罪数据整合利用的最大化

数据分析离不开公式树构建,而公式创设又需考虑各项指标。各项指标联系数据收集以及分析,这是理论与实务界基本达成共识的观点。共享经济的时代特征不仅需要数据技术的支撑,也同样反馈到数据分享新模式中。诚如上文所述的英国数据分析 NDAS 系统,该软件囊括了多达 8 支警察力量的数据库。不少犯罪在地域上横跨多地,甚至跨越国界,行为过程冗杂烦琐,行为模式上既有组织性,又各自负责。对其进行预测,不仅需要同一区域范围内行政机构内部的协调互助,也需要不同区域间对相关数据的共享管理,有可能还需要国际组织之间的沟通交流。

现阶段,司法实践部门确实在适用一些数据评估系统,但是这些系统大多只针对自我区域范围,典型例如乡镇街道配合网格化管理所开发的管控系统。个体或团体跨区域违法活动经常是以碎片化的形态存在,这就很难客观地对犯罪危险发生的可能性作出精准评估,尤其是一些需要达到一定金额或条件才能认定犯罪的案件,以及那些前期性需要数据、金额评估的犯罪。此外,小范围的数据整合,往往因为样本数量有限,而难以挖掘规律或者重复发现规律。其一,一些区域的经验以及通过计算所得的公式,可以直接通过申请修改,并入系统公式树之中,再直接适用其他区域,免去收集、分析、归纳等重复劳动;其二,缺乏数据跨区域甚至全国性流通的机制,就难以让数据所呈现的规律被最大化利用,如一些一线城市的犯罪规律可能比二线城市更早发现,如果有一个大范围(如长三角城市群)统一的数据分享、交流机制,那么二线城市就有可能借助一线城市的预测经验,将犯罪消灭在"萌芽"状态。

当然,作为国家层面犯罪治理的重点单位,公安部及其下设单位(如局、所)日常进行的分析调研(各种调研报告)中一定包含了犯罪预测的内容,但因公开的资料有限,未发现有影响力的专门的犯罪预测理论成果,或者应用型操作系统。不过,公安部出台相关犯罪治理的政策性规定,特别是中央政法委在组织司法机关研讨出台犯罪治理的相关文件过程中,也离不开犯罪预测的内容。随着信息化技术日趋发达,犯罪预测对于制定和执行犯罪治理的指导性文件,实现犯罪治理的精准化和有效性必将具有越来越重要的意义。

（二）实然层面的预测实践

近年来,犯罪预测一直是犯罪治理追求的目标,尤其是特大城市,无论是社会治理的现实需要,还是大城市本身所拥有的综合实力,都让这种犯罪预测成为有效控制犯罪率的切入点。不仅域外国家有犯罪预测的尝试,国内不少特大城市也进行了数字系统的信息化犯罪预测尝试,例如,上海梳理2014年1—3月扒窃拎包案多发区域,推出"反扒地图",以及之前论及的"夜猫子出行地图"与"安全屋"机制都是结合物理空间而推导出的信息化警务探索。2020年公安部门为惩治贷款类电信诈骗犯罪,打击了一批发送含有无抵押、免征信贷款信息,以及含有贷款诈骗APP的下载短链接违法短信平台。2021年我国推广的"国家反诈中心"APP,在某种意义上也是一种预测犯罪的"防火墙"。这些实然层面的预测实践,虽然还不成体系,但至少也是包含犯罪预测的有效探索。下文以诈骗与交通类犯罪为例,为犯罪信息化预测提供实际研究样本。

1. 诈骗类犯罪预测

诈骗罪是指以非法占有为目的,虚构事实或隐瞒真相,骗取数额较大财物的行为。传统诈骗类犯罪大多为当事人接触性的诈骗,而21世纪以来,伴随社会经济与网络技术的不断发展,利用电信网络实施诈骗的行为越来越多,每年以超过30％的速度增长,给人民群众带来了巨大的经济损失。面对大量的诈骗犯罪,国家从制度层面、媒体层面、基层管理层面开展了一系列整治措施。例如公安机关联合通信运营商、金融机构等成立反电信诈骗中心,集多方力量打击诈骗犯罪;通过广播、电视、微信公众号、抖音等媒体平台揭露诈骗犯罪伎俩,提示防范技巧;发动社区力量开展宣传预警管理,增强居民防范意识与提高居民防范能力。但诈骗犯罪依然屡禁不止,单个数额超千万甚至过亿的诈骗案已不鲜见,2016 年 8 月又连续发生数起学生因遭电信诈骗而自杀的事件。由于诈骗手段不断升级、网络诈骗场所隐蔽性强、小金额犯罪报案率低、跨区域犯罪立案难等特点,警方对网络诈骗、集资诈骗等大型诈骗犯罪实施预测的难度加大。

诈骗罪的信息化犯罪预测同样要以大数据为基础,通过对数据库数据的统计、挖掘、分析来识别诈骗罪在犯罪时空、犯罪对象、犯罪手段等方面的标签特征,以此建立犯罪预测算法模型,通过算法对诈骗犯罪的犯罪手段、犯罪时空、易受害群体开展预测,从而制定犯罪预防、预测的具体措施。诈骗犯罪的空间预测并不像盗窃案那样简单,因为诈骗犯罪尤其是电信网络诈骗,其对空间的依赖程度不高,而且赃款转移方便、快速,同时,在犯罪预测结果启用时,犯罪人也会随着预测结果的不断发展而实时改变犯罪环境与犯罪模式,这就要求犯罪预测具有更高的水平以预测长远的趋势。比如,近年来老挝、柬埔寨、印尼、菲律宾、缅甸等东南亚国家已成为电信网络诈骗团伙的主要隐匿地,这种犯罪空间跨国化的预测就需要及时加以跟进。

对诈骗犯罪手段的预测主要是针对诈骗媒介(手段的表现形式)开展。伴随网络技术的不断发展,诈骗犯罪团伙不再是简单的电话、短信群发,而是用 400 企业电话、伪基站等手段发布诈骗信息。主流的诈骗手段是在国外租借落地服务器,利用改号软件随意设置来电显示号码,仿冒的号码往往是公安、电信、邮政等官方部门,具有较强的欺骗性,诈骗成功的概率较高。为此,广大运营商开始加强反诈通信约束机制,堵塞安全漏洞,开展反诈预测探索。近年来,工信部加强发挥电信企业反诈职能,建立了一批反诈系统平台。四川移动公司创建反诈骗治理综合平台,通过研究诈骗电话行为模式,叠加用户、行为、位置三维数据,利用机器学习、人工智能等大数据手段,构建诈骗场景数据模型体系。①中国电信广东大数据研究院通过基于大数

---

① 黄粟:《四川移动用大数据助力综合治理电信诈骗》,载《通信与信息技术》2017 年第 3 期。

据的信令共享平台获取呼叫原始信令的海量数据信息,通过大数据处理技术与呼叫行为模型比对,根据该号码通话行为来实时判别是否涉嫌信息诈骗呼叫。[1]中国移动宁夏公司基于行为数据进行模式识别,建立基于诈骗场景、号码行为特征、号码特征、号码活跃特征、号码社交网络、行为事件流、地域等多维度的大数据分析模型,通过对海量呼叫信令的分析,在通话结束后的3—5分钟输出疑似受害用户号码并及时提醒预警。该系统实际上线应用2个月,日均处理话单量4 000万条,累计发现诈骗号码334 197个,发现疑似受害用户7 168个。[2]我们看见的治理结果,其实都包含了先期犯罪预测的过程。

除了诈骗行为方式和诈骗地点外,反诈预测对象还应该包括犯罪主体、境内地点、受害人范围等。就电信网络诈骗而言,诈骗主谋和参与者情况不同,但对于他们的职业经历、家庭状态、行动轨迹等,结合其实施的各种联络信息状况加以综合分析,还是可以发现违法犯罪端倪的。关于犯罪地,除了境外窝点外,也存在相邻性或者连带规律,犯罪的"传染性"决定了犯罪地点的可预见性,依据大数据分析可以实现信息化预测。诈骗犯罪被害人的预测难度最大,从过往经验看,年轻人和年长者、学历文化较高的和文化层次相对偏低的,都呈现差不多比例的被骗规律,电信网络诈骗的被害人属于典型的"愿者上钩"。所以主体的性格和生活阅历环境等因素制约着被害的概率,而这些因素很难被"编码"上升为具体的数据,成为预测的基础条件。但如果加强基层摸底,夯实基层群众工作,对那些本具有一定知识和经济条件(被骗的物质基础)的主体,进行一定程式的数据统计、挖掘、分析,也是可以发现规律进行反诈预测的。这种预测即使把社会组织形态分为公司、企业和生活小区等类型,其规律应该也不存在太大区别。

----

① 李程:《基于大数据处理技术的防范信息诈骗系统探讨》,载《广东通信技术》2017年第10期。
② 王志刚、曲劲光:《基于大数据的电信诈骗治理技术研究》,载《电信工程技术与标准化》2017年第4期。

2. 交通类犯罪预测

现代社会由于汽车普及率越来越高,发生在交通领域、危害交通安全秩序的犯罪也具有经常性与高发性,这些犯罪涉及我国刑法规定的十多个罪名,但最常见的是交通肇事罪和危险驾驶罪。近年来,危险驾驶罪更是超过盗窃罪成为实践中的数量最多的犯罪。同时,交通犯罪具有极大的社会危害,一方面,其直接危害不特定人的生命和身体健康,给被害人家属带来巨大精神痛苦,另一方面,其造成了巨大的经济损失。2020 年,由于交通事故造成的直接财产损失达 131 360.6 万元。此外,交通犯罪还导致了交通拥堵、人心恐慌等负面影响,是近年来犯罪治理的重大难点。受到犯罪预测技术与手段的局限,传统犯罪预测中对交通犯罪的预测主要针对现状分析和经验预测展开。例如,2013 年公安部门相关负责人依据 2012 年的交通事故统计数据,以国家立法的完善、交通事故执法力度的加强,以及人们交通安全意识有所增强这三个原因得出 2013 年交通事故发生数量和带来损失有所下降的预测结论。该种预测具有宏观指导意义,但由于未深入挖掘上述三个原因的相关因素,因此很难在此基础上得出细化的犯罪预防和治理策略。也有专家依据机动车统计数量增加的现状,预言我国道路交通安全状况将继续恶化,并据此提出将逃逸行为单独入刑、提高法定刑等立法或刑事政策的建议。

尽管根据宏观预测建议,我国从《刑法修正案(八)》到《刑法修正案(九)》,逐步细化了危险驾驶罪的规定,加大了严重违反交通法规行为的处罚力度,但 2016 年我国道路交通事故死亡人数仍在上升,直接财产损失也在不断上涨。仅依据宏观建议而得出的犯罪预测策略并未对交通犯罪的治理起到实质性抑制作用,有必要对引发交通犯罪的相关因素加以细化,从微观角度对交通犯罪行为加以预测。犯罪发生率是反映交通犯罪总体趋势的直观性与必要性数据,因此,在数据搜集时,犯罪发生率的统计不可或缺,但由于引发交通犯罪的原因由多方面因素组成,因此利用信息化数据进行数据拓展和数据共享显得十分重要。具体而言,对交通犯罪开展犯罪预测时,由于交通犯罪的多发性是由于道路条件、机动车普及以及交通安全设施的欠缺，还有交通主体的主观过错等因素共同作用的结果，在宏观经济、社会与交通发展水平的状况分析的基础上，还需对机动车及驾驶人员、具体案件等相关数据进行统计分析。

从机动车与驾驶人员情况来看，据公安部统计，截至 2022 年 3 月底，全国机动车保有量达 4.02 亿辆，其中汽车 3.07 亿辆；机动车驾驶人 4.87 亿人，其中汽车驾驶人 4.50 亿人。2022 年一季度全国新注册登记机动车 934 万辆，新领证驾驶人 775.8 万人。[①]在此还应注意无人驾驶汽车的存在。2005 年由上海和欧盟科学家合作的 CyberC3 项目取得了阶段性成果，首辆城市无人驾驶汽车在上海交通大学研制成功，至今已有多家企业的无人驾驶汽车试行上路，无人驾驶车辆的存在也成为影响交通犯罪的重要因素。从交通犯罪具体案件数据来看，我国近三年来，交通事故每年发生数量都在 200 000 起以上，其中 2020 年中国交通事故发生数量 244 674 起，同比下降 1.2％；交通事故直接财产损失金额为 131 360.6 万元，同比下降 2.4％。[②]在数据共享与大数据的统计下，大众对上述具有代表性数据的获取并不困难，但公安与交通执法相关部门还可通过可视化技术和机器学习算法等信息化手段，更加精确地预测区域内的各种犯罪情形的分布。具体而言，信息化手段对交通犯罪的预测主要通过以下三个方面呈现。

第一，从宏观角度预测交通犯罪发展趋势的主要要素及其相互关系。例如，从经济发展因素、机动车与驾驶人员因素以及其他社会因素进行考察，交通犯罪仍将是未来较长一段时间内最常见的犯罪类型。同时，可以根据前些年的交通犯罪态势，以及各种具体要素，分析它们与交通快速发展的客观状况是否具有一定的比例关系，并通过数据分析，发现其中哪些客观因

---

① 《全国机动车保有量突破 4 亿辆》，中华人民共和国公安部官网，https://app.mps.gov.cn/gdnps/pc/content.jsp?id=8451260，2022 年 4 月 7 日。

② 《中国统计年鉴（2021）》，国家统计局，https://www.stats.gov.cn/sj/ndsj/2021/indexch.htm，2021 年 4 月 12 日。

素影响最大。在经济发展层面,经济快速发展但道路等交通基础设施建设速度较慢,道路交通基础设施建设的速度与经济、交通(运输)发展所需求的速度存在显著冲突,应研究这种冲突对交通犯罪有多大影响。在社会因素层面,针对民众道德水平变化、文明意识仍较薄弱,法治和交通安全意识有所加强,分析这些与交通犯罪增加呈现什么关系。而在机动车与驾驶人员因素层面,机动车数量与驾驶人员数量逐年递增,但驾驶行业体制欠缺,规范不足,轻驾驶质量而重经济效益情况突出,导致"职业马路杀手"在短期内无法杜绝。上述客观和主观方面因素相互交织,通过信息化手段对一定年限的数据进行科学分析,应该不难得出基础性预测结论。从总体数据观察,我国交通犯罪仍存上升趋势,这种上升当然也有罪名增加的因素,但在稳定的罪名体系下,预测的基础因素和数据应该也比较稳定,只要方法得当,预测结论还是可信的。

第二,在宏观预测基础上,可借助可视化技术、计算机算法加强对特定城市、特定路段、特定人员等微观层面的预测,并从多个视角设定信息化预警措施。例如,通过可视化技术查看不同城市交通犯罪案件的发生频率,找出交通犯罪高发的特定时间段,并在未来特定时间段来临之前,作好交通犯罪预警与犯罪治理活动的安排与部署。例如,对于酒驾犯罪,上海市交警经常在深夜某些高架下匝道口设点查酒驾,就是将本地区酒店密集、部分驾驶员可能喝酒等数据作为前提进行预测的。还可以通过计算机算法对交通犯罪案件中当事人的基本信息,案件发生的时间、地点,案件发生时的路况、天气等信息进行学习整理,并将上述能够影响犯罪人实施交通犯罪的信息数据建立算法模型,通过计算对交通犯罪容易发生的时间、地点、人群、路况等进行预先测算与精确锁定,并针对性地制定相应预警措施。例如,对某个时间段发生交通犯罪频率较高的路段采取定时监控,对不同路段易发交通犯罪类型开展不同防范与制止手段。不同行政部门也可以通过预测,制定不同的政策以遏制或应对未来交通犯罪的发生,如车辆管理部门可采取科学严格的车辆运行与驾驶人培训管理制度,从源头降低交通违法犯罪的可能性,刑事司法部门可完善法律法规,转换立法模式,加重畸轻的法定刑,以刑法威慑力将犯罪遏制在摇篮里,道路交通管理部门可利用信息化技术辅佐警务部署,一般路面全天候监控,特殊路面加强巡逻,科学调用警务。再比如,之前一些地方对于易发事故的路段积累了很多交通事故预测经验。①在信息化技术越来越发达后,对危险路段发生重大事故的预测更加可能和精准,至少可以通过危险路段的长度、弯度、坡度等数据测算,对车辆行驶作最基本的驾驶要求(如车速),对相应路段,除了增加视频监控外,还可以在路旁增加语音提醒,甚至直接与驾驶车辆自动连接,提醒其谨慎驾驶。前些年,发生了多起重大桥梁垮塌案,根据相关数据如桥梁结构状况、使用年限、过桥车辆增多等,进行算法分析,应该就可以作出预测和应对。再比如,对重大人员密集场所,在人数和人员密集度等达到一定程度时,计算出一个临界值(或者饱和度),达到一定数值就标志人员拥挤踩踏的可能性很大,这也是一种犯罪预测。而如今,信息化技术特别是人工智能的发展更是大大增加了对这类犯罪实施预测的可能性。

第三,针对特殊车辆交通犯罪的预测。无人驾驶车辆交通犯罪的预测也可以围绕宏观与微观视角展开。在宏观层面,随着无人驾驶车辆逐渐上路,以及已发生的无人驾驶车辆交通事故②,未来交通领域会出现一种新型的犯罪模式。针对以上预测以及无人驾驶车辆的特殊性质,需要尽早研究修订法律法规,明确法律责任的分配问题。例如,无人驾驶车辆交通事故的民事、行政以及刑事责任的界限确定,事故责任承担主体的确认,以及设计者、制造者、销售者等主体间的具体责任分配等。在微观层面,则要考虑车辆的生产、制造、销售、使用的情况,通过加强行政监管,严格制定行政许可制度,提高车辆生产、制造的准入门槛,以提升车辆质量与无人驾驶技术安

---

① 参见《四川一盘山公路设近 2 公里减速带,公路局:此处常发事故》,搜狐网,https://www.sohu.com/a/547947437_121284943,2022 年 5 月 17 日。

② 比如 2018 年 3 月,美国就发生了两起自动驾驶汽车交通事故,即优步测试车案和特斯拉案。

全系数,减少因质量问题产生的交通事故。针对主要研发城市,可提前划定无人驾驶汽车的专用测试道路,对这些道路进行特殊管理,通过加装摄像头、特殊警察亭等方式严密监控。在实施无人驾驶后,由于自动化等级不同,对可能存在的车辆操纵者的要求也不一定相同,这个时候对危险驾驶罪的适用也提出新的挑战,比如对于智能网联汽车的驾驶员来说,构成醉驾的酒精浓度要求是不是与普通汽车驾驶员一样等。这既是立法或者解释法律的问题,也是犯罪预测需要考虑的问题。

诚然,目前犯罪预测碎片化趋势明显,即使是宏观预测,也是各自发展,既没有专门的犯罪预测协调机构,也没有形成国家层面整体的犯罪预测指导性意见或者报告。只是在不同行业、不同地方或者不同实践领域涉及犯罪预测问题,这样只能形成零散的预测结论。而在微观上,容易出现"头痛医头、脚痛医脚"的临时性预测,或者突然性、应急性预测,缺少犯罪预测的关联性、前瞻性,难以形成犯罪预测的系统性理论,这些无疑会影响犯罪信息化治理的整体效果,也与信息化治理本身的要求不甚协调。

第六章　交通犯罪及其治理

　　交通安全事关每个人的生命、健康和财产安全。从城市的上空俯瞰，能看到的除了一座座的高楼大厦，就是纵横交错的道路和形形色色的交通工具。国家和社会的发展有赖于各种交通运输工具的出现，而交通的便利在使人们之间的交往更加频繁的同时，也增加了安全风险。为了降低安全风险，各种交通管理法规应运而生。公共交通领域的法律规范在对一些可允许的风险下产生的交通安全越轨行为予以调整的同时，也将法不允许的部分过激危险行为上升到刑事犯罪的高度，交由刑事法律打击处理。公共交通的安全的确不是一种完全没有危险的状态，法律是要将这种危险控制在一定的范围内，超过了一定的范围就是交通犯罪，将受到刑罚制裁。交通犯罪已经成为当今社会最常见、最典型的犯罪现象，也是特大城市社会治理的重要着力点。尽管我国刑法关于交通犯罪的立法也在不断完善，但交通犯罪的治理效果并不明显，甚至因为刑罚打击产生了一些负面效应。与此同时，现代科学技术极大地推动了交通领域各方面的发展进步，特别是随着信息网络和无人驾驶等技术的发展，现代交通也越来越快速和便捷，交通领域的安全隐患，包括交通犯罪问题也呈现明显的"信息化"倾向，这就给该领域的犯罪治理带来了新的挑战。

一、交通犯罪的范围界定与立法沿革

（一）交通犯罪的范围界定

交通犯罪并不是一个专门的法律概念，学界尚没有主流观点或者通说①，至少不像计算机犯罪、环境犯罪那样有比较一致的界定，如有人认为交通犯罪是指"破坏交通工具或者交通设备，以及其他侵害交通安全的犯罪"。②该观点将具体的犯罪对象与抽象的法益糅合在一起，并不明晰。也有人从广义的角度认为，交通犯罪是指一切有损于交通秩序，危害公共交通安全的犯罪。《刑法》规定的侵犯交通秩序，危害了公共交通安全的行为，也应被认为是一种交通犯罪行为。③但这样的界定似乎没有了"交通"特色，过于宽泛的定义容易远离事物的本质。

对交通犯罪的界定既要把握犯罪的本质特征，将它与一般交通违规违法行为进行区别，同时还必须与交通的性质和交通安全秩序密切相关。笔者认为交通犯罪是指以交通工具、交通设施为犯罪对象，或者将它们作为犯罪的工具、条件，严重危害交通安全秩序的行为。从"交通"的本意来看，交通犯罪至少应该与交通工具、交通设施等密切相关，作为交通犯罪还必须是对交通安全和交通秩序的严重侵犯，仅利用交通工具杀害特定对象的，就不属于交通犯罪，如驾驶汽车利用信息化技术追踪被害人，将其碾压致死就不属于交通犯罪。④从刑法规范意义来看，常见多发的交通犯罪为交通肇事

---

① 截至 2024 年 10 月 30 日，在中国知网上以"交通犯罪"为关键词进行查阅，同时以"交通犯罪"为主要主题进行筛选，一共搜索到 13 篇论文，其中学术期刊 8 篇，学位论文 5 篇。

② 张明楷：《外国刑法纲要》，法律出版社 2020 年版，第 610 页。

③ 李凯：《交通犯罪的刑法规制》，法律出版社 2017 年版，第 7 页。

④ 2022 年 6 月 3 日，美国印第安纳州，男子 Andre Smith 在一家酒吧外被一辆汽车多次碾压死亡。女友 Gaylyn Morris 被指控为谋杀犯。目击者称，汽车驾驶者 Gaylyn Morris 告诉他们，她是用 AirTag 和 GPS 追踪 Smith 的。Morris 称她是 Smith 的女友并认为他在欺骗她。目击者告诉警方，Morris 上了她的车并把史密斯撞倒，然后倒回来反复碾压。苹果 AirTag 自推出以来一直备受争议，尽管苹果设计各种反跟踪措施，但可能的跟踪者还是利用该设备来跟踪受害者。

罪,再加上后续规定的危险驾驶罪,从劫持航空器罪,劫持船只、汽车罪,破坏交通工具罪,破坏交通设施罪,妨害安全驾驶罪等故意犯罪,到过失损坏交通工具罪、过失损坏交通设施罪、重大飞行事故罪、铁路运营安全事故罪等过失犯罪,都属于典型的交通领域的犯罪,由此形成交通犯罪的基本范畴,构成交通犯罪的基本罪名体系。而在马路上持刀故意杀人、在火车上寻衅滋事、砸坏停车场的公共汽车等,显然都不是交通犯罪。不过,利用交通工具、交通设施实施其他犯罪时,可能出现犯罪竞合的复杂情形,如我国几个特大城市就曾发生过利用汽车冲撞路边人群,因而造成重大伤亡的案例①,这些犯罪虽然也属于破坏交通秩序、危害公共安全的犯罪,但定性上仍归属于范围较大的以危险方法危害公共安全罪,又由于其与交通工具、交通安全秩序密切关联,也可纳入交通犯罪的范围内。将车辆连同乘客一起开入水中,造成车毁人亡的案件不仅造成车内多人死亡,同时也危及路上不特定的人身财产安全,更是对交通秩序的严重破坏,也可以作为交通犯罪看待。②此外,还有因建设工程质量引发的道路坍塌、桥梁垮塌造成车毁人亡等事故的,也有必要纳入交通犯罪的治理领域。

与此同时,由于科技发达,信息化技术对公共交通的影响越来越大,如网约车车主利用交通工具对乘客实施犯罪,针对这种"交通人"直接实施的与交通密切相关的犯罪,是否可以纳入交通犯罪的治理范畴,实施信息化防治也值得研究。考虑到这类犯罪是针对特定的乘客,并没有危害公共安全,也未侵犯交通秩序,所以不符合交通犯罪的本质特征。不过,鉴于这类犯罪的犯罪人和被害人都与交通密切相关,将其作为交通犯罪

---

① 许多特大城市都发生过驾车冲撞人群的案件,如 2024 年 7 月 27 日,粟某某驾驶一辆机动车在长沙市开福区月湖街道舟桥路段高速行驶,突然冲向路边人群。事件造成 8 人死亡、2 人重伤、3 人轻伤。

② 2020 年 7 月 7 日,贵州省安顺市一公交车司机张某驾驶一辆 2 路公交车从安顺火车站驶向客车东站,在途经虹山湖大坝中段时,直接驾车冲破石护栏坠入湖中,导致 20 多人死亡、10 多人受伤的严重后果。

的延伸,一并纳入信息化治理则大有必要。例如,2018年5月和8月分别发生于郑州和温州的两起网约车司机杀害女乘客的刑事案件,直接导致网约车被叫停,最先遭到拷问的是网约车司机资格审核制度。根据滴滴APP中的招募信息,滴滴注册司机实行实名制,需提供身份证、驾驶证和行驶证,还要求司机无暴力犯罪、吸毒记录,无酒驾、毒驾等严重违反交通法规事故的前科。但就是这样看上去已很严格的要求仍然难以抑制犯罪的发生。在信息化条件下,许多传统出行方式中无法解决的安全问题亟待找到新的解决之道。再如,2022年4月,北京市海淀区检察院对一起网约车司机"碰瓷"敲诈案提起公诉,被告人张某在其驾车过程中,伺机蓄意制造"剐蹭"事故,实施敲诈勒索,自2020年12月至2021年7月间,累计作案8起,涉案金额4千余元。2021年年底张某被交通网络"大数据"系统抓取到其在短时间内密集涉及多起交通事故。经调查,张某"制造"的这些事故模式都是相似的,事故发生在车流较大地段、剐蹭较为轻微,被害人往往都是事故的"责任方",短时间难以识别其中破绽,均按照张某的要求赔钱。

本书研究的交通犯罪主要包括刑法明确规定的规范性交通犯罪,除此以外,也包括与这些犯罪的主体、行为具有交叉、竞合等密切关系的犯罪。事实上,就犯罪治理而言,正是这些犯罪之间的密切联系,决定了有必要将它们一并纳入共同的犯罪治理对象范畴。因此,把交通犯罪理解为发生在交通领域的所有犯罪,范围过宽,不能把握交通犯罪的本质特征,也不利于犯罪治理。但交通犯罪也不能仅限于刑法规定的危害公共安全的典型交通犯罪罪名,对交通犯罪的界定,不仅要立足于刑法规定的典型罪名,还要包括那些被包含于其他罪名中的部分交通犯罪。

(二)我国交通犯罪的立法沿革

如上所述,交通犯罪的范畴还是以刑法规定的危害公共安全类犯罪的典型罪名为主。所以,本书重点研究刑法规定的典型的交通犯罪的罪名问题。

打击危害公共交通安全领域犯罪的刑法规范自 1979 年《刑法》就已存在,始终以保护公共交通安全为核心,刑法规范的立法沿革与罪名体系的构建始终随着危害公共安全形式的变化、公共安全领域交通工具表现形式的变化等而逐步完善及转变。在 1979 年《刑法》中,公共交通领域犯罪仅有破坏交通工具罪、破坏交通设施罪以及交通肇事罪这三个罪名。此时对于交通安全领域犯罪的规制尚集中在对于交通工具和交通设施物理性破坏进而危害公共安全的行为。一方面由于当时我国刑法尚不十分完善,另一方面由于当时我国处于改革开放初期,各类交通工具均不发达,暴露出的安全问题较少。

　　自改革开放以来,我国经济迅速发展。为了履行我国加入《海牙公约》《蒙特利尔公约》等国际条约后的国际义务,并解决交通安全领域出现的新犯罪类型,如以航空领域为代表,出现了劫持航空器等严重的犯罪行为,在 1997 年《刑法》修订时,劫持航空器罪,劫持船只、汽车罪,暴力危及飞行安全罪,重大飞行事故罪等罪名进入刑法。在此时,刑法规制公共交通安全领域犯罪主要着眼于发生在交通工具内部的危害公共安全的犯罪,即具有内源性危险的犯罪,劫持交通工具类和交通工具飞行、运营安全事故类罪名都属于此类。

　　进入 21 世纪以来,随着我国国民私家车保有量不断提升,道路上车辆数急剧增加,道路交通安全问题开始凸显,交通肇事成为显著问题,交通肇事罪的数量大幅攀升。2000 年最高人民法院出台了《关于审理交通肇事刑事案件具体应用法律若干问题的解释》,以针对性解决交通肇事所带来的司法适用问题。此时,交通领域犯罪体系又发生了变化,犯罪体系不再以规制物理性破坏公共交通工具与破坏交通设施的故意犯罪为重,规制过失的交通肇事罪为辅,也不再处于规制航空、铁路、船只、汽车等各类交通工具犯罪并重的体系结构中。由于交通肇事罪的数量远超其他交通安全领域犯罪,交通犯罪体系呈现以交通肇事罪为交通犯罪体系核心,道路交通犯罪成为交通安全领域犯罪的重中之重,风险社会形成,以过失罪过为核心的交通肇事罪成为交通安全领域犯罪的主要代表。

此后,公共道路交通安全领域的问题随着私家车保有量的增加越来越多,并不断暴露出新的问题,较为突出的是在道路上追逐竞驶和醉酒驾驶的危险行为,两种行为虽不具有内源性的公共安全危险,但对于外部的公共交通安全产生了很大威胁,特别是像孙某铭以危险方法危害公共安全案给社会大众造成了严重心理冲击及恶劣影响。因而,对此类危害公共交通安全行为进行刑罚规制的呼声愈发强烈,《刑法修正案(八)》就将危险驾驶罪列入刑法规范中,作为第133条之一加以规定。由此公共交通安全领域犯罪开始呈现新样态,尽管以过失犯罪为代表的交通肇事罪数量仍居交通领域犯罪的首位,但是危险驾驶罪的数量逐年攀升,特别是醉酒驾驶行为导致的危险驾驶罪。由于我国自古便有饮酒文化,当时酒后不开车的认识尚未普及、危害性未得到全民的足够重视,侥幸心理仍普遍持有。质言之,就当时社会发展状况而言,当时的民族文化心理并没有充分认识酒驾的危害性。①在各方原因的加持下,以危险驾驶罪为典型的案件数量快速上升,近年来每年的发案量已追赶并超过交通肇事罪的发案量。同时,在《刑法修正案(九)》中,危险驾驶罪得到了进一步的完善与修改,从事校车和旅客运输业务的严重超载、超速行为与违规运输危险化学品的行为被纳入该罪范畴。虽然重大事故在危险驾驶罪的修订中起到了推动作用,但不可否认的是,真正起决定因素的还是风险社会观念的普及,刑事立法从着重于对现实危害结果的打击转化为侧重于对刑事风险的防范。从刑事立法技术上也可见端倪,危险驾驶罪被视为抽象危险犯,而不再拘泥于交通肇事罪的结果犯类型之中。这样的前置预防倾向也为《刑法修正案(十一)》中关于妨害安全驾驶罪的规定埋下伏笔。

《刑法》第133条之二妨害安全驾驶罪是《刑法修正案(十一)》中颇受关注的一个罪名,其与高空抛物罪一同反映出当前立法者对于刑事风险防范

---

① 周祥:《民生法治观下"危险驾驶"刑事立法的风险评估》,载《法学》2011年第2期。

的关注,以"打早打小"的方式对抽象危险行为加以刑事处罚。该行为入刑定罪在一定程度上受到了 2018 年重庆万州公交车事件的影响,2019 年年初两高一部发布的《关于依法惩治妨害公共交通工具安全驾驶违法犯罪行为的指导意见》也为以抢夺方向盘为首的一系列妨害安全驾驶行为的严重危害性确定了基调。在《刑法修正案(十一)》出台之前,其间大量的妨害安全驾驶行为,甚至轻微干扰驾驶的行为在司法实务中均按照以危险方法危害公共安全罪加以处罚。然而由于以危险方法危害公共安全罪的量刑较重,且从理论上来说该罪的既遂标准应达到出现具体危险程度,而一般妨害安全驾驶行为并未达到如此严重程度,这都对妨害安全驾驶罪的出台起到了促进作用。

回顾公共交通安全犯罪的立法沿革,从过去的以破坏交通工具罪、破坏交通设施罪、交通肇事罪为主,到现在多类型交通罪名聚集,构成严密的交通领域犯罪防控的法网,交通犯罪的罪名体系呈现了以过失犯罪为核心,以道路交通犯罪为重心,以风险预防为趋势的,以规制针对多种交通工具犯罪为保障的综合性特点。

由此发展路径分析可知,公共交通安全领域犯罪的罪名体系不同于刑法中的其他类型犯罪,其从原先的不以打击故意犯罪为核心,而以交通肇事罪这一过失犯罪为重心,转变为以交通肇事罪和危险驾驶罪并重的"双打击模式"。过失犯与故意犯的立法并重也使交通犯罪的治理面临更复杂的问题。在很多时候,对交通犯罪故意犯罪的预防,也是为了更好地防治后续发生过失犯罪。如果将交通安全领域犯罪的罪名体系比作一架飞机,危险驾驶罪与妨害安全驾驶罪体现刑法预防倾向,应位于飞机的头部;以交通肇事罪为核心的过失犯罪系机身部分,机身同时也涵盖重大飞行事故罪和铁路运营安全事故罪;而破坏交通工具罪与破坏交通设施罪等破坏型犯罪为飞机之两翼,两者均对交通工具的安全具有至关重要的影响;而劫持类犯罪属于飞机之轮,此类犯罪虽不以破坏交通工具或产生交通事故为目的,但对于交通工具的内源性安全有着巨大的危害,飞机能否"平安着陆"要受此左右。

（三）部分域外国家交通犯罪的立法沿革

1. 日本

《日本刑法典》第二编第 11 章规定了"妨害交通罪"，是指向道路等交通设施、铁路等交通工具做手脚，侵害交通安全的犯罪。这种行为会给利用交通工具的不特定或者多数人的生命、身体、财产带来危险，属于公共危险罪。鉴于立法当时的交通情况，《日本刑法典》仅规定了针对道路、铁路、船舰安全的犯罪。其后，随着汽车、航空器等交通手段的发达，为了保护其安全，还制定了不少特别法。例如，有关铁路交通，制定了《铁道运营法》《有关处罚妨害新干线列车运行安全的行为的特例法》；有关道路以及汽车交通，制定了《道路法》《高速汽车国道法》《道路交通法》《道路运送车辆法》；有关航空交通，制定了《航空法》《有关处罚劫机行为的法律》《有关处罚造成航空危险的行为的法律》等。在某种意义上，日本的交通犯罪非常复杂，更多具体的内容规定在特别法中，这也是和中国刑法的一个重大差别。日本交通犯罪罪名主要包括：(1)交通犯罪包括妨害交通罪、妨害交通致死伤罪，属于妨害陆路、水路交通的犯罪；(2)交通危险罪针对的是，使得作为重要交通工具的火车、电车、船舰的交通发生危险的行为，与一般的妨害交通罪相比，对此类行为加重处罚；(3)倾覆火车等罪、倾覆火车等致死罪，处罚的是利用火车、电车、船舰危害不特定或者多数人的人身安全的犯罪，还有交通危险致使火车倾覆等罪，过失交通危险罪。①另外，对于醉驾行为，日本刑法规定的罪名是危险驾驶致死伤罪，该罪主要源于特别法，由《有关处罚因驾驶汽车致人死伤行为等的法律》(2013 年制定)规制，若没有致人死伤的，由《道路交通法》规制，例如，酒后驾驶、驾驶损坏他人建筑物等、超载等包含几十种类型。危险驾驶致人死伤罪属于针对身体(个人法益)的犯罪，而"妨害交通罪"则属于针对社会法益的犯罪。

---

① ［日］西田典之：《日本刑法各论(第七版)》，［日］桥爪隆补订，王昭武、刘明祥译，法律出版社 2020 年版，第 367—376 页。

日本交通犯罪的罪名也有一个发展变化的过程：(1)刑法改正案法律第 138 号施行前——业务过失致死伤罪；(2)平成 13 年刑法改正案法律第 138 号——新增设危险驾驶致死伤罪；(3)平成 19 年刑法改正案法律第 54 号新增设驾驶机动车过失致死伤罪、修订危险驾驶致死伤罪。其中最重要的改革是 2013 年 12 月日本成立了特别刑法《驾驶机动车致死伤行为等处罚有关的法律》(以下简称《处罚法》)，并于 2014 年 5 月 20 日正式施行。该处罚法中与危险驾驶有关的主要内容有：(1)将刑法典条文中的"危险驾驶致死伤罪"条文全文引用。该《处罚法》第 2 条规定："有下列行为之一，致他人受伤的，处十五年以下惩役，致他人死亡的，处一年以上有期惩役。"(2)新设立"准危险驾驶致死伤罪"。该《处罚法》第 3 条规定："受酒精或药物影响，在可能给正常驾驶带来障碍的状态下驾驶机动车，因该酒精或药物影响陷入难于正常驾驶的状态，致人伤害的，处十二年以下惩役，致人死亡的，处十五年以上有期惩役。"(3)新增设为逃避酒精、药物等被发现的行为的处罚措施。该《处罚法》第 4 条规定："受酒精或药物影响，在可能给正常驾驶带来障碍的状态下驾驶机动车，因怠慢驾驶上必要的注意义务致人死伤时，以逃避驾驶时有无酒精或药物影响或程度被发现为目的，进一步摄取酒精的或者逃离现场以减少身体存有的酒精或药物浓度的，或其他可逃避检查有无其影响或程度的行为的，处十二年以下惩役。"(4)过失驾驶致死伤罪。《处罚法》第 5 条规定："怠慢机动车驾驶所必需之注意义务，致人死伤的，处七年以下惩役或禁锢或者百万以下罚金。但是致人轻伤的，根据具体情况可以免除处罚。"(5)增设无照驾驶的加重处罚。该《处罚法》第 6 条规定："犯本法第二条（除该条第三项规定外）规定之罪（仅限使人负伤的），在犯罪的时候属于无照驾驶的，处六个月以上有期惩役。犯第三条规定之罪，在犯罪的时候属于无照驾驶，致人受伤的，处十五年以下惩役，致人死亡的，处六个月以上有期惩役。犯第四条规定之罪，在犯罪的时候属于无照驾驶的，处十五年以下惩役。犯前条规定之罪，在犯罪的时候属于无照驾驶的，处十年以下惩役。"①

2. 德国

《德国刑法典》在分则第 28 章(公共危险的犯罪行为)中将危险地干涉铁路、船舶或者空中交通(第 315 条),攻击空中和海上的交通(第 316 条 c)等 6 类行为规定为犯罪。此外,德国交通法中也有许多刑事处罚的规定,如德国《道路交通法》第 3 章(刑罚和罚金规定)中就对各种无驾驶执照行车(第 21 条),滥用号牌(第 22 条),非法生产、销售或发行号牌(第 22 条 a),职业性出售不符合规定、无标志的机动车构件(第 23 条),血液含醇量超过千分之零点八的情况下驾驶机动车(第 24 条 a),无证生产、出售和发行号牌(第 24 条 b)等行为给予刑事制裁。关于醉酒驾驶的相关罪名,《德国刑法典》第 315 条 a 规定了危害铁路、水路和航空交通安全罪及其处罚,内容包括在饮用酒或麻醉品后,或因为精神、身体缺陷,导致无法安全驾驶的情况下,驾驶有轨电车、缆车、船舶或飞机等交通工具。第 315 条 c 规定了危害公路交通安全罪及其处罚,主要是指饮用酒或其他麻醉品后,不适合驾驶而仍然驾驶的,因而危及他人身体、生命或贵重物品的行为。第 316 条规定了酒后驾驶罪及其处罚,主要针对行为人在饮酒后无法安全驾驶机动车。从上可知,在德国刑法条文中是依序研判各种危险驾驶行为的。首先明确了行为人驾驶特种交通工具时的危险驾驶行为,而后才是行为危害公路的交通安全。而只有在无法证明危险驾驶交通工具的行为,对他人的身体、生命或贵重物品造成现实性的危险,亦即无法适用前两款罪的刑法条文的情况下,才能认定行为人构成酒后驾驶罪,故酒后驾驶罪在德国实际上仅具有补充的作用。

德国作为汽车大国,其自动驾驶研究和立法走在世界前列。早在 2017年,德国就通过了《道路交通法第八修正案》,以修法方式对高度或完全自动驾

---

① 谢佳君:《日本危险驾驶致死伤罪的立法探析——以对我国危险驾驶罪的立法借鉴为视角》,载《刑法论丛》2015 年第 3 期。

驶技术进行概括性准入。根据该法案,L3 级的自动化系统可在某些条件下接管驾驶任务。①该法案使得德国成为世界上首个对自动驾驶技术设立法律准入的国家。2021 年 5 月德国联邦委员会通过《自动驾驶法》草案,允许 L4 级完全无人驾驶汽车于 2022 年正式出现在德国的公共道路上。2021 年 7 月,德国《自动驾驶法》生效。根据该法,自 2022 年开始,德国将允许自动驾驶汽车(L4 级)在公共道路上以及指定区域内行驶。②德国也由此成为全球首个允许无人驾驶车辆参与日常交通并应用在全国范围的国家。2022 年 2 月,德国联邦内阁又通过了自动驾驶汽车条例。该条例对自动驾驶汽车上路程序等作出详细规定,如果未来获得德国联邦参议院批准通过,将进一步完善德国自动驾驶国家法律框架。该条例的核心是对具备自动驾驶功能的机动车进行上路审批程序的规定,条例还明确了自动驾驶车辆的技术要求以及监管机构和汽车制造商等行业内各方的义务。此外,条例中多处提到自动驾驶车辆的数据安全保护。同时,德国对自动驾驶的监管行动严格。近期,德国监管机构就因自动驾驶变道功能对特斯拉及其自动辅助驾驶系统展开调查。③按照德国对自动驾驶优势的追求,自动驾驶不仅具有多功能性、环保性和灵活

---

① 在自动化研发中,国际汽车工程师协会(SAE International)定义了自动化驾驶等级 L0 级别至 L5 级别。L0 级别为全手动自动驾驶。L1 级别驾驶辅助中,司机要始终控制方向盘或者油门及刹车,并随时准备完全接管,驾驶辅助系统包括停车助手、自动紧急刹车助手等。L2 级别部分自动驾驶是当今主流技术,系统接管方向盘或者油门刹车。司机负责监控或随时接管车辆,主要功能有 ACC 自动巡航、自动跟车、自动泊车等。L3 级别有条件自动驾驶中,司机不必始终监控系统,只需要在提示接管时对汽车进行干预。L4 级别高度自动驾驶是指系统在一定时间内或情况下完全自控,无需司机监控。如果需要离开自动化模式,则会提示司机接管;如果无人接管,系统会进入风险最小化状态,如系统将车停靠在路肩上。L5 级别完全自动驾驶是真正意义上的自动化,系统在所有交通状况以及速度下完全自控,人类作为乘客,不再参与驾驶。

② 德国《自动驾驶法》第 1 条共 5 款,详细阐述了《道路交通法》的修订,其中第 1 款在《道路交通法》第 1c 条后新增了第 1d 至 1l 条,第 2—5 款则分别修订了《道路交通法》第 8、12、19、24 条;第 2 条系对《机动车强制保险法》第 1 条的修订;第 3 条明确了该法生效的时间。主要内容包括:(1)允许 L4 级别智能汽车的公路运营;(2)创设技术监督员制度;(3)明确车辆制造商的安全保障义务;(4)统一自动和自主驾驶车辆的测试和运营条件;(5)明确主管当局对智能汽车数据处理的监管制度;(6)完善自动驾驶交通事故中的受害人保护规则。参见张韬略、钱榕:《迈入无人驾驶时代的德国道路交通法——德国〈自动驾驶法〉的探索与启示》,载《德国研究》2022 年第 1 期。

③ 李润泽子、古宇星:《德国或将出台自动驾驶汽车新法规,产业法律框架日益完善》,载《21 世纪经济报道》2022 年 2 月 28 日。

性,其一定也是兼顾交通安全和效率的,能为社会经济发展提供新的动力。但事实是否真的如此还需进一步探究,但目前自动驾驶带来的事故已不少见,只不过自动驾驶车辆仍然是少数,引发的交通犯罪问题可能尚未显现,但从长远来看,不排除自动驾驶自身存在质量问题、与其他交通因素或社会因素发生冲突,这些都可能引发新的矛盾即犯罪问题,对此必须提前判断。从预防的角度来看,德国已在加强对自动驾驶的行政监管,但对自动驾驶引发新的交通犯罪方面未见专门立法,相关问题今后值得进一步关注。

3. 其他国家地区

英美法系代表国家之一的英国,关于道路交通犯罪的制定法也较为完备。20 世纪 70 年代制定的《道路交通条例》,明确了数种违法的驾驶行为,既包括常见的酒驾、醉驾,还有吸毒后驾驶、高速公路飙车、鲁莽驾驶、疏忽驾驶等。之后,20 世纪 70 年代英国正式颁布《道路交通安全法》,并在 1991 年和 1998 年先后修订了两次。第一次修订时删除两项罪名,增加一项概括性的新罪名,即引致其他道路使用者危险罪。同时,从法律概念上明确了"危险驾驶罪"的定义,以方便司法具体操作适用。第二次修订时,将危险驾驶行为的表现方式进行多元扩充,即把危险驾驶拆成相关子罪名,既有醉酒驾驶罪或醉酒后意图驾驶罪,也有所谓在不适合驾驶状态下驾驶罪或者控制车辆罪,甚至于放任驾驶罪等全新罪名。但同时,第二次修订削弱了处罚力度,将危险驾驶罪的监禁刑从二年以下改成三个月以下,或单处罚金刑。近年来,英国对道路上非汽车引起的交通事故予以严重关切,并加以预防,如在发生一系列致命的交通事故后,英国国会呼吁禁止自行车和电动滑板车骑手在骑行过程中佩戴耳机。①

---

① 据《每日邮报》2022 年 6 月 5 日报道,在英国,因骑手佩戴耳机而引发的事故明显增多。72 岁的彼得麦康比被正在听音乐的自行车骑手撞击后脑部受伤而亡;19 岁的电动滑板车骑手乔治·麦高恩在用耳机听音乐时被车撞死。英国工党议员巴里·希尔曼提出:"越来越多的电动滑板车和自行车骑手成为交通事故的受害者,我认为必须采取措施。"据悉,法国和西班牙禁止在骑自行车时佩戴耳机,而葡萄牙和意大利只允许一只耳朵佩戴。参见《致命事故频发,英国国会呼吁禁止骑自行车戴耳机》,环球网,https://m.huanqiu.com/article/48IzLW5PEc6,2022 年 6 月 6 日。

美国在联邦范围内适用的《模范刑法典》中规定有公然醉酒罪。此外，美国各州亦单独规定有与危险驾驶相关的罪名。其中，纽约州规定了酗酒、吸毒等为危险驾驶行为，就连开车闯红灯的行为都作有罪处罚。由此可见，美国部分州的法律对危险驾驶行为的规定更为严厉，甚至驾驶者闯红灯的行为都规定为犯罪。

欧盟规定联合国关于车辆网络安全的国际法规将于 2022 年 7 月起强制适用于所有新车型，并将从 2024 年 7 月起强制适用于所有新生产的车辆。因此，车辆制造商必须采取举措以确保其产品和服务满足联合国相关法规在网络安全方面的要求。互联和自动驾驶（Connected and Automated Mobility，CAM）领域是由多行为体和利益相关方组成的提供服务、运营和基础设施的整体生态系统，需要国家主管部门、政策制定者、移动服务提供商、智慧城市运营商、智能交通运营商、道路管理机构、系统集成商、系统供应商、车辆原始设备制造商、售后市场运营商以及标准化机构等多方共同参与，才能有效抵御网络风险，保障车辆网络安全。基于此，欧盟网络安全局（ENISA）于 2021 年 5 月发布《关于互联和自动驾驶安全的建议》，为参与 CAM 生命周期的各方提出应对网络风险的可操作建议，以提高欧洲 CAM 基础设施和系统的安全水平和弹性，协调和改善欧盟 CAM 生态系统的网络安全。

事实上，如何规范自动驾驶汽车技术和事故责任始终是各国的棘手问题。据不完全统计，包括英国、美国在内，不少国家和地区都已出台了自动驾驶相关法规政策。2022 年年初，美英两国还相继在自动驾驶监管方面作出探索。美国公路安全保险协会（IIHS）推出了一项针对部分自动驾驶系统的安全评级计划，主要针对提升司机对道路关注度进行测试，以评估使用部分自动化系统的车辆是否拥有足够保障。英国的法律监管机构则发布了一份联合报告，针对英国未来的自动驾驶安全及责任认定向议会提出建议，建议自动驾驶汽车发生交通事故时，车内的驾乘人员不承担任何责任，同时采取"授权"的形式对车辆自动驾驶系统进行区分。这些政策法规对于未来交通肇事等犯罪的认识导向必然产生不小的影响。

二、交通犯罪的类型表现及原因分析

(一) 交通犯罪数据统计

交通犯罪的立法沿革与罪名体系的形成根本上取决于我国公共交通领域犯罪的变化。因而,交通犯罪的立法进程,即是立法者对交通犯罪问题回应的表现。但是,立法的回应并非治理交通犯罪的终点而是起点。交通犯罪在刑法规制的过程中,随着社会的不断发展,呈现新的变化。为了解我国目前交通犯罪在行为方式以及司法处罚上的特点,笔者在聚法案例数据库中对上海市、北京市交通犯罪相关罪名进行了检索(检索范围为 2019 年 4 月—2022 年 4 月内上传聚法案例数据库的案例,见表 1、表 2)。

表 1　上海市交通犯罪相关罪名信息

案由	总数	认罪认罚数目以及占比	自首数目以及占比	判处缓刑数目以及占比	判处从轻处罚的数目以及占比	无共同犯罪以及占比
危险驾驶罪	11 565 件	3 666 件、30.1%	2 256 件、19%	3 962 件、33.4%	535 件、4.6%	10 816 件、93.5%
交通肇事罪	1 174 件	592 件、46.6%	963 件、75.8%	392 件、30.1%	205 件、17.5%	1 135 件、96.6%
以危险方法危害公共安全罪	49 件	20 件、40.8%	7 件、14.3%	4 件、8.2%	9 件、18.4%	49 件、100%
妨害安全驾驶罪	1 件					

资料来源:作者自制

除表格内所统计的数据,交通犯罪中部分罪名还表现出其他一些特征:第一,交通肇事罪中肇事后逃逸的 71 件,占比 6.1%,判处三年以下的案件有 685 件,占比 58.3%。

第二,危险驾驶罪中醉驾案件有 4 848 件,占比 42%(其中驾驶员血液中酒精含量为 80—100 毫克/100 毫升的为 299 件,100—200 毫克/100 毫升的为 2 914 件,200—300 毫克/100 毫升的为 625 件,300 毫克以上/100 毫升的为 19 件)[①]。

第三,危险驾驶罪中无悔罪表现的案件有 4 697 件,占比 40.6%。

表 2　北京市交通犯罪相关罪名信息

案由	总数	认罪认罚数目以及占比	自首数目以及占比	判处缓刑数目以及占比	判处从轻处罚的数目以及占比	无共同犯罪以及占比
危险驾驶罪	11 253 件	5 024 件、45%	852 件、7.6%	110 件、0.97%	1 203 件、10.7%	10 089 件、89.6%
交通肇事罪	1 396 件	723 件、52%	920 件、65.9%	380 件、27.2%	374 件、26.8%	1 126 件、80.7%
以危险方法危害公共安全罪	85 件	47 件、55.3%	24 件、28.2%	19 件、22.4%	22 件、25.6%	79 件、占比 92.3%
妨害安全驾驶罪	1 件					

资料来源:作者自制

除表格内所统计的数据,交通犯罪中部分罪名还表现出其他一些特征:

第一,交通肇事罪中肇事后逃逸的案件有 135 件,占比 9.7%,判处三年以下的案件有 668 件,占比 47.9%;

第二,危险驾驶罪中醉驾案件有 8 239 件,73.2%(其中驾驶员血液中酒精含量为 80—100 毫克/100 毫升的为 1 063 件,100—200 毫克/100 毫升的

---

① 需要说明的是,由于检索问题,以上数据相加后得出的并不是案件总数,但是大致可以反映分布区间。

为 5 387 件,200—300 毫克/100 毫升的为 1 690 件,300 毫克/100 毫升的为 99 件)。

第三,危险驾驶罪中没有悔罪表现的案件有 5 390 件,占比 47.9%。

综合来说,就刑法规定的交通犯罪而言,交通犯罪在现实生活中绝大多数表现为交通肇事类犯罪和危险驾驶类犯罪,其他如劫持航空器、船只、汽车,破坏交通工具或者交通设施犯罪,以及重大飞行事故罪、铁路运营安全事故罪等,都已很少发生。在某种意义上可以说,对这些犯罪的治理已取得了较大成效。而交通肇事罪一直是交通犯罪的主要内容,新的危险驾驶罪也呈上升之势,对这两类犯罪的治理成为交通犯罪信息化治理的重中之重。无论是通过技术措施人为的干预以减少犯罪,还是在法律上予以出罪,对于这两个罪的预防和减少显然都有重要意义。

(二)原因分析

第一,就危险驾驶罪而言,相较于上海(33.4%),北京危险驾驶罪的缓刑适用率明显偏低(0.97%),同时两个城市对于危险驾驶罪判处从轻处罚的比例偏低(上海 4.6%、北京 10.7%)。造成这种局面可能有两个方面的原因:其一,对于"醉驾"行为的规制,在立法时便已受到民意要求严罚的影响,随后这种影响又进入司法领域。其二,除民意影响外,部分学者与司法工作人员在面对"醉驾"案件时陷入了一种思维怪圈,即本罪最高刑仅为拘役,而拘役已经十分轻微,为了达到惩罚犯罪、维护社会稳定的目的,应当少用或不用缓刑、免刑,否则会使本罪成为一个空悬的法条,缺乏震慑力,无法完成刑法预防与惩罚犯罪的使命。这种观点明显背离了法律规定,因为《刑法》第 13 条的"但书"就明确规定,情节显著轻微,危害不大的,不认为是犯罪。刑法对缓刑的规定更是主要针对轻罪,当然包括危险驾驶罪。

在上述民意与司法工作人员重刑思想的双重影响下,"醉驾"类案件往往不被适用缓刑、免刑。然而,这种降低缓刑、免刑适用率以提高刑法威慑力的思维并不可取。缓刑、免刑适用率不应当与个罪的最高刑挂钩。一直以来,无论是学界还是实务界,许多人固有的犯罪观便是"罪刑一体",即有犯罪便意味着要被科以实际的刑罚。这种思想仍然不断地对我国的刑事司法产生影响，而危险驾驶罪的出现是对这种思想的冲击。"醉驾"应当在情节较为恶劣时才受到刑法的规制，但是从立法中可以看到，"醉驾"情形并不要求"情节严重"或者"情节恶劣"。这种社会治理的过度刑法化不仅体现在近年来刑法罪名越来越多，而且体现在司法实务中占据主流的重刑化判决之中。

虽然本罪已经实行十年，但醉酒驾驶机动车的行为仍然频发。不可否认"酒驾"入刑的积极作用，但司法部门对于本罪的认定往往十分机械，缺乏弹性。在较长的一段时间内，许多地区的司法部门对"醉驾"实行严罚化的政策或态度，某些城市甚至出现了一年内所有嫌疑人均被判处实刑而无适用缓刑、免刑的情况。近年来，此种情况虽然有所缓解，但不得不承认，司法机关在处理危险驾驶案件时严罚化的态度仍未从根本上改变。

第二，在危险驾驶罪中，醉驾占比较高。其中北京为 73.2％，上海是42％，两个城市在危险驾驶罪总数相当的情况下北京的醉驾明显多于上海，并且醉驾的酒精含量多在 80 毫克—200 毫克之间。

实践总是推动犯罪治理的动力源泉。醉驾类犯罪乃大城市的通病，经过十多年的实践，很多地方对危险驾驶罪有了深刻而全面的认识，因而制定出本地特色的地方性规定。例如 2022 年 3 月 31 日，湖南高院联合省检察院、省公安厅召开线上新闻发布会，通报《关于办理醉酒驾驶机动车刑事案件若干问题的会议纪要》（以下简称《会议纪要》）有关情况。《会议纪要》共15 条，包括酒精含量的认定规则和送检程序、案件取证标准、准确把握宽严相济刑事政策、明确从重和从轻处罚情形、加强行政处罚以及行政执法与刑事司法衔接等内容，《会议纪要》明确，醉酒驾驶机动车的，无本会议纪要规定的不得适用缓刑的情形，且认罪悔罪，符合缓刑适用条件的，可以依法适用缓刑，酒精含量在 160 毫克/100 毫升以下的，可以不起诉或者免予刑事处罚。值得肯定的是，多省对于醉驾的酒精含量标准作了适当的扩大，同时也综合考虑其他因素进行定罪量刑。然而，醉驾的情形并未有明显地减少，究其根本，还是在于管制的缺失与规则意识的淡薄。

有一种特殊情形争议颇大，那便是醉酒挪车的行为，对于停车场所，此般行为是否有侵害安全的风险是难以认定的，而对此存在争议的原因基本在于法律的规定空白，行政上也并未有统一的解释标准，所以对于此种行为的认定，大多是综合考量各种因素的结果。

第三，在危险驾驶罪中，对于危险驾驶罪这一轻罪，被告人的认罪认罚率不高（北京 45％、上海 30.1％），自首率不高（北京 19％、上海 7.6％），同时被告人无悔罪表现的比例较高（北京 47.9％、上海 40.6％）。

笔者认为，这三种现象成正比关系。自首率不高的一个表征就是被告人并不认为自己的行为构成犯罪，特别是在用所谓的酒精含量作为认定犯罪的标准时，被告人处于所谓的"醉酒状态"但并未有任何限制能力的可能性的情况下，作为一般人的被告人基于其惯常思维，通常不会认为自己的行为构成犯罪，也就不存在所谓的认罪认罚。在此种情况下，被告人很难突破社会一般观念，认为自己的行为构成犯罪，通常也就无悔罪这一表现。无悔罪表现也就不符合缓刑的适用条件，因此这也是缓刑率低的一个原因。

第四，在交通肇事罪中，肇事后逃逸的比例都较低（北京、上海），同时自首比例较高（北京 65.9％、上海 75.8％）。

对这一现象的原因，我们认为大抵可从主客观两个方面进行分析。从主观上看，由于法律宣传普及到位，民众的法律意识增强，对于日常生活中较为普遍的、发生率较高的交通类犯罪，其主观上已形成一套符合法律规范的处理方式，也就是通常的肇事后先报警送医等；从客观上看，科技的发达、"天眼"系统的强力运转，使得行为人客观上很难产生逃脱成功，这便从客观上限制了行为人的逃逸行为。

第五，交通犯罪在司法处理过程中可能存在一些问题。其一，危险驾驶入刑的效果远没有设想中的明显（交通肇事罪的发案率还是很高，并未起到分流的效果）。笔者收集了交通肇事罪二十年的数据（2001—2020 年，见图 2、图 3）与危险驾驶罪十年的数据（2011—2020 年，见图 4）。

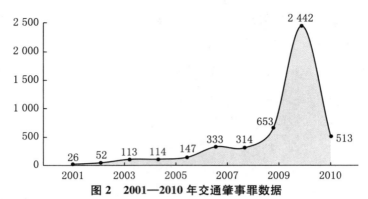

图 2　2001—2010 年交通肇事罪数据

资料来源：作者自制

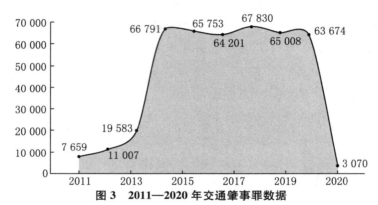

图 3　2011—2020 年交通肇事罪数据

资料来源：作者自制

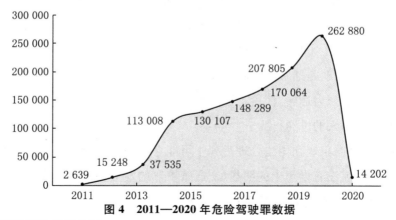

图 4　2011—2020 年危险驾驶罪数据

资料来源：作者自制

笔者认为,大抵可从两个方面解释:一是经济发展状况,即危险驾驶罪入刑前和入刑后所处社会的经济发展状况不同。随着经济的发展、道路建设的不断完善以及私家车数量的与日俱增,交通类犯罪的发生的可能性便会增加;二是危险驾驶罪的判定标准,以酒精含量作为认定危险驾驶罪的主要判断标准的一个显著弊端就是入罪过于容易。如此简单地便将酒驾行为认定为犯罪,除了会不断增加危险驾驶罪案件的数量外,并不会起到降低交通肇事罪发案率的效果。

其二,危险驾驶罪中有关共同犯罪的问题。2017 年,江苏省苏州市检察机关办理了首例"不开车也能构成危险驾驶罪"的案件。该案车主构成危险驾驶罪基于三个方面的原因:一是明知他人大量饮酒;二是指示他人醉驾;三是系车辆所有人。从全国各地的裁判来看,判处危险驾驶罪共同犯罪的不在少数,但标准并不一致。例如,实践中有判例认为,车主只要提供车辆,且与行为人同在车上,知晓行为人的醉驾行为,都可视为共同犯罪。

原因在于对于共犯没有具体的认定标准,醉驾共同犯罪与其他共同犯罪相比有其特殊性,除教唆、强令、指示行为人醉驾或在行为人醉酒后将机动车出借给行为人外,对于其他同车或共同饮酒之人,不宜以共犯论处。

其三,在交通肇事罪的认定方面存在诸多问题。例如公安在办理交通肇事逃逸案件的实践中,由于有逃逸的行为,无论是进行事故的责任认定还是涉及刑事案件的办理都较为复杂,遇到的问题较多,主要集中在对逃逸行为的认定、对逃逸交通事故的责任认定、转化为刑事案件办理三个方面。再如,村道能否被认定为交通肇事罪中的"道路"。

《道路交通安全法实施条例》及相关解释对交通肇事逃逸事故的责任认定和追究刑事责任的归责原则都进行了明确的规定。但未规定可操作层面的具体行为认定标准,办案人员在认定行为人逃逸行为时没有具体的依据可遵循。

其四,醉酒驾驶发生交通事故,司法实践往往在性质认定方面存有争议,争议大抵为应将醉酒驾驶行为认定为危险驾驶罪、交通肇事罪还是以危险方法危害公共安全罪。

　　醉酒驾驶机动车的情形颇多,因司法解释对于相关犯罪具有详细的规定,所以在大多数情况下,对酒驾行为的定性问题是不存在争议的。例如行为人酒后驾车,但未达到危险驾驶罪中有关的酒精含量标准,且未造成重大事故,则不构罪;若达到酒精含量标准,则直接认定为危险驾驶罪。但在某些特殊情形下,则有可能发生相关犯罪的竞合,如行为人醉酒驾车,未发生危害结果,但行为性质却具有危害公共安全的潜在危险性,则会存在危险驾驶罪与以危险方法危害公共安全罪的竞合。在发生危害结果的情形下,因所发生的结果的危害性程度不同以及行为人的可归责程度不同,对于危险驾驶罪和交通肇事罪的认定也会有所差异。①

　　以上问题的根本还是在于各罪间的界定尚不明确,竞合罪名之间的联系与区别尚未有所定论,对于醉酒型危险驾驶罪、交通肇事罪以及以危险方法危害公共安全罪的关系,学界大抵有如下观点:第一种观点是"二次冲撞"理论,该观点认为醉驾行为造成交通事故的,以交通肇事罪论处。但是行为人交通肇事后不停车,不顾伤者及其他现场群众的安危,继续驾车冲撞的,对于这"二次冲撞"的行为,则构成以危险方法危害公共安全罪。此种观点的法理依据便在于《最高人民法院关于醉酒驾车犯罪法律适用问题的意见》中的相关规定。第二种观点是以行为的轻重程度和性质为基础,对具体情形作不同认定,即认为危险驾驶罪是未达到严重后果的交通违规行为,是轻行为;而交通肇事罪是造成严重后果的交通犯罪行为,是重行为;以危险方法危害公共安全罪则是危险犯,也是重行为。第三种观点是从行为人的主观方面进行区分,根据行为人对于醉驾行为造成的后果的主观罪过的不同来加以鉴别。例如阮齐林教授曾指出,"醉酒驾驶致人死伤,只要对致人死伤结果不具有故意的,应认定为交通肇事罪;醉酒驾驶致人死伤,达到故意程度的,构成以危险方法危害公共安全罪"。

---

① 葛松:《论在交通事故类案件中交通肇事罪与其他相近罪名区别界限》,载《汽车与安全》2021年第10期。

要准确地区分此三种罪名,便需要明确三者间的联系与区别。

醉酒型危险驾驶罪与交通肇事罪之间的联系与区别。二者的联系在于,在《刑法修正案(八)》颁布之前,对于交通肇事罪属于过失犯罪这一结论几乎没有争议,但随着危险驾驶罪的出现,使得交通肇事罪的结构发生了些许变化。目前交通肇事罪有两种类型:一是单纯过失犯的交通肇事罪;二是作为危险驾驶罪的结果加重犯的交通肇事罪,即行为人对基本犯是故意,对加重结果具有过失。而醉酒型危险驾驶罪与交通肇事罪发生联系的场合主要表现为行为人醉酒驾车,导致发生重大交通事故的情况。对于此种情形,有学者认为两罪属于法条竞合。该学者从法条竞合本身出发,就两个法条之间是否存在着包容或者交叉的竞合关系作详细认定,即《刑法》第133条交通肇事罪规定,"违反交通运输管理法规,因而发生重大事故,致人重伤、死亡或者使公私财产遭受重大损失的,处三年以下有期徒刑或者拘役;交通运输肇事后逃逸或者有其他特别恶劣情节的,处三年以上七年以下有期徒刑;因逃逸致人死亡的,处七年以上有期徒刑"。《刑法》第133条之一醉酒型危险驾驶罪规定,"在道路上醉酒驾驶机动车的,处拘役,并处罚金"。该学者认为醉酒型危险驾驶罪与交通肇事罪,在客观上的表现均属于"违反交通运输管理法规",在主观上,醉酒型危险驾驶罪是故意,对法律禁止醉驾这一禁止性规范违反的故意,交通肇事罪则是混合罪过,在违反交通运输管理法规上也是表现为故意,而对所造成的危害结果则是出于过失的心态。据此断定,交通肇事罪与醉酒型危险驾驶罪存在着包容竞合的关系,醉酒型危险驾驶罪的构成要件能够被交通肇事罪所包含。依据法条竞合的处理原则,原则上以特别法论处,但是由于此种情况下采用醉酒型危险驾驶罪明显失衡,采重法优先,以交通肇事罪处理。此外,该学者认为从行为之间的吸收关系的角度也可以说明,在这里,其行为表现为一个过程,过程的前段行为是醉酒驾驶机动车上路,后段行为进一步造成了肇事的结果。醉驾的行为进一步发展导致了肇事的后果,使得醉驾这一行为犯的行为被交通肇事罪这一结果犯的行为所吸收,属于法条竞合的情况,适用吸收法,排斥被吸收法,即以交通肇事罪论。①二者的区别在于,其一,就主体范围而言,危险驾驶罪主体一般仅限于驾驶人,交通肇事罪则包括驾驶人、乘车人员、车辆所有人等,范围较前者更广;其二,主观方面,危险驾驶罪属于故意犯罪,交通肇事罪则属于过失犯罪;其三,客体方面,危险驾驶罪的直接客体是道路交通安全,仅限于道路,而交通肇事罪还包括公路和水路;其四,行为性质方面,危险驾驶罪是行为犯,即只要出现在道路上醉驾驾驶机动车的行为,就成立犯罪,而交通肇事罪是结果犯,需要具体的危害结果的发生作为该罪既遂的依据。

醉酒型危险驾驶罪和以危险方法危害公共安全罪之间的联系与区别。二者的联系在于,此二罪发生直接关联的情况是行为人明知醉酒会危害公共安全,而故意醉酒驾车,造成具体的危险或危害后果。有学者认为,此种情况下,醉酒型危险驾驶罪和以危险方法危害公共安全罪属于想象竞合。根据《刑法》第114、115条的规定,"或者以其他危险方法危害公共安全,尚未造成严重后果的,处三年以上十年以下有期徒刑""或者以其他危险方法致人重伤、死亡或者使公司财产遭受重大损失的,处十年以上有期徒刑、无期徒刑或者死刑"。对于此处的"危险方法"应作与放火、决水等性质相同的方法的解释。对此,该学者认为,此种情形下的醉驾行为的危害程度与放火、决水等性质相当,并据此认为,在这种情况下,行为人实施了一个在道路上醉酒驾驶机动车的行为,但是同时触犯了危险驾驶罪与以危险方法危害公共安全罪。但是两个罪名的主观方面却是完全不同的,一个是对刑法禁止在道路上醉酒驾驶机动车这样的禁止性规范违反的故意,一个是对公共安全侵犯的故意,两者故意的内容完全不同,因此无法在构成要件上形成法条竞合的关系,因此考虑想象竞合犯。行为人实施一个行为的过程中,既有违反刑法关于在道路上醉驾的禁止性规范的故意,也有危害公共安全的故意,因此同时触犯了两个不同的罪名。按照想象竞合犯的处理原则,应当以

<hr />

① 王鹏飞:《醉酒型危险驾驶罪与相关犯罪之界分思考》,载《武汉公安干部学院学报》2016年第1期。

重罪也就是以危险方法危害公共安全罪处理。①二者的区别在于,其一,在客观危险性方面,以危险方法危害公共安全罪在客观方面存在高度的客观危险性,也即与放火、决水、爆炸等同的危险。而醉酒型危险驾驶罪的危险性则处于一个尚不明确的区域范畴内,低时仅于道路上醉酒驾驶,高时则会发生重大交通事故,其危险性可与放火等行为等同;其二,在行为性质方面,危险驾驶罪是行为犯,而以危险方法危害公共安全罪是危险犯;其三,在主观方面,危险驾驶罪与以危险方法危害公共安全罪都是故意犯罪,但故意的内容不同;其四,在危害结果方面,醉酒型危险驾驶罪不需要发生危害结果,而危险方法危害公共安全罪则需要危害后果的出现。

(三)在法律上减少醉驾型危险驾驶罪的可能性

在危险驾驶罪中醉驾数量太多,如果能够减少醉驾犯罪,那就可以大大降低危险驾驶罪(乃至交通犯罪)的"浓度"。

自 2011 年"醉驾入刑"以来,全国法院审结的危险驾驶罪案件数量已经由 2013 年的 9 万多件,居当年刑事犯罪案件数量的第三位,占当年法院审结的全部刑事案件总数的 9.5%,发展为 2020 年的 28.9 万件,占刑事案件总数的比例高达 25.9%,"危险驾驶罪成为名副其实的第一大罪"。在上述危险驾驶案件中,发案率最高的危险驾驶犯罪类型是"醉驾"。正是因此,近年来各地司法机关越来越"严格要求"醉驾犯罪的成立,最高司法机关也开始逐步"纠偏"。早在 2021 年 1 月,浙江、上海、江苏就出台了醉驾案件的最新办理规定,可以归纳出六种情节比较轻微的醉驾类型,包括挪动车位型、救治病人型、睡觉休息型、隔时醉驾型、尚未驶出型、被醉驾追尾型。对这些类型的醉驾案件基本上可作出罪处理。2021 年 7 月 1 日最高人民法院发布的《关于常见犯罪的量刑指导意见(二)(试行)》对于危险驾驶罪也规定,应当综合考虑被告人的醉酒程度、机动车类型、车辆行驶道路、行车速度、是否

---

① 王鹏飞:《醉酒型危险驾驶罪与相关犯罪之界分思考》,载《武汉公安干部学院学报》2016 年第 1 期。

造成实际损害以及认罪悔罪等情况，准确定罪量刑。对于情节显著轻微危害不大的，不予定罪处罚；犯罪情节轻微不需要判处刑罚的，可以免予刑事处罚。

　　我们认为，对于危险驾驶罪的出罪思路，应当坚持主客观相统一的判断原则。首先是危险驾驶罪的客观出罪思路。立法虽然认定危险驾驶罪的"危险"属于抽象危险（即道路交通运输领域的安全）。但对于抽象危险是否允许反证存在不同观点，大体可以分为"独立说"与"依附说"，"独立说强调抽象危险是一种独立的客观构成要件要素，对其存在与否进行具体判断"。[①]换言之，"倘若根据醉驾行为发生时的具体情境判断出并未存在危害道路交通运输领域安全的抽象危险，则该醉驾行为就不能成立犯罪"。[②]依附说则主张，"在客观构成要件符合与否的层面判断醉驾行为的出罪问题时，不能通过抽象危险反证的路径"[③]，"即坚持抽象危险只是一种蕴含于构成要件行为之中且为立法所推定的危险，对于其有无无需从司法上进行具体判断"。[④]详言之，就是将抽象危险与构成要件行为的判断融为一体，只要醉驾行为符合醉驾型危险驾驶罪的客观犯罪构成要件，就推定此时存在抽象危险。因此，在客观构成要件符合性的层面得出醉驾行为可以出罪的判断结论，只能在遵循罪刑法定原则的基础上通过对构成要件行为本身进行实质解释才可以实现。

　　笔者赞同依附说，原因有二：其一，应当明确立法者为何设立抽象危险犯的目的，抽象危险犯的产生源自立法者在技术层面上面临着以实害犯或具体危险犯难以应对的新难题。因此需要通过抽象危险犯的立法模式在源

---

① ［日］大塚仁：《刑法概说（总论）》，冯军译，中国人民大学出版社 2003 年版，第 120—121 页。

② 何荣功、罗继洲：《也论抽象危险犯的构造与刑法"但书"之关系——以危险驾驶罪为引例》，载《法学评论》2013 年第 5 期。

③ 徐凯：《抽象危险犯正当性问题研究——以德国法为视角》，中国政法大学出版社 2014 年版，第 58 页。

④ 王志祥、黄云波：《论立法定量模式下抽象危险犯处罚之司法正当性》，载《法律科学（西北政法大学学报）》2016 年第 3 期，第 72 页。

头上对高度不确定的风险进行控制,实现前置性保护。抽象危险犯中的"危险"是法律推定的危险,与具体危险犯的"危险"判断逻辑明显不同,后者对于危险的判断强调行为对法益造成现实紧迫的侵害危险,因此如果允许对抽象危险进行反证,无疑会混淆两者之间的判断,立法者对其区分设置的目的也难以实现。其二,"就法律适用的效果而言,倘若将抽象危险作为独立的客观构成要件要素加以对待,基于主客观相统一原则,行为人必须对其有认识才能成立犯罪故意"。①要让抽象危险犯中的行为人自证没有相应的行为故意,其中的难度可想而知。同时,如果允许反证,那么在缺乏明确且具备可行性的关于抽象危险及其认知标准的证明规则之前,是否具有抽象危险均交由司法人员进行主观判断,则势必会增加司法裁量的任意性程度。

这样一来,对于醉酒驾驶行为的出罪路径,应当坚持依附说,放弃对抽象危险进行反证的思路,以实质性解释的方法予以出罪。

对于醉酒驾驶构成危险驾驶罪的情形,《刑法》第133条之一表述如下,"在道路上驾驶机动车,有下列情形之一的,处拘役,并处罚金:(二)醉酒驾驶机动车的"。从法条进行分析,醉酒驾驶行为构成危险驾驶罪有四个客观构成要件要素:其一为醉酒驾驶中的醉酒状态,其二是驾驶行为,其三是机动车,其四是道路。

对于醉酒状态的解释,根据2013年最高人民法院、最高人民检察院、公安部发布的《关于办理醉酒驾驶机动车刑事案件适用法律若干问题的意见》,醉酒驾驶机动车中醉酒状态的成立标准为血液中酒精含量达到80毫克/100毫升以上。笔者认为,醉酒驾驶的行为之所以能被认定为危险驾驶罪,是因为行为人在饮酒之后丧失或者部分丧失辨认与控制能力,使得其对于车辆的控制程度下降,从而进一步威胁到道路公共交通安全。但由于个人之间的体质具有差异性,因此不能排除即使有人达到血液中酒精含量达到80毫克/100毫升这一入刑标准,但也并没有丧失或者部分丧失对机动

---

① 王志祥、融昊:《醉驾行为出罪路径的刑法教义学阐释》,载《北方法学》2022年第1期,第66—78页。

车控制能力的可能,在此情形下处罚行为人可能又有失公允。因此,"有学者主张司法机关应摒弃单一的血液酒精含量标准,确立全面考量行为人体内酒精含量和酒精耐受程度的复合标准。比如,可以参考美国司法机关在判断醉酒状态中所采取的现场清醒性测试"。[1]笔者认为这一观点值得借鉴,血液酒精含量标准不一定能够真实地反映驾驶员的驾驶情形,在此之外还应当建立其他标准对驾驶员是否清醒进行测试。

对于驾驶行为的解释,笔者认为驾驶行为应当进行限缩解释,驾驶员将车发动后留在车内休息的行为不能解释为驾驶行为,因为处于静止状态的机动车不可能对道路交通安全造成危险。比较有争议的是醉酒驾驶的挪车行为能否解释为驾驶行为,笔者认为应当分情形判断。一般而言,挪车行为运动距离极短速度极低,难以对道路交通安全造成危险,但如果挪车的距离过远(即使是低速行驶,也存在妨碍道路通行,进而危险道路交通安全的可能)或速度较高(其产生的动能足以造成一般人受伤),评价为危险驾驶罪中的"驾驶行为"也并无不当。对于机动车的理解,笔者认为"危险驾驶罪具有行政违法性与刑事违法性的双重属性,应归属于行政犯的范畴,所以,根据法秩序的统一原理,对'机动车'等概念性法律术语的理解应当与其对应的行政法规保持一致"。[2]

对于道路的理解,笔者认为"基于法秩序的统一原理,对于'道路'一词的解释同样应当依照《道路交通安全法》的相关规定"。[3]其中的重点在于解释何种场所是公众通行的场所,即"公共性"。笔者认为,公共性的主要特征在于服务对象的不特定性,允许不特定车辆通行的场所应当理解为道路,据

---

[1] 王志祥、融昊:《醉驾行为出罪路径的刑法教义学阐释》,载《北方法学》2022 年第 1 期,第 66—78 页。

[2] 《关于办理醉酒驾驶机动车刑事案件适用法律若干问题的意见》第 1 条第 2 款规定:"前款规定的'道路''机动车',适用道路交通安全法的有关规定。"《道路交通安全法》第 119 条第 3 项规定:"'机动车',是指以动力装置驱动或者牵引,上道路行驶的供人员乘用或者用于运送物品以及进行工程专项作业的轮式车辆。"

[3] 《道路交通安全法》第 119 条第 1 项规定:"'道路',是指公路、城市道路和虽在单位管辖范围但允许社会机动车通行的地方,包括广场、公共停车场等用于公众通行的场所。"

此理解，采取封闭管理的小区不能理解为"公众通行"的场所，但是采取开放管理，允许车辆自动通行的小区，可以理解为"公众通行"的场所。

综上所述，危险驾驶罪的构成要件行为必须具备以上四种要素，只要有一个不符合，就可以从客观层面予以出罪。

危险驾驶罪的主观出罪思路。主观上的故意可以细化为认识因素与意志因素，需要同时具备以上两种要素才能认定行为人对于自己客观上所实施的行为具有故意，在一般的醉酒驾驶行为（饮酒后当即开车）中，对于行为人故意的认定并无太大障碍。争议较多的领域是行为人隔夜开车的情形，在经过一夜的休息之后，行为人能否认识到自己仍然处于醉酒状态（此为认识因素需要考虑的问题），以及在认识到自己可能存在醉酒状态时，对于驾驶机动车这一行为所持的是希望还是放纵的心态。这一难点的认定在于行为人是否知道自身处于醉驾状态，而行为人的主观心态只能通过外在行为进行表露，因此对客观方面资料的判断仍然必不可少。笔者认为，就判断时间而言，对于行为人是否知晓自身处于醉酒状态，应当采取事前的判断立场而非事后的判断立场，否则将会给予行为人过于严苛的认知义务。就判断的主体标准而言，"则主要应当采取社会一般人的标准，但同时也应当考虑行为人自身的特殊情形"。[①]最后从其他方面考虑保留一定的出罪空间有利于节约刑事司法资源，从而实现对其的高效利用。同时也有利于避免犯罪附随后果对行为人基本权利的过度限制，从而缓解与之相关的社会矛盾。

诚然，就像增设罪名可以把原本是现实中存在的"犯罪现象"变成通过司法程序确认的"案例犯罪"，从而增加了大量的可计犯罪一样，通过调整酒驾犯罪等出罪的方式也在客观上减少了本可通过司法程序确认的"案例犯罪"，这也是一种犯罪治理的效果。在这种意义上，如果处理得好，立法增加犯罪与司法控制犯罪相统一，将共同形成积极的犯罪治理。

---

① 王志祥、融昊：《醉驾行为出罪路径的刑法教义学阐释》，载《北方法学》2022 年第 1 期。

三、交通犯罪的信息化治理

（一）交通犯罪的信息化防治措施

1. 依托大数据进行区域性重点预防

"在大数据时代，整体性的治理观主要体现为依托'智慧城市'建设，运用大数据技术捕捉和感知犯罪风险，以预测预警预防公共安全风险的方式，把握蕴藏于城市大数据中的社会发展与犯罪治理的规律，对城市犯罪和犯罪热点区域开展数据治理。"①犯罪在不同区域的表现是不同的，由此会产生犯罪热点区域，交通犯罪也当然具备这一特点。就我国而言，大到不同的省份，小到县区内的街道、特定的路段甚至是某个路口均会有不同的犯罪表现情况。例如，2016 年 11 月司法大数据研究院公布的数据显示，每百万人中涉嫌危险驾驶罪人数位居全国前三的地区是浙江、福建和内蒙古。而此三个省份尽管涉嫌危险驾驶罪的人数均较高，但由于其地理位置不同、区域内对犯罪的各种影响因素不同，因而还会具有区域性的特点，在犯罪防控时应注重其区域内的特点进行有针对性的防控。而具体到某一交通肇事严重后果高发的区域，如交通路口、道路转弯处、交通违法行为频发处等，应当有针对性地对此类区域进行重点防控，可通过大数据算法对近年来该区域交通犯罪数量、犯罪发生时间、犯罪发生地点等因素进行归纳、整理，找出造成该区域交通事故多发的重要因素，并通过运用仿真模拟实验、统计回归建模、事故数据分析等方法，分析犯罪多发原因并采取相应的技术措施，如重新规划此区域的交通规划布局、增设道路监控以期减少交通违法行为等，降低交通肇事后果的发生可能性。

应当说，依托大数据进行区域性重点预防是犯罪的情境预防中的空间预防依托于当前大数据时代背景下的现实应用。一般认为，空间预防中的

---

① 单勇：《基于犯罪热点制图的城市防卫空间研究》，法律出版社 2020 年版，第 8 页。

空间是指"以一定的自然环境(地理位置、气候、自然环境)和人文环境(如社会风气、社会制度、观念、风俗、民情等)为内容"。①由于我国幅员辽阔,各个地区的自然环境和人文环境差距较为明显,各地的交通环境差距明显,交通参与人的特点也有显著不同,因而采取空间预防措施对交通犯罪行为进行区域性重点预防是十分必要的。当前大数据时代背景又可以为交通犯罪的区域性重点预防提供充足的数据资源以供分析使用。因而如何有效地针对特定区域进行重点预防,拿出交通犯罪预防的千城千面、千路千面的对策方案,是可以依托大数据分析进行计算和解决的问题。

2. 发挥交通沿线监控采取及时预警效用

当前,技术的高速发展使得城市交通沿线监控的联网不仅可能而且非常便捷。在应对危险驾驶罪这种危险性的犯罪行为时,可以利用道路监控措施对交通道路上行驶行为异常的机动车②,包括轿车和摩托车进行预警,一旦发现某一机动车的驾驶行为出现严重超速、行驶路径极不稳定等问题,则进行系统报警,并提示就近的公安部门进行快速反应,将相关车辆阻截拦停,进行调查。一旦核实发现可能存在危险驾驶行为的情况,即可立即处理,避免行为人继续实施危险驾驶行为,制造公共交通的潜在危险。如此预警及快速反应可以有效缩短危险驾驶行为被发现的时间,减少危险驾驶行为造成交通肇事严重后果发生的可能。

对于危害更大的交通肇事罪而言,犯罪预防有其特殊性。由于交通肇事罪以发生特定结果为犯罪构成要件,而行为人对结果的发生主观方面是过失的而非故意,鉴于犯罪预防措施多针对故意犯罪而言,对交通肇事罪的预防效果会弱化,特别是针对犯罪人主观恶性防范的预防性措施不足。因而,有必要将犯罪预防措施前移,移至行为人前置行政违法阶段。事实上,各类危险驾驶行为被作为犯罪处理便是法律预防措施在前置违法阶段实施

---

① 张远煌主编:《犯罪学(第四版)》,中国人民大学出版社 2020 年版,第 175 页。
② 这种异常并非仅指违法行为,还有可能是连续变道、快速加速后紧急减速等虽符合法律规范,但是存在潜在危险的非正常道路行驶行为。

的结果。但是，单纯将部分高度危险的前置违法行为评价为犯罪，不足以有效防止交通肇事罪的发生，当前的交通肇事罪的数据也反映了这一点。因而，笔者认为，如何及时有效地制止、纠正正在实施前置违法行为人的当前行为，这是亟待解决的问题。

目前，对于交通违法行为的查处主要有两种方式：一种方式是通过道路监控抓拍，而后将处罚结果告知当事人；另一种方式是交通警察在工作中发现，及时制止并予以教育或处罚。两种方式都有较为比较明显的问题，对于道路监控抓拍的查处来说，这种查处方式对行为人当时被处罚的行为而言，仅有处罚效果，而没有预防效果，所能预防的只能是行为人此后的行为。如果行为人在实施当前违法行为时便造成严重交通事故，是没有办法预防的。而对于交通警察工作发现这种方式来说，其随机性很高，而且一般车主在瞭望到交通警察之后，大多会尽快使自身行为符合交通规范，因而这种方式查处违法效率并不高。有鉴于此，笔者建议，有必要探究改变当前道路监控抓拍的处罚模式，应当在道路监控实时抓拍以后，立刻将行政处罚的内容通过各种方式告知车主或通过道路监控所识别出的驾驶人，这既履行了行政处罚中的告知义务，同时更重要的是，及时提醒行为人停止自身的违法行为，制止交通肇事罪的前置违法行为发生，即通过消除交通肇事罪的犯罪情境、前置违法行为的实施前提，从而预防交通肇事罪的发生。应当指出，"情境预防的实质是，通过提升潜在犯罪人被发现和被检举的风险、增大犯罪实施难度和减少犯罪收益等措施，达到减少犯罪的目的"。[①]因而，通过道路监控即时发现前置违法行为并及时预警，便可真正有效地对交通肇事罪发生事故之前的"故意违反交通法规"的行为进行发现和制止，从而避免后续危害结果发生。这种预防类似于是将交通肇事罪分为两个阶段，即"故意违反交通法规＋发生危害后果"，前者类似交通肇事的"犯罪预备行为"，将危险消灭在"预备"状态符合犯罪预防理论，这应该是对交通肇事这种有前置的故

[①] 张远煌主编：《犯罪学（第四版）》，中国人民大学出版社 2020 年版，第 251 页。

意违法行为的过失犯罪进行预防的有效手段。

另外,在交通类犯罪中,因为人为原因导致道路桥梁或交通设施设备存在问题,以及因地形地貌和恶劣天气加人为原因引发交通事故的情况也时有发生,尽管在特大城市的市区内并不多见,但其研究仍然具有普遍意义。例如1999年1月4日,重庆綦江虹桥突然垮塌,40名无辜者被夺去了生命。经认定,这是一起人为责任事故,其中违法设计、无证施工、管理混乱、未经验收等问题是导致事故发生的重要原因。綦江县委原书记张开科、副书记林世元等一批渎职官员也被追究刑事责任。①这是一起典型的非法实施路桥施工与官员腐败交织的重大刑事案件,涉及多方面罪名,深刻反映了管理者因素对交通类犯罪的重要影响,加强反腐败也必然有利于减少交通领域的犯罪。对于因自然原因导致的交通事故,比如遭遇塌方、落石、山洪、泥石流等,在法律上系不可抗力或者意外事件,一般不构成犯罪。②但是,如果是在不良气候下勉强出行,或者遭遇不测危险地形条件,结果因违法驾驶车辆或操作不当导致车辆失控发生事故,这可能就要依法追究事故责任了。不过,随着交通信息化技术发展,对特殊地形地貌地段的"异动"实施全方位监测已成为可能,特别是在一些桥梁、隧道以及危及交通的山地林地安装信息化监测装置,一旦遇到泥石流或者路桥垮塌等危险降临,可以提前报警,使将要到来的列车等交通工具及时停车或者改变

---

① 1999年4月3日,一审法院以受贿罪和玩忽职守罪判处林世元死刑,剥夺政治权利终身;以工程重大安全事故罪判处虹桥包工头费上利有期徒刑十年;张基碧、孙立、贺际慎等人分别被以玩忽职守罪判处有期徒刑三年至六年;段浩、李孟泽、夏福林、阎珂、赵祥忠等五名被告人犯工程重大安全事故罪,分别被判处有期徒刑五年至十年;刘泽均犯生产销售不符合安全标准产品罪被判处有期徒刑十三年;王远凯、胡开明犯生产不符合安全标准产品罪被判处有期徒刑十年和八年;重庆通用机器厂职工技术服务部生产销售不符合安全标准产品罪被判处罚金二十五万元,非法所得三万元继续追缴。1999年12月12日重庆市高级法院对本案作出终审判决。因被告人林世元在二审期间检举揭发綦江县委原书记张开科受贿线索经查证属实,有重大立功表现,依法可从轻处罚,故以受贿罪和玩忽职守罪改判林世元死缓,剥夺政治权利终身。驳回张基碧等其他九人的上诉,维持原判。1999年12月23日,法院以受贿和玩忽职守二罪判处张开科无期徒刑,剥夺政治权利终身。

② 如2022年6月4日10时30分许,贵阳北至广州南的D2809次旅客列车行驶在贵广线榕江站进站前的月寨隧道口时,撞上突发溜坍侵入线路的泥石流,导致7号、8号车发生脱线,造成1名司机、1名列车员与7名旅客受伤。

路线，避免发生交通事故。

3. 针对货车、渣土车等特殊车辆设置特定电子检测预警装置

诚如前文数据分析所述，货车涉及交通肇事罪的比例高于其他机动车，并且其涉及交通肇事罪的原因主要在于超载、超速等问题。同时，传统针对货车前置违法行为的治理主要采取了犯罪治安预防的手段，即"由专门的社会控制力量运用国家赋予的权力，控制犯罪行为实施所需要的或者可能利用的外部条件，发现和制止犯罪行为的实施，防止和减少犯罪对社会的危害的各种行政措施"。[①]然而无论是交通运输部门还是公安机关，事实上都产生了对于货车前置违法行为"增加运输成本"的问题，并没有真正地制止违法行为。其中亟待解决的就是货车逐利而愿意增加"运输成本"与相关部门的执法人员达成默契的问题。因而，笔者认为有针对性地对货车设置特定的电子检测卡口是有必要的，可有效解决当前执法人员的权力寻租放任违法行为的问题。例如，在高速公路路口，国道、省道的一些货车通常行驶的路段上为货车增设电子检测卡口，排除当前人为监管的弊端，多个检测卡口的联动使得货车超载行为难以实施，从而被迫不再实施超载行为。同样，可以有针对性地为货车本身安装电子检测装置，而不以道路测速装置为唯一监督措施。由于货车一般为公司、企业所有，而非个人保有，可令管理的货车公司、企业强制安装电子检测装置，一旦电子检测装置检测发现存在超速、超载等问题，立即报警。

再以一些大城市经常发生的渣土车司机肇事案为例，这类案件主要出现在一些大城市的郊区，或者城郊接合部，发生原因大多在于车辆"致命右转"时后视镜存在视角盲区。针对屡屡发生的这类惨剧，交通部门一直在严加管理，但每年类似案件的发生还是不在少数。[②]对此，除了对渣土车司机

---

① 张智辉：《刑事法研究（第四卷·犯罪学）》，中国检察出版社 2019 年版，第 194—195 页。

② 例如，2022 年 5 月 21 日，郑州惠济区一辆渣土车侧翻后将一辆越野车压扁，由于渣土车满载泥浆车身较重，越野车只剩四五十厘米高，车上 4 人全部遇难。参见《郑州一渣土车将越野车压扁致 4 人遇难 目击者：越野车仅剩四五十厘米高》，新浪新闻，https://zx.sina.cn/push/2022-05-22/detail-imizmscu2725536.d.html，2022 年 5 月 22 日。

强化交通法规的教育管理外，还可以增加信息化的治理手段，如使这类大型交通车辆与路边监控设备相通，遇到危险路段转弯时，不仅有监控发出减速的鸣叫提醒，车辆自身必须加装特殊的自动减速装置，一旦遇到路边有行人，该装置既会提醒司机减速，又能够及时防止车速避免事故发生。如此内外结合，一定可以大大降低这类交通事故案件的发生率。

4. 修正危险驾驶罪的入罪标准

除了前面说到可以利用电子监控措施预防驾驶人员实施危险驾驶罪之外，从立法和司法上区别罪与非罪，可以达到实际上减少危险驾驶罪的目的，这可以说是一种特别的犯罪治理。我们认为，这对于危险驾驶罪是非常必要的。

危险驾驶罪中的醉酒型危险驾驶罪的入罪标准，特别是认定驾驶人控制能力减弱的唯一标准即为酒精浓度是否得当值得进一步的反思与讨论。但就目前实务中数据反映的情况来看，醉酒型危险驾驶罪的设定每年既产生了大量的犯罪分子，造成了司法成本的大幅提升，同时也并没有显著的降低交通肇事罪的犯罪数量。因而，该醉酒型危险驾驶行为的入刑目的难以有效实现，修正该罪的入罪标准，以期更好地防范交通领域潜在危险，同时降低该罪畸高的犯罪数量，或许是一条可行之路。

此外，在就能否适用"但书"对危险驾驶行为出罪的讨论中，也反映出以酒精浓度作为醉酒判断唯一标准的不合理性。如有人认为，"在我国以行为人血液中的酒精含量作为判断'醉酒'状态唯一标准的立法现状下，在判断醉酒程度较低状态下的驾驶行为能否适用'但书'规定出罪时，不能仅以血液中的酒精含量数值超过'醉酒'数值标准的多少来判断，而应当从行为人控制机动车的能力有无实际减弱或丧失的角度加以考量"。[1]这就反映出对行为社会危害性大小的判断已经由酒精浓度转为对酒精影响下行为人控制能力的事实判断。在行为出罪中行为危害性大小的考量因素同样可以被适

---

① 周舟：《中日道路交通犯罪比较研究》，法律出版社 2016 年版，第 168 页。

用于行为的入罪之中。因而,该观点不失为一种修正危险驾驶罪入罪标准的值得参考的思路。笔者认为"醉驾"标准的认定可以采取主客观相结合的方法,在客观方面,坚持原有的酒精含量标准,即以行为人血液中的酒精含量作为判断'醉酒'状态;在主观方面,即当场对行为人控制机动车的能力进行检测,判断其精神状态与辨认、控制能力。最后,综合主客观方面相结合所得出的检测结果,对于没有明显超过酒精含量浓度、精神状态正常且辨认、控制能力未明显下降的行为人,可以认定为"情节显著轻微、危害不大"或"情节轻微",最终适用缓刑或免于定罪。[①]

(二)网约车引发的犯罪问题及其治理

网约车是共享经济和"互联网+"背景下衍生出的一种新型交通方式。从广义来看,网约车泛指"网络预约汽车",包括网上预约专车、快车、拼车、顺风车等。从狭义来看,网约车仅指"网络预约出租汽车",交通运输部等七部门出台的《网络预约出租汽车经营服务管理暂行办法》将其界定为"以互联网技术为依托构建服务平台,整合供需信息,使用符合条件的车辆和驾驶员,提供非巡游的预约出租汽车"[②],顺风车、拼车等合乘行为不包括在内。为研究方便,本书采纳广义观点,将网约车界定为乘车用户通过手机终端的打车软件平台预约小汽车,以获得出行服务的一种新型交通方式。网约车最大的优势是方便快捷、价格优惠、服务质量高,不仅能满足乘客多样化、个性化的出行需求,缓解"打车难"问题,还有利于盘活市场资源,提高市场主体积极性。[③]近几年,网约车行业迅速发展壮大,但其在为公众出行提供极大便利的同时,也陆续暴露出诸多安全问题,尤其是由网约车所引发的恶性

---

① 王祯:《醉酒型危险驾驶罪司法境遇与刑法结构之反思》,载《河南警察学院学报》2021年第4期。

② 《网络预约出租汽车经营服务管理暂行办法》第2条规定:"从事网络预约出租汽车(以下简称网约车)经营服务,应当遵守本办法。本办法所称网约车经营服务,是指以互联网技术为依托构建服务平台,整合供需信息,使用符合条件的车辆和驾驶员,提供非巡游的预约出租汽车服务的经营活动。本办法所称网络预约出租汽车经营者(以下称网约车平台公司),是指构建网络服务平台,从事网约车经营服务的企业法人。"

③ 李易尚、朱双洋:《网约车安全风险及应对研究》,载《福建警察学院学报》2018年第6期。

犯罪案件,如"空姐滴滴顺风车被害案"①"乐清女子滴滴顺风车被害案"②"网约车司机利用补贴漏洞诈骗案件"③等,均引起了社会广泛关注。2021年12月13日,柳州市发生一起有预谋的顺风车杀人案。被害人廖某去客运站乘车,在车站附近搭上了顺风车司机何某驾驶的顺风车。临走时廖某还特意给男朋友发了一张用手机拍摄的自己所乘坐车子的图片,让徐某两个小时后如果联系不上她就报警。而何某也是为抢劫钱财而借顺风车载客之机寻找被害对象,所以,这起案件的发生并非偶然,被害人在已有危险感觉和警惕性的情况下还是遇害了。④网约车平台经济模式是顺应社会信息化发展的新型公共交通服务模式,但其发展之初就凸显出如此巨大的安全隐患。这种安全利益受损一时间明显超过了交通的便捷性,网约车行业的发展必须有效防控借助网约车载客之机实施的各类犯罪活动。为保障这种新经济模式的健康发展,研究网约车平台相关犯罪的形成过程及其防控对策具有重要意义。⑤

当前与网约车相关的犯罪风险主要包括暴力类犯罪风险、交通类犯罪风险以及信息类犯罪风险。其一,对于暴力类犯罪风险,网约车的暴力犯罪案件主要涉及故意杀人罪、故意伤害罪、强奸罪、抢劫罪等。除了乐清女子被害案以外,典型的还有2016年5月深圳某顺风车司机抢劫杀害女教师案⑥、2015年10月武汉某快车司机强奸并抢劫女乘客案⑦等。从整体上看,网约

① 《21岁空姐打网约车遇害,安全乘网约车真就这么难?》,平安连云港,https://baijiahao.baidu.com/s?id=1600183594391780600&wfr=spider&for=pc,2022年5月8日。

② 《女子乘顺风车被害案:嫌疑人被带到现场时样子精瘦、面无表情》,央视网,https://baijiahao.baidu.com/s?id=1609902206501005109&wfr=spider&for=pc,2022年5月8日。

③ 《刑事拘留!太原一网约车司机利用软件漏洞骗取拼车补贴被抓》,百家号,https://baijiahao.baidu.com/s?id=1728692735196960511&wfr=spider&for=pc,2022年5月8日。

④ 《女子搭顺风车失联,系司机劫财后杀人抛尸,律师:应以抢劫罪定罪,从重处罚》,网易号,https://www.163.com/dy/article/H8A6O32P0552DNJF.html,2022年5月26日。

⑤ 皮勇:《2018年度最有影响力刑事案件的犯罪学分析——滴滴出行平台相关网约车司机犯罪案件的犯罪学分析》,载《中国检察官》2019年第2期。

⑥ 《网约车司机劫杀女教师、庭审又哭又抖无奈休庭再审》,央广网,https://news.cnr.cn/native/gd/20170302/t20170302_523629758.shtml,2022年5月8日。

⑦ 《武汉一滴滴司机抢劫强奸女乘客 手持手枪形打火机作案》,中国新闻网,https://www.chinanews.com.cn/m/sh/2016/04-10/7829008.shtml,2022年5月8日。

车引发的暴力案件具有较强的随机性。据调查,网约车司机实施的故意伤害案和强奸案多为临时起意,环境因素(如车辆的封闭性、地段偏僻等)、时间因素(如深夜)、被害人因素(如财富外露等)都可能诱发犯罪动机的产生。其二,对于交通类犯罪风险,其主要体现在因网约车平台对司机和车辆的审核存在纰漏,一些不符合条件的司机和车辆也混杂其中,为网约车出行安全埋下隐患。例如可能存在部分网约车司机疲劳驾驶、患有精神疾病等问题。此外,网约车自身不安全的交易方式也增大了交通安全风险。由于乘客预约、司机接单都通过手机终端的 APP 进行,司机不可避免地要在行驶过程中用手机查看位置、与乘客联系,这更容易分散司机的注意力,酿成安全事故,违反《道路交通安全法实施条例》,甚至构成交通肇事罪、危险驾驶罪等交通类犯罪。[①]其三,对于信息类犯罪风险,以滴滴公司为例,据 2022 年数据统计可知,滴滴目前全国司机超 1 500 万,平台用户接近 4 个亿,由此可见网约车平台拥有海量的个人真实数据,一旦被黑客攻击侵入或其中的公民个人信息被泄露、贩卖,将引发严重后果。互联网服务平台客观上创造了新的犯罪环境,而滥用客户个人信息导致犯罪人获得了关键的犯罪条件,互联网平台履行信息网络安全管理义务不尽责以及警企之间的安全数据互通缺失导致了犯罪防控机制失效,不掌握互联网服务企业的经营数据导致传统的以地域为限、条块架构的企业行政监督管理机制空转。[②]

利用网约车实施犯罪是一种新型的犯罪方式,是与信息网络技术发展同步产生的副产品,对于此类犯罪的有效预防和治理,需要从多角度共同入手。另外,根据最高人民法院发布的《司法大数据专题报告之网络约车与传统出租车服务过程中犯罪情况》的统计,从网约车司机提供服务过程中的犯罪整体情况来看,故意伤害罪、交通肇事罪、强制猥亵罪和强奸罪(并列第三位)居于所有犯罪类型的前三位,分别占案件总数的 38.89%、

---

① 李易尚、朱双洋:《网约车安全风险及应对研究》,载《福建警察学院学报》2018 年第 6 期。
② 皮勇:《2018 年度最有影响力刑事案件的犯罪学分析——滴滴出行平台相关网约车司机犯罪案件的犯罪学分析》,载《中国检察官》2019 年第 2 期。

16.67％、16.67％。①应该说，交通肇事罪在案件总数中占据较大比例与网络约车行业的特殊性有较密切的关联，甚至可以认为是现代交通运输行业高速发展过程中不可避免的副产品。因此，本书将以利用网约车平台实施的故意伤害罪、强制猥亵罪和强奸罪等暴力犯罪的预防作为主要讨论对象，并从犯罪预防社会化、犯罪预防法治化以及犯罪预防智能化和专业化三个角度来化解网约车所带来的犯罪难题。

首先，从犯罪预防社会化的角度来看，犯罪的产生有社会原因，犯罪的预防因此也需要社会提供一定的条件。在社会发展过程中，社会发展、进步与防御犯罪存在着一定程度上的关联，因而有必要将完善社会转化为犯罪预防的手段和途径，将犯罪的社会预防理解为通过减少社会弊端，避免社会问题，来减少可能引起犯罪发生的社会刺激因素。在我国逐渐进入"网络社会"之后，网络社会的虚拟性对道德规范的负面影响就逐渐凸显出来。网络社会的开放性决定了任何人都可以在其中驻足浏览，这有利于社会各个阶层之间的交流，但一定程度上也冲击着社会底层人员的道德观念。根据国家统计局网站发布的《2017年农民工检测调查报告》的数据显示，新生代的农民工数量占总农民工数的50.5％，但与之相反的是，农民工月平均收入的增速在下降，生活成本如租房、吃饭的费用在上升。由此带来的矛盾之处在于，农民工向往城市生活，却难以在所处的城市立足。这种矛盾极易导致他们形成极端、偏执的个性，也容易使他们陷入各种诱惑之中。因此，改变我国目前城乡差异大的现实，放松户口、实现真正的城镇化，进一步提高义务教育的水平和年限，降低城市生活费用、让更多进城务工人员的子女能够跟随父母一起生活、接受更为优质的教育，是减少潜在犯罪人的可能路径。此外，隐蔽的作案空间和"滴滴"公司的不当宣传成为与顺风车相关的性犯罪高发的重要诱因。女性乘客上车后，车内狭小的空间和车辆行驶的路线都

---

① 《揭示网约车与传统出租车犯罪情况》，中国法院网，https://www.chinacourt.org/article/detail/2018/09/id/3510006.shtml，2022年5月8日。

由司机支配,为性犯罪的实施提供了客观条件——从抑制犯罪冲动的角度来看,削弱司机对车辆的绝对控制以及隔断司机在乘客上车前对乘客个人信息的了解就成为一种选择。通过下线个性化头像、性别、乘客描述等涉及用户隐私相关的信息,在车内强制安装报警器,报警器启动后,会将车辆所处位置和此后的行车路线及时发送给司法机关,公安部门可以快速获取相关信息、及时出警。如此即使无法完全避免极端命案的出现,也会给很多意图犯罪的人以威慑,使其不敢轻易实施犯罪。[1]

其次,从犯罪预防法治化的角度来看,犯罪治理的法治化要求将犯罪治理的各个环节都纳入法律调整的范围和轨道,依法行事、重视程序,在预防犯罪的同时也注重保护犯罪人的基本人权。因此,立法者应该事先将法律公布出来,为公众所知晓,这也成为罪刑法定原则的题中之义。例如古典犯罪论的集大成者贝卡里亚曾言,"你们想预防犯罪吗?那你们就应该把法律制定得明确和通俗;就应该让国家集中全力去保卫这些法律"。[2]就目前而言,应该说不只是法律,具有典型意义和指导价值的真实案例也应该及时公布出来让公众知晓,从而发挥刑法条文的行为规范作用。据媒体报道,早在2017年5月14日,重庆永川就发生了顺风车司机周某用风筝线和红布将30岁的甘女士勒死的恶性事件,最终周某被判处死缓,但该案在网上几乎搜索不到任何报道。试想,如果该案件能够在发生之初就经媒体报道而为公众所熟知,一方面能够提早使大家认识到"滴滴"网约车潜藏的犯罪危机并在自己将来乘坐"滴滴"快车时提高警惕,另一方面也给"滴滴"网约车平台施加舆论压力,迫使其不断改进网络技术,加强平台监督。可以断言,无论上述两者中哪个方面受到重视,类似案件悲剧上演的概率将大大降低,法律规范不同于自然规律,它不能依靠自然的力量自动获得执行力,只能依靠国家的力量强制推行。而由国家主导执行规范难免会产生漏洞,"规范违反行为直接动摇了规范的权威,如果此时没有刑法的回应,则这种权威的临时

---

① 金泽刚:《第三方网络平台的类型演变与犯罪危机预防》,载《东方法学》2020年第1期。
② 〔意〕贝卡里亚:《论犯罪与刑罚》,黄风译,中国法制出版社2002年版,第120页。

动摇就会成为长久性的动摇,导致民众失去对规范的信赖。而一旦失去对规范的信赖,建立在规范之上的社会生活就无法继续进行,具体的利益也就失去了规范的保护"。①法律与典型案例的及时公布,既是为了让公众知晓,使他们尽可能按照法律规范行事,同时也是为了维护既定社会规范的效力,对潜在犯罪人形成心理威慑。

最后,从犯罪预防智能化和专业化角度来看,可以从两个方面进行考虑:其一,信息化时代中,大数据、移动互联网、云计算等先进技术在犯罪预防领域的应用将成为拉动学科发展的强大引擎。考虑到利用网约车平台实施的强奸、故意伤害等恶性暴力犯罪大多发生在城市郊区、城乡接合部等缺少监管的"城市盲区",今后此类犯罪的预防也应该对症下药,利用网络技术,在分析城市犯罪的边际空间盲区的基础上进行综合治理。城市空间中边际盲区的存在为潜在的犯罪人提供了犯罪机会,"而犯罪机会的形成和扩大从一个侧面反映了城市边际空间管理的弱质和低效,致使形形色色的客观环境因素以非稳定的'紊态'形式长期存在,成为孕育犯罪机会的'盲点'和'温床'"。②因此,接下来城市犯罪预防的重点和核心在于两个方面,一是逐渐减少甚至消灭既存的城市边际空间盲区,二是绘制科学的犯罪地图。这就需要大数据、信息网络技术和绘图学的支持,通过分析多年以来官方公布的犯罪统计数据,找出犯罪高发的区域,安装视频监控,在容易发生犯罪的"红点"区域加强警力布控,尽可能消灭实施犯罪的"理想环境"。"出于预防犯罪、维护城市公共安全的现实需要,我们必须尝试回答城市街面犯罪的空间分布是否有规律可循、城市中的犯罪高发区块和地点应如何探测、什么样的空间环境对高危人群实施犯罪最具吸引力、为什么在相邻的两个社区或路段中犯罪率有着迥异的差异等问题。"③绘制犯罪地图的直接目的在于

① 陈金林:《积极一般预防理论研究》,武汉大学出版社 2013 年版,第 212 页。
② 王发曾主编:《城市犯罪空间盲区分析与综合治理》,商务印书馆 2012 年版,第 338 页。
③ 单勇、阮重骏:《城市街面犯罪的聚集分布与空间防控——基于地理信息系统的犯罪制图分析》,载《法制与社会发展》2013 年第 6 期。

阻断罪犯形成和强化犯意的机会,从而有效地预防犯罪和控制犯罪。虽然性犯罪一般是出于犯罪人的自卑心理,但是犯罪心理作为一种主观的心理状态,虽有普遍规律可循,但更多的是犯罪人内心活动,而且一千个性犯罪中可能存在一千种犯罪动机。因此,建立外部监管机制,减少甚至消灭为犯罪实施提供机会的环境因素可能才是更为可控和科学的犯罪预防方法。其二,对"破窗理论"的适用。"破窗理论"源自美国犯罪学者 J.Q.威尔森和G.L.科林所提出的理论,其源命题在于被破坏而未修理的窗户本身就显示出了没有对该建筑物进行管理的人,那么不久之后,其他的窗户也就会被打破。于是,处于无法状态的氛围马上就会从该建筑物出发向四周传递,即开始发出这里可以为所欲为的信号。①从源命题出发,对于一些轻微的社会越轨行为也要及时曝光、依法处理,否则就会有越来越多的人实施类似的轻微犯罪行为,而且这种轻越轨行为在性质上也会愈演愈烈。如上文所述的乐清女子滴滴顺风车被害案,假设该案件没有引起社会公众的广泛关注,那么就会给社会中潜在的犯罪人传递了侥幸信号,助长了其实施类似犯罪的嚣张气焰。因此,防微杜渐,从小处着眼,也成为预防类似案件再次发生的关键。②

犯罪预防智能化和专业化还有待乘客自身防范意识的强化。网约车的好处在于,它将形成可视化、能够实现 GPS 的实时监控,有利于保证了用户安全。在 APP 中,网约车可设置紧急求助按钮,报警可直通公安部门。有数据显示,优步在进入芝加哥运营后,该城市与出租车有关的犯罪率下降了 20%。但实践中,网约车严重依赖线下交易,平台技术层面的漏洞就容易被利用。因为在线下交易时,安全问题更偏重考量人性与信任。事实上,2016 年深圳市曾出现过顺风车车主杀人惨案。2016 年 5 月 2 日,深圳一名 24 岁的女教师搭乘滴滴顺风车返回学校,在路上司机对女乘客实施抢劫杀害。平台方面信息显示,当时该司机通过了平台审核,但案发车辆的牌照系司机临时伪造。受害人在发现车牌和平台信息不相符时,选择了在平台上取消订单,并继续乘坐。

① 〔日〕上田宽:《犯罪学》,戴波、李世阳译,商务印书馆 2016 年版,第 256—257 页。
② 金泽刚:《第三方网络平台的类型演变与犯罪危机预防》,载《东方法学》2020 年第 1 期。

这种跳脱平台的线下交易就给乘客带来了不可预知的危险,而这种危险往往不被乘客所意识,而一旦车牌不符,定位跟踪都成为信息化难题。因此,除了审核把关之外,平台也只能通过口头来呼吁用户,一旦发现车牌不符,乘客可选择拒绝乘坐,并进行举报,但审核平台必须通过信息化技术堵塞漏洞。

(三)无人驾驶引发的犯罪问题及其治理

交通犯罪以交通肇事罪这一过失犯罪为主,驾驶人员的操作是出现交通肇事严重后果的重要原因。因而,当前自动驾驶技术的发展不仅将有利于人们未来的交通出行,同样有助于减少甚至在自动驾驶普及后消灭交通肇事罪等交通犯罪的发生。正如有观点认为"发明创造自动驾驶汽车的最初目的即为减少交通事故。在完全自动化系统支配下的智能汽车不再存在所谓的驾驶者,汽车运行时人类参与的程度几乎为零,因而传统交通致害行为中占比极大的醉酒驾驶、超速驾驶及疲劳驾驶的发生率将会大大降低。尽管如此,现阶段我们还是无法保证智能汽车完全不会造成交通事故。也就是说,即便是为了避免交通事故的发生而创造的智能汽车,仍然具有致使交通事故发生的可能性"。[1]自动驾驶技术是指能够通过计算机智能车载传感系统感知道路环境,自动规划行车路线并控制车辆达到预定目标的智能科技。[2]应当承认,"当前我国自动驾驶汽车行业正处于大力发展的攻关期,中央及各地方政府都极其重视自动驾驶汽车行业的发展"。[3]尽管现阶段,完全自动驾驶仍为商业目标,但这样的商业目标完全可期。而且,交通犯罪本身就是因技术的发展而产生,通过技术的方式予以解决也是最为理想的方式。因而,通过自动驾驶技术的发展来提高道路交通的安全性,减少交通行为中的潜在危险,在技术上消除驾驶人员的存在,是解决交通犯罪特别是

---

[1] 姜天琦:《自动驾驶汽车应用对使用者注意义务的影响》,载《太原理工大学学报(社会科学版)》2022年第2期。

[2] 蔡婷婷:《人工智能环境下刑法的完善及适用——以智能机器人和无人驾驶汽车为切入点》,载《犯罪研究》2018年第2期。

[3] 金泽刚、刘芩昊:《论智能网联汽车涉交通肇事案的刑事责任问题——基于〈智能网联汽车道路测试管理规范(试行)〉的思考》,载《上海法学研究》2021年第5卷。

交通肇事罪的未来路径。然而,自动驾驶技术的蓝海虽然带来了广阔的市场前景和高度的效能增益,且能从技术根源降低交通犯罪的发生率,但也给社会生活和道路交通参与人的人身、财产安全带来了新的风险,其中,最严重的无疑是自动驾驶所带来的新的刑事风险,即自动驾驶犯罪①。自动驾驶技术发展所带来的刑事风险主要包括以下两个方面:

一是犯罪类型纵横交错,犯罪手段不断升级,现有体系无法满足规制要求。自动驾驶作为科技的新产物,无论是驾驶系统及其配套设备的不足,还是被用作新型犯罪工具,都有可能带来刑事风险。对于前一种情形,在自动驾驶系统正式投入使用之前要经历研发、测试、检验、生产、销售等环节,任何一个环节存在纰漏都有可能导致系统发生故障,从而带来严重的社会危害。例如,在搭载有自动驾驶系统的汽车出现了安全漏洞的情况下,其生产者、销售者可能构成生产、销售不符合安全标准的产品罪;在涉及交通类犯罪的情况下,自动驾驶系统研发公司的管理者、负责远程指挥的检测员等人员等具体从事系统设计、维护系统安全的人员,都有一定概率构成安全、生产领域中的重大责任事故罪。其中,刹车失灵事件成为自动驾驶汽车最具代表性的风险问题,国内外时有发生。②

---

① 赵司聪:《论自动驾驶的刑事风险及应对》,载《北方法学》2022 年第 2 期。

② 2021 年 4 月,在上海车展上一名身穿印有"刹车失灵"字样白 T 恤的女子,站在红色特斯拉车顶上,高喊"特斯拉刹车失灵!特斯拉刹车失灵!"该女子正是一名特斯拉车主,因车辆发生交通事故,与特斯拉公司产生纠纷。在多次解决未果后,发生车顶维权一幕。2022 年 6 月 4 日,美国汽车安全监管机构宣布,将对特斯拉加大调查力度。此前,该机构收到 758 起被称为"幻影制动"的投诉,即特斯拉汽车在高速行驶中突然刹车。文件显示,2021 年和 2022 年生产的特斯拉汽车,遭到车主"幻影制动"投诉的数量从 2 月份的 354 起升至 758 起。据悉,此次调查涉及 Models 3 和 Models Y 两款车型中的约 41.6 万辆汽车,涉及数十起交通事故。遭遇"幽灵刹车"车主反映称,自己的车辆在开启了 Autopolit 功能之后,本来在公路上正常高速续航,但是特斯拉有时会将路旁的各种标牌(如广告中的 Stop 标志)误认为限速或者停车标致,然后猛刹车。据介绍,特斯拉幽灵刹车的出现,与其拿掉车上最后的毫米波雷达有关,车辆的自动辅助驾驶完全依靠车辆的视觉系统。2021 年 11 月特斯拉在北美召回 11 000 多辆推送了 FSD 的车辆,原因是 FSD 存在 bug,会错误激活 AEB,导致幽灵刹车。特斯拉在中国的 4 起召回分别涉及部分车辆的热泵电子膨胀阀定位时会有微小移动,长期可能造成阀门部分开启,热泵压缩机停止工作,车内制热功能失效;部分车辆的后电机逆变器功率半导体元件可能存在微小的制造差异,其中部分车辆使用一段时间后元件制造差异可能会导致后逆变器发生故障,造成逆变器不能正常控制电流等。

对于后一种情况,如自动驾驶系统的设计者、管理者等对该系统具有极高操作权限的人员通过利用自动驾驶系统的设计缺陷或者破坏自动驾驶系统实施犯罪行为,都有可能构成故意伤害罪或故意杀人罪。另外,还可能存在第三人破坏自动驾驶系统而产生犯罪的情况。例如黑客入侵自动驾驶系统、破坏、盗取系统数据的行为,可能构成非法侵入计算机信息系统罪,非法获取计算机信息系统数据、非法控制计算机信息系统罪等,若是行为人向自动驾驶系统植入病毒导致该系统完全瘫痪,还可能涉及故意毁坏财物罪、破坏交通工具罪等。[①]

二是加剧了司法实践中对具体犯罪行为的认定难度,具体表现在无人驾驶技术引发的交通事故责任归属存疑以及执法人员专业性有限等方面。对于责任认定问题,以自动驾驶技术影响交通肇事罪的适用为背景,在非正常情况下,如交通事故的发生是因为自动驾驶汽车的生产商、使用者或者他人利用黑客技术侵入自动驾驶程序或发出错误指令造成的情况下,此类案件应当根据行为人的"故意"犯罪类型认定行为人构成相应的其他犯罪。而在自动驾驶汽车受不可抗力或不能预见的情况影响引发重大交通事故时,也无法认定为交通肇事罪。在正常情况下,认定犯罪需要坚持主客观相结合的原则,如在人工智能的初步发展阶段,驾驶员对自动驾驶汽车的掌控力仍然很强,这也意味着该汽车的使用者对自动驾驶汽车的行驶负有全部责任,但当自动驾驶汽车在自行运行过程中,因为汽车系统突发故障,这就可能产生由系统故障与使用者操作失误共同引起的交通事故,则使用者责任可适当减轻或者免除。而在人工智能的深入发展阶段,汽车使用者完全沦为汽车"乘客"时,汽车在自动驾驶时所造成的交通事故与使用者的主观方面无直接联系,此时则很难认定汽车使用者构成交通肇事罪[②],因为在此种情况下,现行刑法对此种情况很难作出判断。

对于执法人员专业性问题,自动驾驶犯罪新行为类型的出现,有些可以

---

① 赵司聪:《论自动驾驶的刑事风险及应对》,载《北方法学》2022年第2期。

② 钟菁:《无人驾驶汽车应用的刑事风险分析》,载《长春师范大学学报》2019年第1期。

适用现行刑法中的已有罪名进行规制,而有些则需要通过新增罪名或者修改原有罪名的构成要件来达到处罚效果,这便对执法人员的业务能力以及专业性有了更高的要求。此外,相较于传统汽车,带有自动驾驶系统的汽车拥有更加庞大且种类丰富的数据库,如果自动驾驶相关数据遭到窃取或篡改,会直接造成财产损失或生命危险,相比破坏传统数据行为具有更大的危害性。2021年4月,特斯拉公司未经车主允许,擅自将其行车数据公布给媒体及大众,由此引发了社会对于此举是否侵犯个人隐私权和消费者权益的热议。①在相关规定尚且有待完善的情况下,何种数据可以被调取、涉及当事人以外的主体信息能否被调取公开、谁有权调取等一系列问题都为执法人员创设了困难、造成了执法障碍,不仅需要执法人员掌握数据安全和个人隐私的相关法律知识,更需要掌握一定的信息安全技术和识别能力。此外,自动驾驶汽车生产过程也需要利用互联网、算法模型等新技术,执法人员顺利调查的首要前提就是对自动驾驶技术有基本了解,而诸多核心技术和关键点需要车企和研发部门以及其他专业部门协同调查,可能存在部门难以协调和沟通的执法障碍。因此,增强执法人员的专业性是十分必要的。

针对自动驾驶行为存在现有法律体系规制不足、司法实践中认定存在难度等问题,笔者认为可以通过采取如下措施来解决:

一方面,加强相关立法以完善对自动驾驶行为的规制。应对和防控自动驾驶刑事风险的前提是完善的刑事法律规范和明确的理论指引,健全前置法律体系和完善刑法规范刻不容缓。一是完善道路交通安全法律制度。相比于德、日刑法采用多个罪名对交通肇事犯罪的各种情形进行规制,我国刑法采用的是二元处罚体系与空白罪状的立法模式,具体危害行为由"交通运输法律法规"详细规定,因此当务之急是推动立法机关加快实现《道路交通安全法》及其配套法规的修订和完善,并根据授权条款尽快制定针对高级

---

① 《特斯拉公开事故前1分钟行车数据,是侵犯隐私吗? 我们问了12348律师》,澎湃新闻,https://www.thepaper.cn/newsDetail_forward_12579040,2022年4月3日。

别自动驾驶汽车通行规则和法律责任分配的行政法规。^①此外,还可以探索制定关于自动驾驶汽车的单行法律,在单行法律中规定自动驾驶汽车的概念,运行并建立有关的民事责任、行政责任以及刑事责任体系,以应对自动驾驶面临的现实法律问题,克服政出多门的弊端。二是完善相关刑法规范,尤其是考察发生重大交通事故时涉及刑事责任的承担问题等,需要以修订现行刑法或者以附属刑法的方式予以明确。例如,修改刑法总则中关于紧急避险的规定,增加关于自动驾驶汽车在符合法定条件下适用紧急避险的特殊规定;修改刑法分则中关于交通事故类犯罪的有关规定;增加自动驾驶汽车一类交通工具适用刑法的特殊情形。^②

另一方面,为解决在司法实践中对具体犯罪行为的认定难问题,可以通过设置不同阶段无人驾驶汽车使用者责任的区分认定标准和提高执法人员素质来解决。具体而言,对于前者,可以将其分为人工智能初级发展阶段和人工智能深入发展阶段下的自动驾驶行为的刑事责任认定。对于人工智能初级发展阶段下的自动驾驶汽车,自动驾驶汽车的驾驶人仍具有驾驶主导权,在车辆行驶过程中必须高度警惕、全程监管,随时做好接管车辆的准备,其义务与传统驾驶人安全驾驶义务完全相同,故其刑事法律责任分配与传统机动车在基本法律原则上也是一致的。在刑事罪名上,驾驶人主要构成交通肇事罪;有证据证明自动驾驶车辆缺陷导致事故发生的,车辆相关企业还可能构成生产、销售不符合安全标准的产品罪;有证据证明交通事故是由黑客、改装企业等第三人行为导致的,第三人可能构成非法侵入计算机信息系统罪、破坏计算机信息系统罪、破坏交通工具罪、以危险方法危害公共安全罪等罪名。^③而人工智能深入发展阶段下的自动驾驶汽车等强人工智能产品具有辨认能力和控制能力,既可能在设计和编制的程序范围内进行独立判断并自主作出决策,实现设计者或

---

① ③　赵司聪:《论自动驾驶的刑事风险及应对》,载《北方法学》2022 年第 2 期。

②　王军明:《自动驾驶汽车的刑事法律适用》,载《吉林大学社会科学学报》2019 年第 4 期。

使用者的意志,也可能超出设计和编制的程序范围,进行自主决策并实施相应行为,实现其自身的意志。①因此,为了不让具有辨认和控制能力、可以自主作出决策并实施相应行为的自动驾驶汽车等强人工智能产品对刑法所保护的社会关系造成严重侵害,本书认为应当突破传统刑事责任规则的局限性,赋予自动驾驶汽车法律主体地位,将因自动驾驶汽车自主意识和意志行为造成的危害结果归责于该产品本身。②如果强人工智能属性产品被赋予法律主体地位,那么刑法应当针对自动驾驶汽车规定相应的注意义务,以确保其实现安全驾驶。当自动驾驶汽车在行驶过程中因没有履行注意义务或没有正确履行注意义务造成重大交通事故时,也应当像人类法律主体一样承担相应的刑事责任。③对于后者,应当加强对执法人员的培训,增强对自动驾驶技术、数据安全、隐私保护等相关知识的掌握和运用,在事故调查中注重与车企、研发部门等其他专业部门的协作和交流。此外,增强专业技术和相关人才的引入,加大专项经费支持,充分运用大数据、互联网技术,提高执法效率、增强执法效能。④

---

① 刘宪权:《人工智能时代的"内忧""外患"与刑事责任》,载《东方法学》2018 年第 1 期。
② 刘宪权、胡荷佳:《论人工智能时代智能机器人的刑事责任能力》,载《法学》2018 年第 1 期。
③ 龙敏:《自动驾驶交通肇事刑事责任的认定与分配》,载《华东政法大学学报》2018 年第 6 期。
④ 赵司聪:《论自动驾驶的刑事风险及应对》,载《北方法学》2022 年第 2 期。

第七章 非法集资类犯罪及其治理

　　近年来,民间借贷与公司企业融资领域暗流涌动,公司企业资金链断裂、实际控制人卷款潜逃的新闻屡见报端,非法集资类刑事案件呈高位运行之势,涉案金额之巨、人数之多、影响之广前所未有。①2021 年处置非法集资部际联席会议信息显示,2020 年全国共查处非法集资类案件 7 500 余件,三年攻坚办结存案 1.1 万件,涉案金额 3 800 亿元。防范和处置非法集资是一项长期、复杂、艰巨的系统性工程,此类案件的治理研究也成为理论和实务界亟待解决的难题。2021 年 5 月 1 日正式实施的国务院《防范和处置非法集资条例》(以下简称《条例》),为有效治理此类犯罪提供了科学依据和规范指引。因此,以《条例》为依据,梳理近年来非法集资现象的发展过程,总结特征和成因,分析治理非法集资犯罪的成败得失,提出有效治理对策十分必要。

一、非法集资类犯罪的界定与具体表现

　　《条例》第 2 条规定,"本条例所称非法集资,是指未经国务院金融管理部门依法许可或者违反国家金融管理规定,以许诺还本付息或者给予其他

---

　　①　2022 年 4 月 14 日,深圳市人民检察院公布了"红岭创投非法集资案",当事人非法集资 1 395 亿元,集资参与人累计 51.68 万名,造成 11.96 万名集资参与人本金损失 163.88 亿元。

投资回报等方式,向不特定对象吸收资金的行为"。同时,《条例》第 30 条明确,非法集资构成犯罪的,依法追究刑事责任。因此,界定非法集资犯罪的概念应以此为依据。

（一）非法集资类犯罪的概念及构成特征

根据《条例》上述规定,所谓非法集资类犯罪是指未经国务院金融管理部门依法许可或者违反国家金融管理规定,以许诺还本付息或者给予其他投资回报等方式,向不特定对象吸收资金,构成犯罪的行为。而依据《刑法》规定,此类犯罪主要涉及第 176 条非法吸收公众存款罪、第 192 条集资诈骗罪,以及第 179 条擅自发行股票、公司、企业债券罪等。

1. 非法集资类犯罪的特征

一是非法性,我国法律对金融领域实行严格的管制,金融活动必须严格依法取得许可,获得许可的金融活动也必须严格依照法定程序、在法定范围内开展活动,《人民银行法》《商业银行法》《证券法》《保险法》《信托法》和《外汇管理条例》等均对该领域的金融活动有明确的事前许可要求。非法集资的非法性,一方面表现为未经国务院金融管理部门的依法许可开展集资,另一方面表现为依法获得许可的主体、违反法定程序、超越许可期限或超越许可范围开展集资活动。与此同时,非法集资的非法性既可能表现为直接的、外在的非法,也可能表现为变相的、隐藏的非法,也即"借用合法形式的外观实施非法集资的本质行为"。

二是利诱性,即以许诺还本付息或者给予其他投资回报等方式诱惑吸收资金。一方面,利诱性是非法集资得以存在并不断扩张的根本原因。如果没有高额的利息或其他方式回报,民众不可能也没必要将资金交由他人暂存,非法集资人正式利用了民间资金富余而无处投资的现状,以及行为人希望获得高额回报的心理,得以不断吸收民众资金。另一方面,利诱性也是扰乱金融秩序、危害国家金融安全的间接体现。银行等金融机构是依法设立的专门经营吸收公众资金并给付利息的机构,因为其背后是国家,安全可靠是其主要优势,是普通民众存放闲置资金的首选之地。同时,合法的金融活动也是国家分析预判经济形势走向,实行宏观调控,确保经济健康稳健发展的重要工具。非法集资通过高额回报利诱大量的资金走出合法的存储渠道,游离于国家监控之外,扰乱金融秩序、制造金融风险,进而危害国家金融安全。

三是公众性,即针对不特定对象。众指多数人,一般是指三人以上。而公指公开,即不特定对象。换言之,非法集资行为针对的是不特定对象或多数人,可能对不特定人财产安全造成侵害,进而危害社会秩序,妨害社会稳定大局。这是非法集资社会危害性急剧扩大的根源。反面观之,如果针对特定的人员,如家族内部、单位内部、亲朋好友之间的集资,或三人以下的少数人员之间的互相资助,而不涉及不特定社会公众的非法集资,则一般不构成犯罪。

综上所述,非法性、利诱性、公众性是非法集资类犯罪的三个根本特征,也是实践中界定此类犯罪的根本依据。

2. 非法集资类犯罪与类似概念的区别

非法集资类犯罪规定于刑法分则第三章第四节"破坏金融管理秩序罪"以及第五节"金融诈骗罪"之中,属于金融犯罪的下位概念,但其仅限于以非法集资方式扰乱金融秩序的行为类型,而不涉及其他金融犯罪,需要与其他类似概念相区分。

一是与涉众型金融犯罪的区别。顾名思义,涉众型金融犯罪是指涉及不特定公众、被害人众多的金融犯罪。此类犯罪又可分为两类:一是典型的涉众型金融犯罪,即非法吸收公众存款罪,擅自发行股票、公司、企业债券罪,集资诈骗罪。其中,非法吸收公众存款罪中的"公众"要素,擅自发行股票、公司、企业债券罪中的"发行"要素,集资诈骗罪中的"集资"要素,都表明了上述三个罪名必然具有涉众的特征,属于当然的涉众型金融犯罪。二是外围的涉众型金融犯罪,共有罪名 14 个,主要包括违法运用资金罪和证券期货类犯罪(内幕交易、泄露内幕信息罪,利用未公开信息交易罪,编造并传播证券、期货交易虚假信息罪,操纵证券、期货市场罪,诱骗投资者买卖证券、期货合约罪)共 6 个罪名;以及持有、使用假币罪,窃取、收买、非法提供信用卡信息罪,吸收客户资金不入账罪,背信运用受托财产罪,以及相关诈骗类犯罪(票据诈骗罪、金融凭证诈骗罪、信用证诈骗罪、有价证券诈骗罪)共 8 个罪名。①

可见,涉众型金融犯罪的核心特征在于"涉众",这与非法集资类犯罪部分重合,但其客观方面则不限于"非法集资",这又有别于非法集资类犯罪。因此,涉众型金融犯罪范围更广。

二是与网络金融犯罪的区别。顾名思义,网络金融犯罪就是指利用互联网实施的金融犯罪,包括以互联网为工具实施传统金融犯罪,如以 APP 为工具实施金融诈骗犯罪,以及以金融系统互联网为攻击对象而实施的网络犯罪,如非法获取计算机信息系统数据罪等。实践中,可能与非法集资类犯罪混淆的主要是第一种,即传统金融犯罪的网络化,其又可分为三种情形:一是传统侵财类犯罪的手法"互联网化"。不法分子通过非法获取相关账户密码从而盗取他人支付宝、微信账户资金,或通过替换商家的微信、支付宝收款二维码,实施盗窃、诈骗等财产型犯罪。二是针对互联网金融业务品种异化出新的违法犯罪"样态"。例如保险诈骗案中,犯罪分子以虚假订单骗取淘宝运费险,骗取运费险。三是互联网在传统金融市场和业务中的运用可能引发新的违法犯罪风险。随着网络在证券市场中广泛应用,不法分子为逃避监管,向周边证券监管薄弱国家转移,再利用网络非法经营境内证券产品或针对境内证券市场实施犯罪。②

可见,在"利用网络手段实施非法集资"的情形下,非法集资类犯罪与网络金融犯罪存在重合,但除此之外,二者含义各不相同。

(二)非法集资类犯罪的具体表现及其实践特征

《条例》第 19 条规定:"……下列行为,涉嫌非法集资的……(一)设立互

---

① 参见上海市黄浦区人民检察院课题组:《涉众型金融犯罪案件中检察机关办案模式优化研究》。

② 参见《利用互联网实施的金融犯罪呈上升趋势》,中华人民共和国最高人民检察院官网,https://www.spp.gov.cn/spp/llyj/201909/t20190908_431219.shtml,2021 年 5 月 1 日。

联网企业、投资及投资咨询类企业、各类交易场所或者平台、农民专业合作社、资金互助组织以及其他组织吸收资金；(二)以发行或者转让股权、债权，募集基金，销售保险产品，或者以从事各类资产管理、虚拟货币、融资租赁业务等名义吸收资金；(三)在销售商品、提供服务、投资项目等商业活动中，以承诺给付货币、股权、实物等回报的形式吸收资金；(四)违反法律、行政法规或者国家有关规定，通过大众传播媒介、即时通信工具或者其他方式公开传播吸收资金信息；(五)其他涉嫌非法集资的行为。"

1. 非法集资类犯罪的具体表现

一是直接成立各种组织以非法吸收资金为目的。该项强调"设立企业或者组织"就是为了吸收资金，属于明目张胆而无伪装。换言之，这些企业或者公司设立的目的就是从事吸收资金行为，基本上未考虑从事正常的企业生产经营活动或经营商品业务，或者从事与公司经营相关的行为或者主要不是从事企业生产经营活动，其设立行为与实际行为在吸收资金上始终保持一致的"人格"。①

二是以合法外观掩盖非法实质的非法集资行为。该项行为主要是指以投资理财咨询为名从事各类金融业务活动的公司，如投资咨询、非融资性担保、第三方理财、财富管理等，常常打着投资理财的旗号，承诺无风险、高收益，公开向社会发售理财产品吸收公众资金的行为。

三是在销售商品、提供服务、投资项目等商业活动中，以承诺给付货币、股权、实物等回报的形式吸收资金。这些行为实质上是在正常商业活动中擅自嫁接或者添加金融业务而进行吸收资金。

四是违法违规公开传播吸收资金信息的行为。这主要包括通过大众传媒、即时通信工具以及传统在公众场所的面对面宣传等方式传播吸收资金信息。

五是兜底条款，为将来可能出现非法集资的新类型提供适用空间。

---

① 参见郭华：《非法集资行政处置权限配置的认定逻辑》，载《法治研究》2021年第3期。

2. 非法集资类犯罪的实践特征

目前，非法集资类犯罪最为显著的特征就是社会危害性大，这已经成为众所周知的事实，究其具体特征，主要体现在以下几个方面：

一是地域上的"广泛性"。非法集资类犯罪在披着合法金融服务的外衣下，也往往呈现跨地域的特点，涉及地域广泛，几乎都是表现为跨区、跨省，甚至是跨国作案。有的是作案人员遍布各地，具有跨地域的特点；也有的是作案地点跨地域，借助信息网络或者电信通信设备实施犯罪；还有的是在转移赃款、赃物过程中，将赃款、赃物跨地域转移等，这都使整个犯罪呈现地域上的广泛性。

二是主体上的"组织性"。非法集资类犯罪实践中往往需要打着金融服务的名义，因此，基本表现为单位犯罪或者以单位为掩护的自然人犯罪。同时，为了达到使人信以为真的效果，行为人不仅需要一个普通的金融服务单位，而且需要一个看似实力足够强大的金融服务单位，这就需要对表面的金融服务单位进行一定程度的包装和掩饰。这种包装和掩饰在实践中主要表现为组织机构严密，犯罪人员众多，类似正规公司、企业的运行管理框架；犯罪人员呈现一定程度的精英化，由于金融领域的专业性较强，一定程度上也存在犯罪门槛的问题。

三是形式上的"隐蔽性"。传统的非法集资类犯罪在形式上往往表现为金融服务形式，但是随着这种犯罪形式成为被刑法所明文规定的犯罪类型，行为人就开始采用更加隐蔽的手段实施金融犯罪的行为。从过去的直接吸收公众存款或者变相吸收公众存款、集资诈骗、擅自发行公司、企业股票和债券的行为，逐渐向高额保本付息的委托理财、买卖即将上市公司的原始股票、以投资不隔断商铺进行返租的名义吸收公众资金、以投资车市进行返租获取高额回报的非法集资转变。近年来，随着虚拟货币广受追捧，又出现了以开发虚拟货币为名，变相吸收公众资金的案件，伴随着共享经济的到来，也出现了以共享单车押金为名，变相吸收资金的现象。

四是手段上的"网络化"。多数非法集资类犯罪案件中，行为人都会利用互联网和移动互联网作为虚假宣传的工具,扩大影响;同时,行为人还会直接利用互联网或移动互联网实施非法集资活动,从而牟取巨额非法利益。另外,实践中,除了网络化之外,也一定程度存在为避免刑事打击而多层级口口相传的犯罪模式,但这种模式基本上已经为以新经济模式为外衣、制造信息不对称的变相金融犯罪模式所代替。

五是数额上的"巨额化"。非法集资类犯罪往往具有涉众的特点,相应地,在犯罪数额上也往往呈现"积小成大""聚少成多"的特点,动辄数千万元、数亿元甚至数十亿元的案件也屡见不鲜。另外,此类案件的案发往往伴随着犯罪主体资金不能兑付、资金链断裂的情况,这就意味着受害人必然面临一定程度的损失。

六是影响上的"扩大化"。由于此类犯罪具有被害人人数众多、犯罪数额巨大、被害人损失难以追回的问题,往往是政府必须考虑的社会稳定问题,而且也很容易成为新闻媒体关注的焦点问题。对待非法集资类犯罪,也不是简单打击了事,需要考虑政治效果、社会效果和法律效果的统一,争取做到定性准确、程序要公正、量刑要适当,被害人的损失要做到最大程度地挽回,对部分困难被害人要做到及时疏导,避免严重后果的发生。

(三)互联网金融领域的非法集资犯罪类型具有代表性

从非法集资犯罪的发展与演变可见,互联网技术与金融、法律的相互交织,使互联网金融领域下的非法集资因涉及多领域、多学科而呈现复杂样态。借助于科技翅膀的集资行为随着互联网技术的辐射效应风险叠加,民间借贷与非法集资、行政不法与刑事犯罪界限模糊,网络借贷、股权众筹等融资模式游走于法律规范的模糊地带,已成为我国非法集资犯罪的重要类型。借助互联网技术,像艺术品资产份额化交易、区块链技术上发展起来的代币发行融资、证券型通证融资等新型模式也陆续出现。

1. 网络借贷

2015年中国人民银行等十部门颁布《关于促进互联网金融健康发展的

指导意见》(以下简称《互联网金融指导意见》),将互联网金融的主要业态分为互联网支付、网络借贷、股权众筹融资、互联网基金销售、互联网保险、互联网信托和互联网消费金融等。其中,被刑事司法领域较多关注的是网络借贷与股权众筹融资。对于网络借贷的定义,根据《互联网金融指导意见》的规定是指包括个体网络借贷(即 P2P 网络借贷)和网络小额贷款,个体网络借贷是指个体和个体之间通过互联网平台实现的直接借贷,系为投资方与融资方提供信息交互、撮合、资信评估等中介服务的网络平台,为借贷双方的直接贷款提供信息服务。网络小额贷款是指互联网企业通过其控制的小额贷款公司,利用互联网向客户提供的小额贷款,借贷方为当地银行或者贷款机构。

这种非法集资形式最早出现在英国,2005 年英国成立第一家提供 P2P 贷款的平台 Zopa(Zone of Possible Agreement)即"协议空间"。2010 年另一家名为 RateSetter 的平台在世界上率先成立风险准备金来防范借贷者违约。英国的 P2P 产业遵守自治的 P2P 金融协会所制定的标准。虽然 P2P 储户不受金融服务补偿计划(FSCS)的保护,但英国政府对 P2P 信贷持支持态度。[1]美国 P2P 网络借贷的发展始于 2006 年 2 月 Prosper 即"繁荣"的成立,之后 Lending Club 即"借贷俱乐部"和其他贷款平台相继出现,上述两个平台占据美国主要市场份额,2016 年全年贷款成交量分别为 86.65 亿美元[2]和 22.57 亿美元。[3]P2P 网贷平台在美国呈现强劲发展态势,对金融体系起着重要补充作用。美国 P2P 网络借贷主要分为三种模式:(1)本票模式,以 Lending Club 的交易模式为代表。(2)证券产品模式,以 Prosper 的交易模式为代表。(3)债权转让模式,这是 Prosper 在向美国 SEC 注册并通过静默期后采取的模式。英美两国网络借贷被作为替代金融的一个重要组

---

① 莫易娴:《国内外 P2P 网络借贷发展研究》,载《财会月刊》2014 年第 16 期。

② 参见《裁员也没能让利润好转 美国网贷第一股 Lending Club 去年亏损 1.46 亿美元》,界面新闻,http://www.jiemian.com/article/1116885.html, 2017 年 2 月 16 日。

③ "Prosper Corporation Annual Report", https://www.prosper.com/Downloads/legal prosper10k12312016.pdf.

成部分,市场发展较为健康,没有出现过波及整个行业的系统性风险。

我国 P2P 网络借贷兴起于 2007 年左右,第一家公司成立于上海,2013 年进入快速扩张期。随着大量网络平台软件开发应用,2014 年平台数量快速增长为 1 575 家,2015 年为 2 595 家,2016 年下降为 2 448 家,2017 年反弹为 6 535 家,但正常运营平台数量仅为 2 409 家。2018 年的网贷平台为 6 605 家,正常运营平台数量进一步下降为 1 071 家,其中问题平台主要发生在上海、北京、杭州、深圳等一线大城市;同年 7 月,由于一些借贷余额大的平台爆雷,引发了行业恐慌,从而引发平台挤兑风险,对网贷行业造成了较大影响。2019 年网贷平台为 6 606 家,正常运营平台数量仅为 344 家,累计问题平台 2 923 家,累计停业转型平台数量 3 339 家。2020 年 11 月,平台数归零。[1]回顾网络借贷从合法经营演化为非法集资违法犯罪,我国网络借贷的异化主要原因可以归纳为交易平台的中介功能变化、业务模式变化,以及业务对象没有实质限制。[2]

2. 股权众筹

众筹,源于英文"crowdfunding"一词,而互联网众筹则是指借助互联网融资平台向公众募集资金,投资者付出少量的投资金额从融资者处获得实物或股权回报。2009 年 4 月,以支持创新、创造、创意为宗旨的专门网站——Kickstarter 正式上线,通过网络平台向公众募集小额资金,旨在通过众筹帮助一些导演、艺术家、发明家等完成他们提出的有创意的项目,网站成立之初就为几个创意项目成功募集到了资金,这种独特的募集资金方式引起了社会的广泛关注。随着奖励众筹模式的成功,公益众筹、债权众筹以及股权众筹等迅速崛起,而其中股权众筹是最有争议的一种。学界将股权众筹定义为发起人作为融资者"出让一定比例股份,利用互联网和 SNS 传播的特性向普通投资者募集资金,投资者通过投资入股公司以获得未来收

---

① 参见《再见了,P2P! 网贷机构已完全归零》,载《21 世纪经济报道》2020 年 11 月 27 日。
② 任素贤:《互联网金融领域非法集资行为刑法规制研究》,同济大学 2021 年博士学位论文。

益的一种互联网融资模式"。①2014年,中国证券业协会起草的《股权众筹融资管理办法(试行)》规定,股权众筹融资是指融资者通过股权众筹融资互联网平台以非公开发行方式进行的股权融资活动。2015年,中国证券监督管理委员会(以下简称"证监会")发布《关于对通过互联网开展股权融资活动的机构进行专项检查的通知》认为,股权众筹融资主要是指通过互联网形式进行公开小额股权融资的活动,具体而言,是指创新创业者或小微企业通过股权众筹融资中介机构互联网平台(互联网网站或其他类似的电子媒介)公开募集股本的活动。

从外国股权众筹的具体行为特征来看,英国的非上市证券模式、美国的混业经营模式和意大利的资金募集方监管模式比较具有代表性。我国的股权众筹和网络借贷一样,也是在促进普惠金融构建的背景下诞生的。2008年次贷危机后,银行等金融机构为规避风险普遍采取了惜贷的政策,股权众筹进入快速发展时期。2015年中国人民银行等十部门颁布的《互联网金融指导意见》将它与网络借贷一起列为分类指导、需要明确监管责任的一种互联网金融行为,并指出它是通过互联网形式进行公开小额股权融资的活动。股权众筹在我国主要有三种模式:一是凭证式众筹,即投资人投入资金后取得与企业股权相关的凭证,但不意味着拥有企业股东的身份。二是会籍式众筹,即投资人在熟人范围内选择投资,投入资金后直接成为股东。三是天使式众筹,即投资人借助平台选择投资企业或者项目,投入资金后即成为公司的股东。2011年至2013年左右,我国出现了第一家股权众筹平台——天使汇,随后一批股权众筹平台纷纷上线,成为帮助企业众筹融资进行创新创业的中介服务平台。2014年至2015年左右,一系列互联网巨头相继加入了众筹行业。2016年3月,国务院政府工作报告提到"发挥大众创业、万众创新和'互联网+'集众智汇众力的乘数效应",打造众创、众包、众扶、众筹平台,构建大中小企业、高校、科研机构、创客多方协同的新型创

①　蓝俊杰:《我国股权众筹融资模式的问题及政策建议》,载《金融与经济》2015年第2期。

业创新机制。①2015 年开始出现部分众筹平台倒闭的情况。随着以 P2P 为代表的互联网金融平台爆雷、跑路等现象的频现，互联网金融的热潮逐渐减退，众筹行业也受到了较大影响。截至 2017 年 6 月，我国处于运营状态的众筹平台共有 439 家。②截至 2018 年 6 月，全国共上线众筹平台 854 家，其中正常运营的为 251 家，下线或转型的为 603 家。③截至 2020 年 1 月，我国处于运营状态的众筹平台共有 66 家。④因为 2020 年春新冠病毒疫情的暴发，众筹行业备受打击，号称中国最大众筹平台的"众筹家"及其旗下的"人创咨询"在发布《2020 年 1 月中国众筹行业月报》之后，至今未再更新之后的月报。

3. 艺术品资产份额化交易

2010 年，我国资本市场出现一种新型交易模式，将艺术品与互联网深度融合，利用互联网高效的信息传输能力、便利的信息共享功能以及快捷安全的支付手段，实现艺术品市场与金融资本更加流畅的衔接。此种交易模式的设计初衷是希望中小投资者投入较少资金就可以拥有原本需要巨额投入的艺术品份额，分享稀缺昂贵的艺术品因价值增长而带来的收益。但在艺术品资产份额化交易过程中，部分行为人不经主管部门审批，通过虚假宣传艺术品或艺术品组合，利用免佣金账户自买自卖进行对倒交易，控制交易价格与交易量，与艺术品鉴定人员勾连出具虚假鉴定报告，最终诱使投资者购买艺术品份额，这就发生了违法犯罪的风险。2015 年上海就判决过这类集资诈骗案，被告人采用欺骗手段，以艺术品资产份额化交易为名设立资金池，吸收 3.6 万余名投资者累计投入资金达 110 余亿元，并造成 1 万余名投

① 参见《2016 年国务院政府工作报告》，法信网，http://www.faxin.cn/lib/lfsf/LfContent.aspx?gid=G20820&userinput=%E4%BC%97%E7%AD%B9，2020 年 10 月 10 日。

② 人创咨询：《中国众筹平台评级报告（2017）》，众筹家网，http://www.zhongchoujia.com/data/28813.html，2020 年 10 月 10 日。

③ 人创咨询：《中国众筹行业发展报告 2018（上）》，众筹家网，http://www.zhongchoujia.com/data/31205.html，2020 年 10 月 10 日。

④ 人创咨询：《2020 年 1 月中国众筹行业月报》，众筹家网，http://www.zhongchoujia.com/data/32392.html，2020 年 10 月 10 日。

资者损失达 40 余亿元。①

艺术品资产份额化交易也是域外文化艺术品与金融市场的不断整合创新的结果。法国 A&F Markets 公司自 2009 年起筹备在线艺术品证券化交易平台（Art Exchange：stock exchange for artwork），系获得法国金融主管部门许可的创新型艺术品交易模式。而英国则根据风险共担和收益共享的基本原则，将投资者分散的资金集中起来，由基金托管人托管、基金管理人运作，以艺术品投资组合的方式进行投资和独立核算，以获得投资收益的艺术品金融服务②，该种模式被称为艺术品基金交易。我国最初推出此种交易模式的系深圳文化产权交易所有限公司。2010 年 7 月，该公司将画家杨培江的 12 件作品打包成"杨培江艺术品资产包"，作价 200 万元基于权益拆分为 1 000 份挂牌认购，每份 2 000 元面向会员上市交易。同年 12 月，将艺术家黄钢创作的"红星和箱子系列"作品采用上述类似手法打包成资产包挂牌上市。但在实际运行过程中，由于暴涨暴跌风险叠加，投机色彩较浓，退出机制也不完善，投资风险逐渐增多，导致非法集资型犯罪案件发生。

4. 代币发行融资（ICO）

互联网技术促进金融市场的变革，去中心化的区块链技术催生了新型融资方式的诞生。随着区块链技术的成熟和普及，将以比特币为代表的各类数字货币作为融资对象已成为可能，ICO 融资模式应运而生。ICO 系英文 Initial Coin Offering 的简称，字面意思为首次代币发行，通常是指初创区块链公司通过发行代币的方式进行融资，交易模式为投资者用比特币、以太币等主流数字货币购买初创区块链公司设计并准备未来发行的代币，后者用获得的数字货币在二级市场兑换为法定货币来支持企业的发展，投资者可以获得代币上市后的服务或利润。③具体运行模式有类股权模式的 ICO 和非股权模式的 ICO 两种。前者是指初创区块链公司以类似公开发行股

---

① 任素贤：《互联网金融领域非法集资行为刑法规制研究》，同济大学 2021 年博士学位论文。
② 参见邓梦薇：《当代国内外艺术品投资基金纵览与浅析》，载《当代经济》2015 年第 6 期。
③ Initial Coin Offering, Wikipedia, https://en.wikipedia.org/wiki/Initial_coin_offering.

权的方式发行数字代币,筹集资金用于公司或者项目的发展;后者是指初创区块链公司以待开发或者正在开发的代币为对价获取投资者投资的模式。投资者持有的代币会随着初创区块链公司项目运行的好坏而波动,如果代币可以上市交易,投资者可以在自己认为合适的时机在比特币交易所抛售,换回比特币等通行的数字货币,进而"兑换"为法定代币。

2015年,ICO从美国传入中国,各种代币在中国涌现。2017年,中国人民银行、中央网信办、工业和信息化部、工商总局、银监会、证监会、保监会发布《关于防范代币发行融资风险的公告》(以下简称《防范代币融资公告》),明确指出代币发行融资是指融资主体通过代币的违规发售、流通,向投资者筹集比特币、以太币等所谓"虚拟货币",本质上是一种未经批准非法公开融资的行为,涉嫌非法发售代币票券、非法发行证券以及非法集资、金融诈骗、传销等违法犯罪活动。同年,中国人民银行发布的《中国区域金融运行报告(2017)》指出,中国互联网金融的快速发展推动了金融服务的创新发展,但也容易导致风险扩散和交叉传导,特别是部分不法分子打着金融科技的旗号开展非法集资、金融诈骗等违法犯罪活动,严重影响了经济社会的稳定发展。中国产业研究的数据显示,2018年年初我国利用区块链概念的传销平台已超过3 000家,同年上半年141起虚拟货币传销案中,至少有65种所谓的虚拟货币作为传销噱头。由于区块链技术的火热、比特币的疯狂暴涨,吸引了大量带有投机性质的人涌向代币发行与交易市场,由此造成无论是ICO项目数还是融资规模、参与人数都呈现了递增的态势,ICO的癫狂也意味着类似于早些年P2P的金融体系风险正在聚积。2019年,中国互联网金融协会发布《关于防范以区块链名义进行ICO与"虚拟货币"交易活动的风险提示》指出,那些打着区块链旗号大肆炒作"虚拟货币",ICO与"虚拟货币"交易活动本质上并非真正基于区块链技术的金融创新,而是以区块链之名行ICO与"虚拟货币"交易活动之实,很可能涉嫌诈骗犯罪。

另外,还有一种证券型通证融资模式也可能涉及非法集资问题。大约2017年前后,域外出现一种新型直接融资方式证券型通证融资,也有人称其证券型 Token 发行①,主要应用于中小微企业,特别是金融科技相关企业的融资。在区块链领域 Token 译为通证,是指可流通的加密数字权益证明,可以用于投融资交易。证券型通证因其与区块链和数字货币技术相联,法律规范滞后,发行标的 Token 的法律性质尚未明晰,游走于灰色地带,从互联网融资的角度不排除走向集资犯罪的可能,但由于未见典型案例,就不作过多论述。

二、非法集资类犯罪的成因

近年来,非法集资类犯罪案件高发,其原因是多方面的,分析此类案件的成因既有利于从宏观上把握处理这类案件的刑事政策,也有利于在微观上区分不同情况正确处理案件,提升治理实效。

非法集资犯罪有两种主要形式,一种是纯粹在非法目的的支配下,巧立名目骗取公众资金;另一种是民营经济在经营过程中因发生资金短缺而向不特定的社会公众融资并最终构成犯罪。从近年来发生的影响较大的非法集资犯罪案件来看,由于普通民众投资风险意识的普遍提高,第一种形式的非法集资犯罪成功的概率明显降低;相反,民营企业在经营过程中因资金链紧张被迫向社会融资更易导致非法集资犯罪。②因此,后一种情形才是我们展开分析的出发点和落脚点。

（一）社会背景:民间资本充足、投资渠道狭窄与企业融资难

一方面,民间资本充足与投资渠道狭窄之间的矛盾客观存在。随着我国经济的发展,人民生活水平的提高,民间闲散资金增加。以往人们理财的手段往往是存储在银行,但银行业所提供的活期存款、定期存款的利息低并不方便

---

① 英美法中有术语"Token Payment"(象征性付款),即"仅为确认债务的存在而支付的非常小的一笔款项",Token 这用用无用或微小之物标识某种意义的用法,进而引申出"代币""代金""礼券""令牌"等意义,目前广泛应用于经济、计算机等领域,在计算机领域被作为执行某个操作的权利标志。

② 参见韩振兴:《非法集资犯罪的规制路径》,载《人民司法(应用)》2017 年第 31 期。

储户,银行提供的其他投资产品又往往手续复杂,总之,在网络时代,传统银行业已经难以满足人们金融需求。近年来,由于部分民间资本比较青睐房地产市场,造成房地产市场价格持续走高,国家为了稳定房价,出台了一系列稳控房价的举措,打压了房地产市场的投机行为,将民间资本又挤出了房地产市场。同时,证券市场也面临新一轮的熊市,投资者信心不足。因此,整个社会的投资形势大概可以概括为民间投资者的投资需求的不断扩大与投资渠道的相对狭窄之间的矛盾,这一大的社会背景为犯罪者实施犯罪提供了契机。

另一方面,企业融资需求旺盛与融资难的矛盾也客观存在。资本是企业正常经营的血液,民营经济在经营过程中却长期面临资本短缺问题的困扰。由于"砖头主义"在我国银行界的盛行,银行在放贷的过程中偏向于有固定资产担保的企业,热衷于让资本流向固定资产规模较大的国企,加之近年来因银行业向国际接轨的改革而形成的放贷审查标准保守化倾向,民营企业向银行融资渠道被进一步收紧。

通过分析可见,老百姓储蓄日益增加却苦于无处投资,而民营企业资金需求旺盛却苦于借贷难,两对矛盾客观存在。对于民营企业而言,将融资渠道扩展到民间资本可以越过银行烦琐的审查而尽快获得经营所急需的资金,是一个可行的选项;同时,闲置的民间资本也希望寻找一条更加高效的升值途径,而直接向企业投资往往会带来较高的利息回报。因此,民营经济越过银行而直接向民间融资具有必然性。[①]

(二) 政策异化:普惠金融、金融创新政策的异化与变形

纵观近年来我国金融领域的管制政策,其曾经历了一个从"从严管制"到"鼓励创新"的变化。但值得注意的是,这种鼓励创新的政策却被滥用、异化,导致非法集资行为借"金融创新"之名暗度陈仓,泛滥成灾。

1. 金融严格抑制政策阶段

第一阶段是改革开放至 2006 年前后,我国对金融领域实行严格的管

---

① 参见韩振兴:《非法集资犯罪规制路径的多维思考》,载《山东法官培训学院学报》2016 年第5 期。

制、抑制政策，非法集资犯罪得以有效遏制。

改革开放以来，出于维护金融稳定、防范金融风险、维持国有金融机构垄断地位的考虑，国家对民间融资的态度相对保守，非法集资犯罪是从严、从重打击的对象。[①]各有关部门相继出台措施，三令五申严厉打击非法集资类犯罪：1998年，国务院发布《非法金融机构和非法金融业务活动取缔办法》（国务院令247号）；2000年4月，中国人民银行再次发布通知，重申"坚决打击非法集资活动维护社会经济秩序稳定"；[②]2004年最高人民法院发布《关于依法严厉打击集资诈骗和非法吸收公众存款犯罪活动的通知》（法〔2004〕240号）；2007年7月，国务院办公厅发布《关于依法惩处非法集资有关问题的通知》（国办发明电〔2007〕34号）。上述一系列规范性文件、政策措施的密集出台，是这一时期非法集资从严打击刑事政策的典型体现。在此背景下，非法集资行为得以有效遏制，非法集资犯罪呈现零星、偶发的特征。

2. 被异化的"金融创新""普惠金融"政策

2006年前后，普惠金融概念被引入我国并逐渐被社会公众所熟知，金融创新与普惠金融被视为解决我国金融市场资金供给不足的良药。也正是在这个阶段，中国进入"后经济危机时代"，民营企业异军突起，成为带动经济增长的重要力量；以"普惠金融"为目标、以信息中介为定位的互联网金融摆脱了地域依赖与社会连带，实现了资本的"长尾效应"，得到政府鼓励支持。[③]在此背景下，各部门陆续出台政策文件：2005年2月，国务院《关于鼓励支持和引导个体私营等非公有制经济发展的若干意见》（国发〔2005〕3号）提出，鼓励非公有制经济以股权融资、项目融资等方式筹集资金；鼓励金融机构开办融资租赁、公司理财和账户托管等业务；支持非公有制经济设

---

① 参见张文朗、刘政宁：《"金融抑制"回归所带来的影响》，载《新金融》2018年第3期。

② 参见《坚决打击非法集资活动》，光明新闻，https://www.gmw.cn/01gmrb/2000-04/07/GB/04%5E18383%5E0%5EGMA4-005.htm，2021年5月1日。

③ 参见董悦：《非法集资"从严"政策的教义学反思》，载《哈尔滨工业大学学报（社会科学版）》2021年第2期。

立商业性或互助性信用担保机构；2010年5月，国务院《关于鼓励和引导民间投资健康发展的若干意见》(国发〔2010〕13号)进一步提出，鼓励和引导民间资本进入金融服务领域；鼓励民间资本发起或参与设立村镇银行、贷款公司、农村资金互助社等金融机构；支持民间资本发起设立信用担保公司；鼓励民间资本发起设立金融中介服务机构；2013年，中央政府郑重提出："发展普惠金融。鼓励金融创新，丰富金融市场层次和产品。"①在政策的持续鼓励和指引下，由地方政府主管部门审批设立的小额贷款公司、融资性担保公司、典当行等商业企业，由民营资本自主设立的担保公司、投资咨询公司、资产管理公司等中介机构，以及随着以网络借贷为代表的互联网金融的兴起，愈来愈多的市场主体开始以各种方式涉足或变相涉足金融业务。

然而，很多借助"普惠金融""金融创新"政策东风成立的公司，在日后的实际经营过程中却被异化成非法集资的工具。这些公司已经不满足于注册时所被许可的资金中介、信息平台这样的角色，而是控制资金走向、形成"资金池"，并为己所用。进而言之，网络借贷平台违反行政监管规定，在经营过程中偏离信息中介的本质，而自己充当担保人、资金中介、借款人角色，或不履行信息披露及信息安全管理义务而为违法犯罪人提供帮助。②换言之，是以"金融创新"之名行非法集资之实。也正是在这个阶段，以P2P为代表的非法集资行为潜滋暗长，并呈星火燎原之势，随之而来的"爆雷潮""清退潮"导致非法集资案件数量出现急剧增长。

3. 行政监管的缺失

对于实践中高发的P2P、第三方网络支付、零元支付、共享单车资金池等涉及创新产业、创新领域的新做法、新尝试，相关的法律制度缺位，实践中也是摸着石头过河，以致造成"不出事时无人管、一出问题都来管"的现象，

---

① 参见《中共中央关于全面深化改革若干重大问题的决定》(2013年11月)。

② 参见李文吉:《P2P网络借贷平台异化的刑法教义学分析》，载《苏州大学学报法学版》2020年第1期。

实践中往往被戏称为"成者为王败者寇"。

同时，正是由于服务保障创新举措的法律法规缺位，造成行政机关监管缺位，造成相关领域肆意疯狂生长、竞争，最后危害整个产业，直至酿成犯罪。例如对于支付宝平台的余额宝理财问题，既涉及银行业，也涉及保险业，究竟谁来监管，以往并不明确。再例如就目前网络金融产品中出现的招联好期贷、京东白条、蚂蚁花呗、蚂蚁借呗等，其监管问题也需要进一步明确。

（三）宣传诱导：政府不当介入、公众人物背书以及媒体宣传的诱导

宣传是非法集资到达广大民众最后一公里的必经之路。换言之，民众认可和接受，是非法集资得以发生的最后条件。

1. 政府不当介入

在地方财政税收以及创造政绩等现实利益的驱使下，个别地方政府对于异化的"金融创新"公司不但未能及时监管，反而直接或间接为其"站台"，这无疑极大助长了此类非法集资类犯罪。

政府介入个别企业经营的方式主要分为三种：[①]一是政府入资，即政府通过国有资本直接入资非法集资公司，持有一定比例的股份。公司在对外宣传中有意识地提及股权结构，使民众相信有强大的政府背景和资本保证，增加投资者信心，提高投资者欲望。二是政府赞誉，即政府在众多场合、众多条件上给予支持，将各类"先进""优秀"的称号给予该企业，举办各类企业排名并有意识地作出安排，协助开展有社会影响的慈善活动，使得某企业的曝光率增加，民众自然感知到该企业的政府认可度，进而表明该企业的资本实力和经营实力，能够确保投资回报的安全。三是政府人员私下参与，即政府工作人员利用其职务地位，能够及时掌握企业信息，在企业发展的初期投资获利，并在企业资金状况恶化之初套现，获得稳定且巨额的收益；同时，正是因为政府人员的参与，必然诱使一定范围内的民众相信该企业的良好信

---

① 参见裴长利：《非法吸收公众存款罪实证研究》，复旦大学 2018 年博士学位论文，第 136—137 页。

誉和收益前景,因而受到损害。

2. 公众人物背书

公众人物,顾名思义是指在普通民众中具有很高知名度且在一定范围内有影响力的人物,比如业界精英、知名学者、体育明星和广为人知的娱乐明星,对社会大众的方方面面有着无法估量的引导力。这种引导力一旦被不法分子所利用,其所带来的负面效应也是十分惊人的。

例如,2015年1月,"鑫琦资产"曾召开以"皇上驾到,一言九鼎"为主题的新闻发布会。曾出演电视剧《还珠格格》的演员出席并题词"一言九鼎,财源广进",还为该公司拍摄了一分多钟广告宣传片。然而,"鑫琦资产"在2014年便涉嫌非法集资,最终导致2016年爆发全面危机;还例如,在2015年9月,"e租宝"请来五位明星且五位明星纷纷通过微博发声为其项目站台。2016年年初,该公司危机全面爆发,爆雷后欠下投资人百亿元;再例如,2015年11月"东虹桥金融"在上海外滩投放带有明星名字的巨屏广告,"贷你圆梦,赚多多的钱。"仅仅5个月后,该公司就出现了兑付逾期。

上述案例不胜枚举,公众人物的站台和背书一定程度上迷惑了广大投资者。

3. 不良广告宣传诱导

有别于传统媒体主要依靠报纸、杂志、邮件等载体,在自媒体时代,微信公众号、微博、定向广告等新型广告方式十分精准,广告效果较好,但是有效监管措施却尚未到位。因此,有一些不良自媒体平台利用游离于监管之外的现状,为非法集资公司提供宣传服务,牟取暴利。同时,非法集资公司往往都有自己的媒体公关部门,组织团队撰写相应文章,专人负责对大众媒体的对接,通过资金来购买有利于企业的大众报道,作引导性宣传,达到增加企业的市场知名度、树立企业的正面良好形象、提高企业经营效益的目的。

这些媒体已经丧失了中立性、客观性而以逐利为唯一目标,其所作的广告宣传也十分具有迷惑性,助长了非法集资的急剧扩大和迅速蔓延。

综上所述，广大民众手握不断增长的储蓄无处投资，而民营企业向银行借贷的过程中也困难重重，于是向民间集资的需求客观存在。与此同时，"普惠金融""金融创新"政策被异化为非法集资的现实操作，加之个别地方政府的不当介入，公众人物的站台和背书，以及不良媒体的宣传误导，使得广大民众无法辨别是非，大量资金源源不断流向非法集资公司，非法集资案件不断增长。

三、非法集资类犯罪现行治理措施

非法集资类犯罪借助互联网金融、金融创新等名义大行其道，产生了巨大的社会危害性。事实上，我国立法、行政、司法等层面一直保持着对非法集资类犯罪的高度关注，并根据形势的变化不断更新治理措施。

（一）关于非法集资的规范性文件梳理

自 1996 年两高关于诈骗罪的司法解释中首次出现"非法集资"以来，行政监管、综合治理以及刑事司法领域关于非法集资的规范层出不穷。

1. 行政监管及综合治理类规范

关于非法集资的专门规范性文件，始见于 1998 年国务院《非法金融机构和非法金融业务活动取缔办法》，其后国务院分别于 2007 年、2015 年出台《关于依法惩处非法集资有关问题的通知》《关于进一步做好防范和处置非法集资工作的意见》，为科学治理非法集资类犯罪提供了指引。而最新的规范是 2021 年 5 月 1 日施行的《防范和处置非法集资条例》。

值得注意的是，2015 年前后互联网金融乱象丛生、P2P 等各类型公司不断暴雷之时，中国人民银行牵头与相关部门共同出台了《关于促进互联网金融健康发展的指导意见》，作为规范互联网金融的重要纲领；2016 年 4 月，国务院办公厅出台《互联网金融风险专项整治工作实施方案》，并明确了各部门、各级政府的具体职责和分工，为其后的互联网金融整治工作奠定了基础。此后，各地、各部门纷纷以此为据出台相应的规范，各司其职（见表 3、表 4）。

表 3　关于非法集资的规范性文件(行政监管一)

序号	施行时间	主体/名称	文号	性质
1	1998 年 7 月 13 日	国务院《非法金融机构和非法金融业务活动取缔办法》	国务院令 247 号	行政法规
2	2007 年 1 月 8 日	国务院《关于同意建立处置非法集资部际联席会议制度的批复》	国函〔2007〕4 号	国务院规范性文件
3	2007 年 7 月 25 日	国务院办公厅《关于依法惩处非法集资有关问题的通知》	国办发明电〔2007〕34 号	国务院规范性文件
4	2015 年 10 月 19 日	国务院《关于进一步做好防范和处置非法集资工作的意见》	国发〔2015〕59 号	国务院规范性文件
5	2021 年 5 月 1 日	国务院《防范和处置非法集资条例》	国务院令 737 号	行政法规

资料来源:作者自制

表 4　关于非法集资的规范性文件(行政监管二)

序号	施行时间	主体/名称	文号	性质
1	2015 年 7 月 14 日	中国人民银行等十部门《关于促进互联网金融健康发展的指导意见》	银发〔2015〕221 号	部门规范性文件
2	2016 年 4 月 12 日	国务院办公厅《互联网金融风险专项整治工作实施方案》	国办发〔2016〕21 号	国务院规范性文件
3	2016 年 4 月 13 日	银监会等十五部门《P2P 网络借贷风险专项整治工作实施方案》	银监发〔2016〕11 号	部门工作文件
4	2016 年 4 月 14 日	中国人民银行等十七部门《通过互联网开展资产管理及跨界从事金融业务风险专项整治工作实施方案》	银发〔2016〕113 号	党内法规制度

序号	施行时间	主体/名称	文号	性质
5	2016 年 8 月 17 日	银监会等四部门《网络借贷信息中介机构业务活动管理暂行办法》	中国银行业监督管理委员会等 2016 年第 1 号	部门规章
6	2017 年 12 月 1 日	互联网金融风险专项整治工作领导小组办公室、P2P 网络借贷风险专项整治工作领导小组办公室《关于规范整顿"现金贷"业务的通知》	整治办函〔2017〕141 号	部门规范性文件

资料来源:作者自制

2.《刑法修正案(十一)》关于非法集资类犯罪的修正

一方面是关于非法吸收公众存款罪的修改。一是增加了一档法定刑,即"数额特别巨大或有其他特别严重情节的,处十年以上有期徒刑并处罚金"。这就将本罪的法定最高刑从原来的十年以下提升到十年以上;二是对三个量刑档次的罚金刑不再限制数额,即原来规定的"限额罚金"改为"不限额罚金",这就意味着此类犯罪的罚金刑不再有最高额限制,上不封顶;三是明确了从宽情形,即在提起公诉前积极退赃或减少损害结果发生的,可以从轻或减轻处罚。这旨在鼓励行为人积极退赃退赔、减少被害人损失,最大程度弥补犯罪对法益的侵害。

另一方面是关于集资诈骗罪的修改。一是大大提高起点刑,即原来起点刑为"五年以下有期徒刑或拘役"改为"三到七年",这就大幅度提升了起点刑,而且在没有减轻情节的前提下,被告人难以适用缓刑,这无疑是巨大的变化;二是大幅度提升最高法定刑,即原为"五年以上十年以下"的最高刑被改成"七年以上有期徒刑或无期徒刑";三是罚金刑的变化,从限额到不限额,这与前述非法吸收公众存款罪类似;四是增加一款"单位犯罪本罪的情形",也即明确单位也可以构成犯罪。

可见,《刑法修正案(十一)》整体上是加大了对非法集资犯罪两个罪名的刑罚力度,并严密了法网,将单位犯集资诈骗罪的情形也纳入刑法。同时,对于非法吸收公众存款罪新设了从宽情节,以利于追赃挽损。

3. 司法层面关于非法集资的规范

司法层面,除了《刑法》《商业银行法》等法律涉及非法集资外,最高司法机关也先后出台了多部司法解释(或司法解释性质的文件),为司法机关适用法律提供了及时的指导(见表5)。

表5 关于非法集资的规范性文件(司法解释类)

序号	施行时间	主体/名称	文号	性质
1	1996年12月16日	最高法《关于审理诈骗案件具体应用法律的若干问题的解释》	法发〔1996〕32号	司法解释
2	2001年1月21日	最高院《全国法院审理金融犯罪案件工作座谈会纪要》	法〔2001〕8号	司法解释性质文件
3	2010年5月7日	最高检、公安部《关于公安机关管辖的刑事案件立案追诉标准的规定(二)》	公通字〔2010〕23号	司法解释性质文件
4	2011年1月4日	最高法《关于审理非法集资刑事案件具体应用法律若干问题的解释》	法释〔2010〕18号	司法解释
5	2011年8月18日	最高法《关于非法集资刑事案件性质认定问题的通知》	法〔2011〕262号	司法解释性质文件
6	2014年3月25日	两高一部《关于办理非法集资刑事案件适用法律若干问题的意见》	公通字〔2014〕16号	司法解释性质文件
7	2017年6月2日	最高检《关于办理涉互联网金融犯罪案件有关问题座谈会纪要》	高检诉〔2017〕14号	司法解释性质文件
8	2019年1月30日	两高一部《关于办理非法集资刑事案件若干问题的意见》	高检会〔2019〕2号	司法解释性质文件

资料来源:作者自制

除此之外,另有部门规章 35 部,地方性法规、政府规章及规范性文件 890 余篇,重庆、四川、河南、上海等地司法机关也出台了关于非法集资的地方性司法文件。

(二) 行政监管与综合治理措施

2007 年,中央层面"处置非法集资部际联席会制度"成立,各地也陆续成立相应的"领导小组",这标志着对非法集资的治理进入新阶段。总结历次"部际联席会议"的公开信息,以及前文所述《关于进一步做好防范和处置非法集资工作的意见》等重要规范内容,不难发现,行政监管层面对非法集资的治理主要从以下四方面入手:

一是坚持"防打疏堵"四位一体的综合治理理念。"防打结合""疏堵结合"体现了中央政府对非法集资防范和处置工作所面临形势、问题的精准把握,为非法集资防范和处置工作指出了方向。防,就是做好非法集资风险的监测预警、日常监管、排查评估等工作,防患于未然。打,就是打早打小、露头就打,对于重点领域、重点区域、重大恶性非法集资案件依法严厉打击,充分发挥行政执法、刑事司法的震慑力。疏,就是通过改革不断提升金融服务水平,拓宽民间融投资渠道,大力发展普惠金融,有效解决金融供需两侧矛盾。堵,就是完善法规明确政策法律界限,坚决堵住各种打着生产经营、商品交易、金融创新、互联网金融等旗号实施的非法集资违法犯罪活动。防打疏堵互有联系、各有侧重,共同构成非法集资的完整治理体系。

二是构建中央统一领导下分工负责、联动协作的工作机制。首先,省级人民政府作为第一责任人,对本行政区域防范和处置非法集资工作负总责,地方各级人民政府具体落实属地管理职责,确保非法集资防范和处置各项工作组织到位、体系完善、机制健全、保障有力。其次,各行业主管、监管部门严格按照非法集资监管主体与行业监管主体直接对接的要求,切实承担起一线把关职责,把防控行业内非法集资纳入日常监管重要事项抓紧抓实。再次,通过部际联席会议、地方各级防范和处置非法集资工作领导小组组织协调对应层级的部门,形成工作合力,提升工作质效。最后,建立信息共享机制,借助全国统一的信用信息共享交换平台,推动各地区、各部门信息整合,促进信息资源互通共享。

三是依托新技术,提升事前、事中、事后监管实效。利用互联网、大数据、云计算等科技手段实现监测预警体系的更新换代,不断提升监测预警的信息化、科技化水平。同时,综合运用信用分类、定向抽查、信息披露、报告报备、风险警示约谈等监管手段,完善监管方式,强化事中事后监管,实现监管常态化、动态化。尤其值得一提的是,2020 年 7 月处置非法集资部际联席会议印发《全国非法集资监测预警体系建设规划(2020—2022 年)》[①],旨在构建线上线下紧密结合、央地平台互联互通的监测预警"天罗地网",强化科技赋能,促进关口前移,阻止非法集资风险蔓延放大,切实保护人民群众财产安全。

四是坚持以人民为中心,相信群众,依靠群众。加强宣传教育,提高广大群众对非法集资的识别能力,发挥金融机构的独特优势,指导金融机构做好非法集资可疑交易的监测报告工作,依托行业协会加强行业自律管理,促进市场主体自我教育、自我约束。同时,加强广告的监测、检查,强化媒体自律责任,加大违法广告的惩治力度,封堵非法集资资讯信息,努力营造良好的社会环境。

综上所述,不论是 20 世纪 90 年代"三金三乱"的非法集资初现[②],还是 2016 年前后 P2P 爆雷潮风波,以中国人民银行、原银监会等机构为牵头的职能部门,以及地方各级政府通力协作,亡羊补牢,及时出手,为维护金融安全和稳定,防范和化解金融风险树立了第一道屏障。

---

① 参见《银保监会:处置非法集资部际联席会议发布〈全国非法集资监测预警体系建设规划(2020—2022 年)〉》,中华人民共和国中央人民政府官网,http://www.gov.cn/xinwen/2020-07/17/content_5527710.htm, 2021 年 5 月 1 日。

② "三金三乱"是指当时地方政府为满足突增的融资需求,擅自通过批准设立金融机构、变相开办金融业务等方式大量吸收公众存款。在农村,表现为农村合作基金会、乡镇企业投资公司、供销合作社社员股金服务部的"三金"违规行为。在城市,则表现为乱批设金融机构、乱从事金融业务、乱集资的"三乱"行为。参见中国人民银行重庆营管部、浦发银行重庆分行联合课题组:《防范化解非法金融活动长效机制研究》,载《当代金融研究》2021 年第 1 期。

（三）刑事司法对非法集资的规制

除了立法和行政监管、综合治理，非法集资的最后规制手段就是刑事司法。近年来，严峻的形势使得刑事司法长期冲在打击非法集资的一线。

1. 非法集资犯罪的刑事政策

纵观多年来我国刑事司法打击非法集资的实践，并参考相关规范，可以将我国对非法集资的刑事政策总结为以下三个方面：

一是"以严为主、宽严相济"。一方面，非法集资是刑法重点打击的经济犯罪，这一点在各个时期、各个阶段都没有变，这意味着一般的非法集资犯罪都适用"从严"政策，对于严重扰乱金融管理秩序、造成较大投资额无法归还的行为人，以及非法集资犯罪当中的主犯应当从严处理。这既表现在立法上，也体现在司法过程中。立法上，《刑法修正案（十一）》对非法吸收公众存款罪、集资诈骗罪法定刑作出重大修改，大大升级了法定刑，并取消了对罚金数额的限制；司法解释不仅对"变相非法集资"实行穿透式认定，把以网络金融等幌子为掩饰的非法集资行为详细列举，还将"非法性"的前置法由"法律、行政法规"扩张到"部门规章"，对于"非法占有目的"的认定也以列举方式予以推定，这些规定无疑都将极大扩张打击范围、加大打击力度。

另一方面，特定时期、特定背景下的适当从宽。首先，《中共中央关于全面深化改革若干重大问题的决定》郑重提出："发展普惠金融。鼓励金融创新，丰富金融市场层次和产品。"其后，国家为鼓励创新创业，在普惠金融政策的指引下提倡大力发展互联网金融。在此背景下，司法机关对于行政定性尚未明朗的集资行为保持稳慎态度。其次，习近平总书记在民营企业座谈会上强调，对一些民营企业历史上曾经有过的一些不规范行为，要以发展的眼光看问题，按照罪刑法定、疑罪从无的原则处理，让企业家卸下思想包袱，轻装前进。因此，为支持民营企业发展，国家对民营企业家实施的轻微犯罪案件采取了比较宽容的态度，非法集资没有严重影响金融秩序和社会稳定的，可以从宽处理。

二是"分化打击、区别对待"。2017年《关于办理涉互联网金融犯罪案件有关问题座谈会纪要》（高检诉〔2017〕14 号）指出，"妥善把握刑事追诉的范围和边界。涉互联网金融犯罪案件涉案人员众多，要按照区别对待的原则分类处理"。2019 年两高一部发布的《关于办理非法集资刑事案件若干问题的意见》也强调，行为人的态度、情节、在共同犯罪中发挥的作用是刑事责任的重点考量要素。

首先，对于不同分工、不同作用人员区别对待。重点惩处非法集资的组织者、领导者和管理人员，对于一般员工、从事辅助协作内容的员工，应从轻或免除处罚。其次，区分不同认罪悔罪态度。对于涉案人员积极配合调查、主动退赃退赔、证成认罪悔罪的，可以依法从轻处罚。最后，同一案件中还要严格区分不同的事实，作出不同的认定。例如，2018 年 7 月发布的高检院指导性案例"杨某国非法吸收公众存款案"（检例 40 号），该案中行为人非法吸收的资金有部分确实用于生产经营、能够及时清退的，对这部分不作为犯罪认定；还例如，在"e 租宝"案的处理过程中，司法机关并没有简单地将全案的两个被告单位和 26 名自然人被告均定性为集资诈骗罪，而是根据证据事实，将具有"以非法占有为目的"的两个被告单位及丁某、张某等10 名被告人认定为构成集资诈骗罪。对于王某焕等其他 16 名被告人，鉴于难以认定他们具有"以非法占有为目的"，但是其行为违反国家金融管理法律规定，变相吸收公众存款，故认定他们的行为构成非法吸收公众存款罪。①

三是注重"三个效果"统一。司法机关办理非法集资案件过程中，始终将"防范和化解金融风险""积极参与互联网金融风险专项整治""维护社会稳定"等作为底线和原则，努力实现"政治效果""社会效果""法律效果"的统一。

从机制上看，最高司法机关无疑都是"处置非法集资部际联席会议"成员单位，也即在中央统一领导下，发挥司法职能，共同做好非法集资案件的

---

① 参见王新：《指导性案例对网络非法集资犯罪的界定》，载《政法论丛》2021 年第 1 期。

办理工作;从工作原则上看,根据相关规定,刑事司法过程中坚持"三统两分",即统一指挥协调、统一办案要求、统一资产处置、分别侦查诉讼、分别落实维稳;从司法实践看,司法机关办理非法集资类案件中,不仅承担了常规的办案任务,还要更注重追赃挽损,更重视司法文书的释法说理,同时还要承担信访接待、维稳协调等衍生的任务;从办案结果看,司法机关将充分考虑案件的政治效果和社会效果,作出稳妥、合适的处置结论。

2. 非法集资类犯罪的刑事司法现状

最高检的数据显示,2016 年至 2018 年,全国检察机关办理非法吸收公众存款罪、集资诈骗罪的案件数量呈逐年上升态势。2016 年起诉 14 745 人,2017 年起诉 15 282 人,2018 年起诉 15 302 人;涉嫌集资诈骗犯罪案件同样呈逐年上升态势,2016 年起诉 1 661 人,2017 年起诉 1 862 人,2018 年起诉 1 962 人。①

以"非法吸收公众存款罪"和"集资诈骗罪"为案由,将审理程序设置为"一审"后,从公开的数据中检索,结果显示 2015—2020 年,非法吸收公众存款罪案件数量分别为 1 844 件、3 351 件、4 741 件、4 979 件、6 213 件和 4 075件,集资诈骗罪案件数量分别为 450 件、671 件、790 件、830 件、934 件和 697件。而最高法的数据也显示,2015 年至 2017 年全国法院新收非法集资犯罪案件同比分别上升 108.23%、36.7%、6.13%;2015 年至 2017 年审结非法集资犯罪案件同比分别上升 70.1%、76.2%、22.2%。非法集资犯罪案件自 2015 年以来呈井喷式增长,虽然增幅有所放缓,但案件数量仍保持高位运行。

关于裁判结果,最高法的数据显示,2015 年至 2017 年,非法吸收公众存款犯罪案件的重刑率(判处五年有期徒刑以上刑罚的比率)分别为 23.17%、19.42%、18.4%,集资诈骗犯罪案件的重刑率分别为 75.03%、77.77%、77.22%;非法吸收公众存款案件的监禁刑率分别为 71.20%、

---

① 参见《检察机关办理非法集资犯罪案件数量逐年上升》,中华人民共和国最高人民检察院官网,https://www.spp.gov.cn/spp/zdgz/201902/t20190210_407556.shtml,2021 年 5 月 1 日。

72.91％、78.36，集资诈骗案件的监禁刑率分别为 93.44％、94.82％、93.66％。2015 年至 2017 年，集资诈骗犯罪案件的重刑率连续三年均超过 70％，监禁刑率连续三年均超过 90％，均远高于同期全部金融犯罪案件的重刑率和监禁刑率。同时依法用足用好财产刑，从经济上最大限度剥夺犯罪分子再犯罪的能力。

四、非法集资类犯罪治理存在的问题

作为治理手段的最主要两个环节，行政监管的被动与刑事司法的越位，以及二者之间的衔接不畅，是非法集资类犯罪治理过程中存在的最大问题。

（一）行政监管的被动与滞后

一是分业监管模式下协作不畅导致出现监管真空。非法集资类犯罪涉及多个部门、横跨多个地域，监管单位相互交错。如果协作不畅，就可能出现"三个和尚没水喝"的尴尬局面。①以互联网金融为例，互联网金融是传统金融依托互联网和大数据开展业务的新型金融模式，是新领域下的跨界混业经营，对其监管不仅涉及金融监管部门，还涉及通信、工商、广告监管等多个部门。面对金融业务的融合化，新型金融产品涉及领域相互交叉，传统金融机构分业监管模式受到挑战。随着互联网金融企业的大量涌入，传统监管模式责任不明、能力不足、漏洞频出的弊端进一步显现，导致涉金融互联网企业进入监管盲区。

二是"形式化"监管方式容易为监管对象所规避。一方面，金融监管范围局限于"持牌机构"，而事实上，非法金融机构通常注册为一般工商企业，因不是持牌金融机构，日常经营未被纳入金融监管视野中，往往发生重大风险才被监管机关察觉，而此时往往已造成无法挽回的社会危害和经济损失。另一方面，通过名称等外观的"形式化"判断容易被规避。面对这种"外观

---

① 参见王冠：《河南非法集资的现状、特点及其打防对策研究》，载《河南警察学院学报》2017年第 2 期。

式"监管,企业完全可以通过变更名称予以规避,即企业通过变更注册名称、经营范围等内容规避政府监管。例如,2017 年 8 月以后,带有"金融""理财""财富"等字样的企业暂停注册,但名称中带有"网络科技""信息咨询"等的公司依然可以进行注册。[①]

三是各部门监管措施之间缺乏系统性,难以有效衔接。为抑制互联网金融行业的乱象,2015 年 7 月中国人民银行等十部委下发《关于促进互联网金融健康发展的指导意见》,开启了我国互联网金融实质监管的征途。2016 年 10 月,国务院办公厅等十七个部委在一天内发布七份文件,监管政策"全面开花"。监管政策虽多,但可操作性不强,缺乏系统性监管框架及顶层设计。更值得一提的是,强监管带来的投资者恐慌,一定程度上加速了问题的爆发,昆明泛亚"日金宝"、钰城集团"e 租宝"、上海快鹿等就是很好的例证,监管进入"治乱循环"的怪圈。[②]

综上所述,作为社会治理最直接的环节,行政监管不仅需要积极主动关注和规范各类个体行为,同时更加需要在面对新生事物时,积极组织力量研究可能产生的不利后果,并主动设计出优化方案,引导新生事物发挥其积极的社会功能,避免消极因素的出现,做好预防行为的设计和实施。[③]遗憾的是,面对非法集资的变异性、多发性以及复杂性,很长一段时间内行政监管手段未能及时应对,引发民众不满。

(二)刑事规制手段的越位与异化

刑事司法是治理手段的最后一道防线,于非法集资类犯罪的治理而言也不例外。但是,纵观近年来非法集资类犯罪的治理实践,在行政监管被动与滞后、综合治理措施还未能跟进时,刑事司法通过立法上的扩张、事实上的扩大冲在了治理的第一线,并异化成以维稳、追赃为首要任务的治理手段。

---

①② 参见李兰英等:《网络涉众型经济犯罪的实证分析与应对举措——以福建省厦门市为例》,载《厦门大学法律评论》2019 年第 1 期。

③ 参见裴长利:《非法吸收公众存款罪实证研究》,复旦大学 2018 年博士学位论文,第 88 页。

1. 刑事规制手段的扩张与越位

行政监管的被动性与滞后性导致一段时期内非法集资类案件爆发式增长,在刑事司法领域的表现就是非法集资类案件数量呈几何型增长,为了应对这样的局面,司法机关不得不从规范依据角度和实际适用角度对相关罪名予以扩张适用。

前文已述,关于非法集资的司法解释以及司法解释性质的文件,先后于2010 年、2011 年、2014 年、2017 年以及 2019 年出台,各部文件之间存在细微变化。一是“非法性”的前置法依据由法律、行政法规扩张到部门规章。2010 年最高法《关于审理非法集资刑事案件具体应用法律若干问题的解释》中规定的是“违反国家金融管理法律规定”,也即前置法仅限于法律、行政法规两个层级,而排除部门规章。2017 年最高检《关于办理涉互联网金融犯罪案件有关问题座谈会纪要》基本沿袭了此种立法思路,强调非法性判断的依据是《商业银行法》《非法金融机构和非法金融业务活动取缔办法》等金融管理法律规定。但是,2019 年两高一部《关于办理非法集资刑事案件若干问题的意见》却扩张了“非法性”判断中“法”的外延,指出认定非法集资的“非法性”,应当以国家金融管理法律法规作为依据,对于只作原则性规定的,可参考部门规章等予以认定。二是“公开性”的认定由“列举式”变更为“概括式”。2010 年最高法《关于审理非法集资刑事案件具体应用法律若干问题的解释》对公开性的认定,采取媒体、推介会、传单、手机短信等“列举式”的模式,而 2014 年两高一部《关于办理非法集资刑事案件适用法律若干问题的意见》将向社会公开宣传的手段形式,修改为“以各种途径”的概括性规定,并增加了明知放任的情形,这无疑扩张了适用范围。[①]三是将“借新还旧”作为非法占有目的的推定事实,而不论其资金用途。2010 年最高法《关于审理非法集资刑事案件具体应用法律若干问题的解释》并未简单将“借新还旧”作为非法占有目的的事实基础,而认为“集资款是否用于生产经营活

---

① 参见全威巍:《互联网金融刑法规制扩大化的反思与限缩》,载《河北法学》2021 年第 1 期。

动才是证明非法占有目的的决定性要素"。①然而 2017 年最高检《关于办理涉互联网金融犯罪案件有关问题座谈会纪要》第 14 条却将"借新还旧"与"未将资金用于生产经营"并列，单独作为证明非法占有目的的事由。事实上，这样武断的结论值得商榷，因为如果行为人"借新还旧"是用于生产经营且也能够或基本能够按时还本付息，则恰恰证明了行为并无非法占有目的。

除了司法解释的扩张之外，司法适用中也存在不合理扩张。一是处罚范围扩大，即一出现不能兑付的结果就认定为"非法集资"，而不充分考虑资金是否确实用于生产经营。二是处罚对象扩大，对于一般员工、司机、勤杂工也纳入犯罪主体。三是认定的金额扩大，未限制在"实际参与"的金额范围内。②

实践中非法集资类案件往往都是以单位名义实施的，因此行为人的数量众多，犯罪圈的划定就成为必需解决的问题。一方面，首要分子或者主犯往往辩称自己未直接接触被害人，因此对向被害人集资的事实不知情。另一方面，低层工作人员则往往承认向被害人集资但辩称对是否系非法集资和是否具有非法占有的目的不知情。如果上述辩解成立，则对全部人员都不能追究其刑事责任，这显然是不妥当的。对此，实践中较为常见的观点是按照主观定罪，只要能够证明行为人主观上明知非法集资，一般就倾向于追究其刑事责任，除非其在集资组织内部从事与集资无关的低层次、一般性、非高额报酬的劳务性岗位，如保洁员、前台员、保安员，这一方面是受主观主义刑法学的影响，另一方面则是为在追赃不能情况下迎合部分被害人要求严惩犯罪分子的诉求，以致存在犯罪圈过大的问题。

2. 刑事规制手段的异化

除此之外，刑事规制手段在治理非法集资类犯罪过程中还存在功能异化的现象，也即背离"保护法益"的初衷，偏离"罪刑法定"基本原则，异化成

---

① 参见刘为波：《〈关于审理非法集资刑事案件具体应用法律若干问题的解释〉的理解与适用》，载《人民司法》2011 年第 5 期。

② 参见全威巍：《互联网金融刑法规制扩大化的反思与限缩》，载《河北法学》2021 年第 1 期。

维稳的工具。

一是维稳压力大、追赃挽损任务重。非法集资类犯罪案件由于涉及人数多、社会影响大、媒体关注度高，因此，各级党委和政府、公检法机关都十分重视，既要求依法办案，又要求妥善处理办案中遇到的各方面问题，这就给办案单位和人员提出了更高的要求，办案中的维稳工作压力大、任务重。一方面，此类犯罪案件中，由于被害人人数众多，被害人之间的利益诉求往往不一致，部分被害人要求严惩犯罪分子，而另一部分被害人为挽回损失又要求公检法机关从轻处理，为了表达诉求，往往多次信访、集中信访。另一方面，由于检察机关与被害人之间的信息沟通不畅，被害人对于检察机关的办案程序不了解，容易被他人利用，从而形成集访、闹访问题。

例如在一起集资诈骗案中，被害人担心后期查处赃款的返还是按照在检察机关登记的先后顺序进行的，为了最大限度的挽回自身损失，大量人员聚集检察机关，要求进行登记备案。再例如在办理另一起非法吸收公众存款案件中，部分人员担心查扣的赃款赃物会被检察机关依法没收上缴国库，于是相互串联，到检察机关集中信访，造成办案人员信访压力较大。另外，在部分案件中，由于被害人都是年过花甲的老年人，特别关心自己的被骗财物，时常电话信访承办司法人员，影响了办案的效率。

二是区分非法吸收公众存款与集资诈骗的原因在于"方便司法活动"。非法吸收公众存款罪与集资诈骗罪是非法集资类犯罪的两大罪名，依据法律规定，二者区分的标准在于"是否具有非法占有目的"，而实践中，囿于诸多现实因素的限制，二者实际区分的标准主要不在于法律规范，而在于"方便司法"。据有关研究，对于罪刑认定和罪名选择在个案中并不简单，亦存在较多的模糊地带，在非法集资类案件中，办案人员在维护稳定和保护财产的原则指导下，可能至少还存在以下四点考虑：其一，工作量考虑；其二，审级考虑；其三，信息披露考虑；其四，投资人诉讼地位考虑。[1]

---

[1] 参见裴长利：《非法吸收公众存款罪实证研究》，复旦大学 2018 年博士学位论文，第 83—85 页。

3. 刑罚效果与民众期待效果有较大差距

一是相对于非法集资类犯罪的巨大社会影响和严重危害性而言，其刑罚力度总体偏轻。目前，理论界对于金融犯罪配置刑罚，一方面，考虑到金融犯罪往往是贪利性的犯罪，因此，要注重财产刑的运用，以遏制其再犯的可能性。另一方面，考虑到金融犯罪仅是经济犯罪，不涉及暴力性质的犯罪，生命的价值永远高于金钱的价值取向，减少和慎用死刑。应当说，目前《刑法修正案（十一）》正是沿着上述理论界的主张进行的，这也很大程度上影响了司法实践。

当前，尽管刑法和司法解释已经对非法吸收公众存款和集资诈骗罪的定罪量刑标准作了详细规定①，但实践中处刑偏轻的问题却比较突出。就判决的情况看，以山东某地级市为例，2015 年至 2017 年三年期间，该市中级人民法院和 7 个基层人民法院共审理非法吸收公众存款案件 54 件，其中，犯罪数额在 100 万元以上的案件有 51 件，已经达到数额巨大的标准，根据刑法规定，应当判处三年以上十年以下有期徒刑，并处五万元以上五十万元以下罚金。处于三年以下量刑的人数为 27 人（2015 年 2 人、2016 年 14 人、2017 年 11 人），占判决总人数的 30%。在三年至五年期间量刑的人数达到了 50 人（2015 年 10 人、2016 年 25 人、2017 年 15 人），占判决总人数的 55.6%；在五年至十年期间量刑的人数为 13 人（2015 年 6 人、2016 年 5 人、2017 年 2 人），占判决总人数的 14.4%。②

二是协作不力的问题。非法集资犯罪案件涉及人数多、犯罪地域广、被害人分布地域也较为广泛，无论在抓获犯罪嫌疑人方面，还是查扣赃款赃物方面，又或者是在调查取证方面，都需要公检法机关之间形成跨地域的合力，尤其是公安机关，这方面的要求更为紧迫。

---

① 《刑法》第 176 条、第 192 条；《关于审理非法集资刑事案件具体应用法律若干问题的解释》第 3 条、第 5 条。
② 参见山东省滨州市中级人民法院课题组：《关于涉众型经济犯罪案件审理情况的调研报告》，载《山东审判》2018 年第 4 期。

然而，现实却是各地公安机关往往以单兵作战为主，基本依靠自身侦查力量进行侦查破案，即使进行跨地域协助，也是按照一般案件进行网上追逃、发布通缉令等限于抓获犯罪嫌疑人的工作，其他方面的工作鲜有开展。尤其是委托异地调查取证、委托异地查封、扣押、冻结有关款物等，相互协助不足，即使开展了所谓的协助，也仅是办案的公安机关派员前往异地，要求当地公安机关随从协助执行，以防止执行中遭遇地方保护主义的问题。实际上，根本没有起到提高侦查效率的目的，这种"协而不助"的问题并未解决。

　　综上所述，长期冲在一线的刑事打击效能日渐式微，难以遏制案件的不断衍生、扩散，而在资产清退过程中还时常引发影响社会安定的案外因素。

　　(三) 刑事司法与行政处罚的衔接不畅

　　一是预防不足的问题。由于非法集资类犯罪案件涉及的被害人人数众多，因此，社会上要求严惩的呼声不断，实践中，司法机关办理这类案件也往往是出于定罪量刑的考虑，至多对维稳工作加以考虑，但对于犯罪预防工作则基本上没有作为。一是没有对非法集资犯罪案件进行一定的法治宣传，目前群众一些喜闻乐见的文艺作品、微视频、说唱组合等基本是由其他行政机关组织开展，很难见到司法机关的身影。二是对于非法集资类犯罪案件中凸现的金融管理中存在的相关问题，部分司法机关采用检察建议、召开会议的方式对相关单位进行了反馈，部分单位也及时进行了回复，但缺乏长期有效的监督，尤其是没有督促相关单位形成制度并监督制度落地生根。

　　二是未能在行政处罚与刑事追诉之间形成合理梯度。相关行政法规、部门规章明确了对非法集资行为的行政处罚，作为与刑事司法形成梯度的不同程序。但遗憾的是，实践中，关于非法集资的行政处罚与刑罚适用未能形成合理梯度。按照当前规定，非法吸收公众存款入罪标准是个人 20 万（单位 100 万）以上，或者个人 30 人以上（单位 150 人以上），或者个人直接损失 10 万元以上（单位 50 万以上）；而集资诈骗罪的入罪标准是个人 10 万或单位 50 万以上,处五年以下有期徒刑或者拘役,并处 2 万以上 20 万以下罚金。而实践中的非法集资类案件要么未被查处,一旦查处其所涉金额往往大大超过上述标准。换言之,此类案件直接进入刑事司法程序,并无行政处罚介入的空间。

需要说明的是,《防范和处置非法集资条例》第 30 条规定"对非法集资人,由处置非法集资牵头部门处集资金额 20％以上 1 倍以下的罚款"以及"对其法定代表人或者主要负责人、直接负责的主管人员和其他直接责任人员给予警告,处 50 万元以上 500 万元以下的罚款。构成犯罪的,依法追究刑事责任"。可见,行政处罚的处罚金额按照非法集资金额的 20％以上 1 倍以下的比例计算已经达到"50 万—500 万",据此可推算行政处罚针对的非法集资行为的集资金额应当在"100 万—500 万"之间,已达到甚至高于目前刑事处罚的入罪标准。因此,《条例》施行后,非法集资类犯罪刑事处罚的入罪标准应有所提高。

五、非法集资类犯罪治理与信息化治理对策

2021 年处置非法集资部际联席会指出,2021 年此领域的工作重点有以下五个方面:一是认真贯彻落实《条例》,行政监管与司法打击并举并相互衔接;二是积极化解重点领域风险,包括私募基金、财富管理、房地产、养老服务、虚拟货币、涉农组织、民办学校、线上教育等,严禁以建党一百周年名义开展商业牟利和非法集资活动;三是依法稳妥处置重大案件,高压严打,果断出手,加大追赃挽损的力度;四是着力编制监测预警天罗地网,实现国家与地方平台的对接,网格化管理,常态化线下排查;五是精准有效深化宣传教育,线上线下同步,差异化精准投放。通过上述五方面措施,实现"齐抓共管、群防群治、各尽其责、通力协作"的综合治理格局。

上述措施,从宏观政策到微观措施、从行政监管到刑事司法、从事前预防到事后处置、从大案要案到重点领域、从技术监测到实地宣传,为下一步

开展非法集资类犯罪治理指明了方向。

（一）基本原则和理念

一是坚持法治思维、法治方式。严格区分非法集资与合法民间借贷、刑事犯罪与行政违法行为。要综合运用经济、行政、法律等手段，妥善处理好打击违法犯罪与服务经济发展、保护金融创新的关系，本着打击少数、教育多数的原则，对于依法不属于非法集资或者非法集资尚不构成犯罪、生产经营活动还能持续的，要积极帮扶引导企业主动整改，避免损失扩大、矛盾激化。

二是坚持宽严相济刑事政策，突出刑事打击重点。为充分发挥刑事司法的惩治和预防作用，有效遏制非法集资蔓延势头，持续保持对非法集资的高压态势，对重点领域、重点区域、重点环节的重大非法集资刑事案件必须依法严厉打击；对于为非法集资活动提供违法宣传或者充当资金掮客等重要帮助，牟取巨额非法利益，构成非法集资共同犯罪的，要依法纳入刑事打击范围；对于非法吸收的资金主要用于正常的生产经营活动，能够及时清退所吸收资金的，要依法予以从宽处理。

三是坚持维权与维稳相统一，切实维护社会稳定。在坚持集资参与人自担风险、损失自负的前提下，办案机关要做好赃款赃物追缴、保管、变现工作，清理清退工作务必公平公正、公开透明，要建立集资参与人对话机制，满足集资参与人的知情权、参与权，努力争取集资参与人的理解与支持，最大程度地挽回集资参与人的经济损失，最大限度地化解消极对抗因素。

（二）贯彻落实《防范和处置非法集资条例》

2021年5月1日正式实施的《防范和处置非法集资条例》是当前治理非法集资最直接、层级最高、最完整的法律规范，对于提升非法集资的行政处置效能，解决行政机关防范和处置非法集资的法律依据不足、手段不够等问题，具有重要意义。条例的出台是用法治的办法加强重点领域监管，有利于形成齐抓共管、群防群治、各尽其责、通力协作的非法集资综合治理格局，对于防范化解风险、保护群众合法权益,具有重要意义。前文已对《条例》实质和形式上界定非法集资作出分析,在此不再赘述。

1. 明确防范和处置非法集资的基本原则

贯彻落实党中央、国务院关于防范化解重大金融风险的决策部署,明确规定国家禁止任何形式的非法集资,对非法集资坚持防范为主、打早打小、综合治理、稳妥处置的原则。一是坚持防范为主。加强监测预警,各方按职责扎实做好商事主体登记、互联网及广告管理、资金监测等工作,及时发现非法集资风险并切断传播渠道。全方位加强防范非法集资宣传教育,增强人民群众风险防范意识和识别能力,自觉抵制非法集资,从源头上减少非法集资的发生。二是坚持打早打小。赋予处置非法集资牵头部门组织调查认定职责和相应措施手段,明确行业主管、监管部门防范和配合处置的职责,力争在萌芽阶段发现风险,在苗头状态化解隐患,防止小风险演化成大问题。三是坚持综合治理。针对非法集资涉及面广、涉众性强的特点,在坚持省级人民政府对本行政区域内防范和处置非法集资工作负总责的同时,进一步明确行业主管、监管部门应当落实部门监管职责,规定特定市场主体、行业协会商会的义务,发挥基层自治组织、新闻媒体、人民群众的监督作用,切实形成各尽其责、齐抓共管的综合治理格局。四是坚持稳妥处置。明确非法集资的调查处置职责以及跨地区非法集资案件的管辖原则,赋予处置非法集资牵头部门调查处置手段,对各类风险分别采取不同措施。对非法集资资金清退作出规定,最大程度减少集资参与人损失,维护社会稳定。

2. 关于工作机制和工作职责

一是强调省、自治区、直辖市人民政府对本行政区域内防范和处置非法集资工作负总责。明确县级以上地方人民政府建立健全政府统一领导、有关单位参加的工作机制。考虑到乡镇工作的实际情况,要求乡镇人民政府明确牵头负责防范和处置非法集资工作的人员。二是规定县级以上地方人民政府应当确立防范和处置非法集资工作机制的牵头部门,赋予其相应的调查处置权力和手段。上级地方人民政府应当督促、指导下级地方人民政府做好相关工作。三是考虑非法集资涉及各行业领域,与行业监管密切相关,要求行业主管、监管部门按照职责分工对本行业、领域非法集资履行防范和配合处置职责。四是国务院建立处置非法集资部际联席会议制度,联席会议由银保监会牵头、有关部门参加,负责督促、指导有关部门和地方开展防范和处置非法集资工作,协调解决重大问题。

3. 加强市场主体登记管理

《条例》充分总结吸收各方面经验做法,明确除法律、行政法规和国家另有规定外,企业、个体工商户名称和经营范围中不得包含"金融""交易所""交易中心""理财""财富管理""股权众筹"等字样或者内容。《条例》还规定,县级以上地方人民政府处置非法集资牵头部门、市场监督管理等部门建立会商机制,对企业、个体工商户名称或者经营范围中包含上述规定以外的其他与集资有关的字样或者内容的,予以重点关注,以便在市场主体登记管理环节及时发现和防范非法集资行为。

4. 涉嫌非法集资广告和互联网信息化管理模式

为有效切断非法集资信息传播链条,《条例》对广告发布规则、相关部门职责等规定了针对性措施:一是禁止违法发布集资类广告信息。《条例》规定,除国家另有规定外,任何单位和个人不得发布包含集资内容的广告或者以其他方式向社会公众进行集资宣传。二是明确监管职责。《条例》规定了市场监督管理、互联网信息内容管理、电信主管部门和处置非法集资牵头部门对涉嫌非法集资广告监测、涉嫌非法集资的互联网信息和网站、移动应用程序等互联网应用的监测职责以及依法查处违法行为的责任,构建非法集资广告和互联网信息治理长效机制。三是压实广告经营者、广告发布者和互联网信息服务提供者责任。《条例》规定,广告经营者、广告发布者应当依照法律、行政法规查验相关证明文件,核对广告内容,对没有相关证明文件且包含集资内容的广告,广告经营者不得提供设计、制作、代理服务,广告发布者不得发布;互联网信息服务提供者应当加强对用户发布信息的管理,不得制作、复制、发布、传播涉嫌非法集资的信息。发现涉嫌非法集资的信息，应当保存有关记录，并向处置非法集资牵头部门报告。

5. 加强非法集资监测与信息化预警

《条例》构建了立体化、社会化、信息化的监测预警体系。一是建立健全全国非法集资监测预警体系和预警机制，加强大数据监测。地方各级人民政府应当建立非法集资监测预警机制，纳入社会治安综合治理体系，运用大数据等现代信息技术手段，加强对非法集资的监测预警。行业主管部门、监管部门应当强化日常监督管理，负责本行业、领域非法集资的风险排查和监测预警。处置非法集资部际联席会议推动建设国家监测预警平台，促进地方、部门实现信息共享，加强非法集资风险研判，及时预警提示。二是充分发挥基层力量作用。群防群治是防范和处置非法集资的重要抓手，《条例》明确要发挥网格化管理和基层群众自治组织作用，要求各地、各部门畅通举报渠道，鼓励社会公众积极举报涉嫌非法集资行为，第一时间发现风险。三是抓住重点环节，建立非法集资可疑资金监测机制。国务院金融管理部门及其分支机构、派出机构按照职责分工督促、指导金融机构、非银行支付机构加强对资金异常流动情况及其他涉嫌非法集资可疑资金的监测工作；金融机构、非银行支付机构应当履行条例规定的防范非法集资义务。

6. 关于非法集资的行政调查、处置措施

《条例》明确赋予处置非法集资牵头部门组织调查、处置涉嫌非法集资行为的相关手段措施。在调查阶段，处置非法集资牵头部门有权进入涉嫌非法集资的场所调查取证，询问与被调查事件有关的单位和个人，查阅、复制与被调查事件有关的资料并依法予以封存，依法查询有关账户，要求暂停集资行为，通知市场监督管理部门或者其他有关部门暂停为涉嫌非法集资的有关单位办理设立、变更或者注销登记等；在处置阶段，处置非法集资牵头部门有权查封有关经营场所，查封、扣押有关资产，责令非法集资人、非法集资协助人追回、变价出售有关资产用于清退集资资金，按照规定通知出入境边防检查机关限制有关人员出境等。采取上述措施，旨在防止非法集资人挥霍、转移资产或者逃离出境，为处置工作顺利开展提供保障。此外，对涉嫌犯罪的，处置非法集资牵头部门应当按照规定及时将案件移送公安机关，并配合做好相关工作。

7. 非法集资资金的清退与损失承担

《条例》明确了清退资金的来源，包括非法集资资金余额、收益，非法集资人及其他相关人员从非法集资中获得的经济利益，非法集资人隐匿、转移的非法集资资金或者相关资产，在非法集资中获得的广告费、代言费、代理费、好处费、返点费、佣金、提成等经济利益，以及可以作为清退集资资金的其他资产。为尽可能多地向集资参与人清退资金，《条例》规定，非法集资人、非法集资协助人不能同时履行所承担的清退集资资金和缴纳罚款义务时，先清退集资资金。《条例》还明确因参与非法集资受到的损失，由集资参与人自行承担。

8. 明确法律责任，加大惩处力度

一是在惩处对象方面，除非法集资单位和个人外，还对非法集资单位的主要负责人和直接责任人、非法集资协助人进行处罚。同时，对未履行非法集资防范义务的广告经营者和发布者、互联网信息服务提供者、金融机构、非银行支付机构予以处罚。二是在处罚种类和处罚力度方面，按照处罚力度与危害程度相匹配原则，规定给予警告、处以罚款、责令停产停业、吊销许可证、吊销营业执照或者登记证书；加大处罚力度，对非法集资人处集资金额 20％以上 1 倍以下的罚款，对非法集资协助人处违法所得 1 倍以上 3 倍以下的罚款等。

（三）持续对涉嫌非法集资的重点领域进行"穿透式"监管和打击

随着互联网金融专项整治工作的推进和落实，民间投融资、网络借贷、理财等领域的非法集资现象得以遏制，但值得警惕的是，非法集资行为又以其他"马甲"变相出现于各类经济活动中。对此，要秉持"穿透式"理念，以"未经过批准"为形式要件判断，以"违反国家有关金融法律法规"为实质要件判断,针对实践中不断出现的新型非法集资行为予以充分的警惕,并及时出手监管和打击。

一是养老机构等涉嫌非法集资。不法分子往往通过举办所谓的养生讲座、免费体检、免费旅游、发放小礼品、亲情关爱方式骗取老年人信任,吸引老年人投资,具体可能表现为打着提供养老服务的幌子,以收取会员费、"保证金",并承诺还本付息或给付回报等方式非法吸收公众资金;以投资养老公寓或投资其他相关养老项目为名,承诺给予高额回报或以提供养老服务为诱饵,引诱老年群众"加盟投资";打着销售保健、医疗等养老相关产品的幌子,以商品回购、寄存代售、消费返利等方式吸引老年人投入资金。

二是房地产行业涉嫌非法集资。房地产行业一直是非法集资高发领域,涉及金额大、隐蔽性强,容易沉积大案要案。主要集资模式有:房地产企业违法违规将整幢商业、服务业建筑分为若干个小商铺进行销售,通过承诺售后包租、定期高额返还租金或到一定年限后回购,诱导公众购买;房地产企业在项目未取得商品房预售许可证前,有的甚至是项目还没进行开发建设时,以内部认购、发放 VIP 卡等形式,变相进行销售融资,有的还存在"一房多卖";房地产企业打着房地产项目开发等名义,直接或通过中介机构向社会公众集资。

三是以"解债服务"为名的非法集资。此类行为以提供"债事服务"为名,以化解债务纠纷为由,收取高额服务费,骗取债权人、债务人钱财。首先,以"债事咨询"为名吸引关注。所谓的债事服务机构往往以企业咨询服务公司或企业管理公司名义,宣称在债权人、债务人之间搭建中间服务平台,宣称提供"债事咨询"服务,帮助化解双方债权债务,向债权人、债务人收取高额咨询服务费。其次,以"化解债务"为诱饵诱使合作。所谓的债事服务机构以"让债务人获得有尊严的重生""让债权人实现债权的最大价值""让合作伙伴与从业人员得以幸福"为宣传噱头,开设类似银行经营网点,引诱债权人参与。最后,以"高额回报"为饵非法吸收资金。所谓的债事服务机构紧扣债事当事人减少损失或赚取利息心理,宣称在交纳一定的咨询服务费和履约保证金后可以分期实现债权或代偿债务,但所谓的债事服务机构无任何实质性经营,无法产生利润,其根本目的在于吸收公众资金。相关监管单位已明确,所谓的"解债机构"提供的"债事服务",本质上是拆东墙补西墙的非法集资"庞氏骗局"。

四是以虚拟货币、"区块链"为幌子的非法集资。2019 年 10 月,中央政治局第十八次集体学习时强调,把区块链作为核心技术创新重要突破口,加快推动区块链技术和产业创新发展,将区块链技术提升至国家战略层面。在国家的支持下,各省份地区积极响应号召,纷纷布局区块链相关产业,希望通过高新技术与利好政策推动本地区经济与金融行业的发展。随着全国各地对于区块链发展热情的提升,潜在的风险也会随之形成并集聚,社会公众对于新事物的认知缺乏,以及新事物可能带来的收益引发的投机行为,成为发展区块链最大的风险来源。

继 2017 年 9 月 4 日央行等七部委发布《关于防范代币发行融资风险的公告》后,2020 年 8 月 24 日,银保监会、中央网信办、公安部、人民银行、市场监管总局发布《关于防范以"虚拟货币""区块链"名义进行非法集资的风险提示》,这一点在前文论及"互联网金融领域的非法集资犯罪类型"时已作过总结。另外,我国刑法对"在境外向中国人发币的行为"也可以行使管辖权,只要项目实质面向境内居民开展活动,就要受到我国刑法的管辖。该提示还表明变相发行依旧有风险。在 ICO 被禁止后[①],很多区块链项目方又以 IFO、IEO、IMO 的方式发行代币[②],想以此来规避风险。但司法机关在对

---

① ICO(Initial Coin Offering),即首次代币发行,指区块链项目首次向公众发行代币,募集比特币、以太坊等主流加密货币以获得项目运作的经费。ICO 的概念源自 IPO,IPO 首次发行的是股票,获得的是法币,而 ICO 整个过程都使用加密货币。

② IFO(Initial Fork Offerings),即首次分叉发行,指通过分叉比特币等主流加密货币生成新的代币;IEO(Initial Exchange Offerings),即首次交易发行,指以交易所为核心发行代币,代币跳过 ICO,直接上线交易所;IMO(Initial Miner Offerings),即首次矿机发行,指首次通过售卖硬件/矿机来发行代币。

犯罪行为进行认定时,一般是看行为的实质,如果实质上仍是向不特定的群体吸收资金,仍然可能涉嫌非法集资犯罪。

(四)实现行政监管与刑事处罚的有效衔接

《防范和处置非法集资条例》施行后,可以通过对非法吸收公众存款罪予以适当修改,以实现对此类行为行政处罚与刑事规制的合理衔接。同时,应通过从业资格禁止的落实、刑事合规制度的施行等措施,构建非刑罚手段与刑罚手段并重的多元制裁体系。

1. 对非法吸收公众存款罪予以适当改造

一方面,本罪的入罪门槛应提高,实行"数额"与"情节"并重。前文已述,根据《条例》第 30 条对非法集资行政处罚的规定,推算行政处罚针对的非法集资行为的集资金额应当在"100 万—500 万"之间。因此,本罪的入罪标准也应提高,立案标准以个人非法吸收资金 100 万元以及单位非法吸收500 万元为宜。同时,需要增加"情节严重"或者"造成严重后果"作为辅助条件,以保障《条例》规定的行政处罚与《刑法》追究刑事责任的阶梯性衔接。另外,在罪名表述方面,非法吸收公众存款罪的罪名也可修改为"非法吸收公众资金罪",以与《条例》在非法集资术语表达保持一致,体现性质相同与定量不同的意蕴。

2. 禁止令的判决与落实

在非法集资类犯罪案件中,往往存在部分人员利用职业便利实施犯罪或者实施违背职业要求的特定义务的犯罪,因此司法机关在办理此类案件过程中,应当强化资格罚的运用,禁止行为人从事相关职业,从而加大惩治的力度,预防行为人再犯的可能性。

一是对非法集资类案件的组织、领导人员,在判决中应明确禁止其从事涉及金融的职业,针对具体的案情,甚至可以禁止其担任公司、企业的法定代表人、高级管理人员,以及其他可以实际控制公司、企业的岗位。二是对此类案件中涉及的金融行业专业人员,应禁止其从事金融行业,接触金融业务,对于行政管理法规规定应当处以暂扣、吊销职业资格处罚的,应当及时移送相关行政机关处理。三是对于相关从业禁止规定的执行落地。可以由作为法律监督机关的检察机关协调公安机关、人民法院、司法行政机关建立保证人制度、群众举报奖励制度、数据库和信息查询制度、处罚制度,对于被判处从业禁止的犯罪分子,要求人民法院在判处时要求被告人提供保证人,保证监督其履行从业禁止义务;对于执行中违反从业禁止义务的,监督司法行政机关给予群众适当奖励;监督在司法行政机关内部建立从业禁止人员数据库,免费供用人单位查询;对于用人单位明知行为人被禁止从事某项职业仍然提供该职业岗位的,以及对保证人违反保证义务的,监督公安机关给予行政处罚。

3. 建立更有效被害人权益保护机制

非法集资类犯罪多由资金链断裂而案发,一旦犯罪嫌疑人面临刑罚,将难以赔偿被害人的损失。故此,投资人权益保护及其实现是有效治理此类犯罪必须考虑的问题。

一是探索建立被害人公告登记制度。为确保刑事诉讼活动的顺利进行,不至于在刑事诉讼过程中因增加新的被害人而降低诉讼效率的问题反复发生,亟须建立被害人公告登记制度。司法机关在办理非法集资类案件过程中,应当及时向社会公告,要求有关被害人在一定期限内到司法机关登记,并提供被害事实的相关证据;公告应当在犯罪可能实施的区域内进行;公告应当采用网络、报纸、电视、新闻发布会等容易为被害人知晓的方式进行;公告期间办案期限中止计算;如被害人逾期没有登记,且不认定其被害事实并不违反罪责刑相一致原则的,对未登记的被害人的被害事实将不予认定。对于在刑事诉讼过程中未被认定的被害事实,经查证该被害事实属实的,可以按国家补偿、救助制度申请国家补偿或者救助。

二是探索建立被害人诉讼代表人制度。非法集资类案件被害人人数多、地域分布广、联系不便,因此应当及时建立被害人诉讼代表人制度。

凡是被害人在100人以上的,被害人原则上都应当选定代表人参加诉讼,代表人的人数根据案件事实的需要由司法机关具体确定,但最低不少于5人;被害人人数在100人以下的,被害人可以选定代表人参加诉讼,由代表人参加诉讼的,代表人的人数根据案件需要也可以由司法机关具体确定,但最低不少于3人;被选定的代表人应当具有诉讼行为能力,且熟悉案件事实,以有利于司法机关认定犯罪事实;诉讼代表人应当尽量广泛收集被代表的被害人的意见,尽量了解被害人的被害事实,并代表被害人接受司法机关的询问;诉讼代表人可以代表被害人委托诉讼代理人、向司法机关发表对案件的意见,代表被害人参加诉讼;刑事诉讼中被害人的诉讼代表人的行为效力不同于民事诉讼中诉讼代表人的行为效力,被害人的诉讼代表人的行为效力并非绝对及于被代表的被害人,被代表的被害人有不同意见的,司法机关应当继续听取其意见。

三是适度扩大困难被害人的国家救助制度。目前,司法机关已经建立了困难被害人的国家救助制度,但是其救助的范围基本仅限于因犯罪行为遭受人身损害的案件,对于侵财类案件、经济犯罪案件鲜有进行国家救助的尝试。然而,实践中,有些被害人因犯罪行为而遭受的损失严重,一时无法正确处理,以致自残、自杀的情况也是存在的,尤其是在非法集资类犯罪案件中,一些老年被害人投资盲目冲动、动辄将全部财产投入其中,但投资承受能力弱,被骗后往往思想压力较大,容易产生严重后果。

因此,司法机关在现有被害人救助制度的基础上,适度扩大困难被害人国家救助的范围,一方面,适度解决困难被害人的日常生活问题,为被害人提供物质上的救助,另一方面,也彰显了国家司法的温度,对被害人也是一种精神上的抚慰。另外,在条件允许的情况下,建议司法机关从被害人经济利益的修复责任出发[1],考虑探索建立经济犯罪案件中财产刑的适度反哺制度,对于查扣在案的财物,由于无法查清来源进而无法认定违法所得的,可以通过适当考虑提高财产刑、财产刑执行完毕后通过

---

[1] 参见莫洪宪、敬力嘉:《被害人保护与涉众型经济犯罪治理——以风险分配为视角》,载《人民检察》2017年第11期。

国家救助或补偿的方式对被害人的损失予以适当弥补,从而在整体上维护社会秩序。[1]

(五)促进科技监管与加强信息化防范手段

鉴于非法集资类犯罪的多发性、变异性、网络性,应从线上的科技监管与线下的宣传防范,共同铸就预防非法集资的"天罗地网"。

1. 运用信息手段加强非法集资的风险监测与信息研判

要实现非法集资,尤其是利用网络手段实施的非法集资犯罪的"早发现、早介入、早处置",就必须充分利用互联网、大数据等技术手段,畅通信息获取渠道,扭转信息不对称的格局,进行事前监测预警,在源头上防范网络涉众型经济犯罪。对此,福建厦门、江苏泰州以及北京等地,已经有过行之有效的探索。[2]

其一,积极构建非法集资风险监测机制。"互联网 +"背景下,非法集资手段联动化、跨境化、数字化趋势明显,案件数量逐渐增多,案件规模不断变大,为此,有必要建立风险监测机制,包括构建风险分析机制,通过大数据分析、大数据信息检测等手段对相应平台、企业的经营、业绩、潜在风险进行实时监测与分析,运用互联网信息技术设置异常点警报追踪,对采取的各类数据中出现的异常情况进行实时追踪和探查,及时掌握数据动态,实现风险预警监测模型的构建。

其二,积极推动风险资源共享机制。非法集资犯罪所涉及的行业范围十分广泛,涵盖了公安机关、工商管理部门、银行、电信局、宣传部门等多个单位,为进一步提高风险数据与风险资源的共享,提升办案效率,降低防范成本,有必要建立高效协调的统一风险资源管理模式,对相关金融交易活动开展检查处置,强化监测预警,对非法集资的热点、爆点、风险点进行风险评

---

① 参见相庆梅、刘冬:《涉众型经济犯罪对被害人补偿的政府角色——以"蚁力神"事件为例》,载《理论探索》2011 年第 3 期。

② 参见李兰英等:《网络涉众型经济犯罪的实证分析与应对举措》,载《厦门大学法律评论》2019 年第 1 期;单邦来:《我国非法集资打防机制创新完善的基层经验——以江苏省泰州市为例》,载《犯罪研究》2019 年第 4 期。

估和趋势预测,预测风险结果。

其三,构建非法集资风险监测平台。风险监测是预防非法集资犯罪的重要步骤,为进一步优化监测模式、及时发布风险预警,需要在建立风险监测机制的基础上,进一步研究风险监测平台的建立,运用不同信息技术,有效完成案件监测预警。例如运用区块链技术,打破传统各部门各自独立的信息孤岛,保证工商、税务、征信、法院等政府部门信息资源共享,借助区块链技术数据的保存记录,实现数据信息的溯源性,促进行刑衔接证据转化便捷化。再如运用数据挖掘技术,借助人工智能、数据库技术、机器学习等多领域理论技术分析非法集资所涉大量数据揭露数据之间的关系、趋势、模式①,通过收集整理数据,挖掘非法集资数据特征,建立监测模型。

为有效应对非法集资犯罪链条涉及的多方问题,有效化解因涉案资金在社会各领域流动而带来的风险,有必要从大局出发,紧抓重点领域、重点行业和重点涉案资金的实时数据开展及时有效的研判,并配套以数据为重要依据的立体、动态、实时预警模型,为集资犯罪的侦查布局提供科学化、可视化、全面化的依据和导向。例如通过对企业变更信息、诉讼记录、经营异常、招聘信息进行监测,能够提前预测公司的发展异常,从而为揭开金融骗局争取宝贵时间。具体而言,收集的信息内容包括主体信息,如可能涉及非法集资的公司、非法广告者、被害人;地域信息,即各相关公司的分布情况、人员所在地等;资金信息,即各大平台资金来源、资金流向,据此判断各平台的实力以及风险;侧面信息,如与上述主体密切相关的社会舆论、关联公司信息等。通过网络检索、爬虫工具、数据公司、舆论调查等手段,全面、及时、专业收集并分析上述信息,遵循系统、联动、深挖、反馈的思维,做好信息的分类与抽取、剖析与研判,完成比对、验证、反馈。②

---

① 参见王光宏、蒋平:《数据挖掘综述》,载《同济大学学报(自然科学版)》2004 年第 2 期。
② 参见孙涛、田光伟:《"互联网＋"背景下非法集资风险监测与信息研判》,载《江西警察学院学报》2019 年第 3 期。

2. 运用信息手段为办理此类案件提供扎实证据基础

通过平台大数据、云计算、挖掘算法等科技手段，对一些涉案互联网金融企业的关联公司、区域分布、变更信息、诉讼记录、经营异常、人事信息等进行技术监测分析，不仅能够甄别复杂的股权关系、揭开不透明甚至是虚假的项目面纱，为揭开骗局争取时间①，更重要的是，这些监测数据和资料也将为日后刑事司法中办理非法集资类案件提供扎实的证据。尤其是利用信息化技术开展的网络非法集资犯罪，因其借助互联网实施非法集资行为，其行为痕迹将贯穿于互联网，此时，电子证据成为破获网络非法集资犯罪的重要依据。当然，由于以数据为中心的侦查理念常常由于算法偏见、数据独裁而威胁到个人信息隐私，有必要在电子证据收集过程中合理合规开展数据收集、存储、运用。例如在收集电子证据时，应严格审批数据收集申请，授权特定人员开展证据收集，将收集过程进行全程录音录像，严格保守用户信息等。可借鉴杭州市互联网法院开设的电子证据平台，在证据和审判之间建立的一个专门的数据通道，便于电子证据有效收集、安全保全和高效提取。也可参照广州互联网法院开设网通法链系统，上线全国首个司法区块链平台，率先将电子证据司法区块链与电子存证平台深度嵌合。②运用区块链技术，将各个法院、检察院、公证处等司法机关与金融机构、企业单位、电信运营商等经营单位融合，共同组建司法区块链，利用区块链技术让信息在不可伪造、全程留痕、可以追溯、公开透明的过程中实现共享，提升电子证据的合法性。

3. 运用信息手段有针对性开展防范宣传

司法机关、行政机关应当借助两法衔接工作机制，利用办理的涉众型金融犯罪案件为原型，通过一定的加工、整理，采用报纸、电视、网络、移动终端等多种渠道，广泛宣传涉众金融犯罪的危害性以及惯用的手段，提高广大群

---

① 参见王松苗:《互联网金融犯罪规制与技术防控》，载《检察日报》2020年9月3日，第3版。

② 《6年探索实践，杭州互联网法院如何"网"出新时代》，杭州互联网法院，https://baijiahao. baidu.com/s?id=1769874936635045653&wfr=spider&for=pc，2023年6月28日。

众的防范意识。另外,借助两法衔接工作机制,司法机关应督促金融机构,在业务办理场所采用群众喜闻乐见的形式宣传打击和预防涉众金融犯罪工作,金融机构在办理业务窗口可以张贴简要的书面提醒。同时,司法机关可以参与和支持其他部门的防范涉众金融犯罪的宣传工作,可以联合公安机关开设防范涉众金融犯罪的抖音账号,制作有针对性的视听资料,同时采用说唱等多种方式创新视听资料的内容形式。当前,信息化手段宣传方式更为人们所喜爱,由于人们生产生活离不开手机终端设备,也在一些碎片化的时间接受网络信息,一种"小而精"的信息化宣传方式成为主流。一方面,要认识这种方式背后其实是文化、价值等观念,信息化仅提供手段上的助力或增效,最终需要回归到内涵上的建构,把握信息网络独有的宣传特征,不仅宣传防范非法集资等金融犯罪知识,更是透过知识、情境、情绪、认同等代入,提升法治素养;另一方面,防范宣传工作要有针对性、类型化开展,信息手段视阈下,对于数据的监测与管理可以实现对风险预警的功能,在必要时可预测非法集资犯罪发生可能性,如对犯罪风险可能性较高企业予以重点关注,企业在感受到关注度之后也会谨慎宣传,这是更有效的防范方式。

4. 运用信息手段变革非法集资犯罪案件侦查手段

伴随信息技术的加速更迭,非法集资手段愈加信息化,有必要利用信息手段探索数据侦查模式、丰富数据侦查手段、不断提升侦查效率,有效打击非法集资犯罪。一方面,转变侦查思维,探索数据侦查新模式。在互联网背景下,非法集资犯罪过程中涉及的数据信息越来越多,仅靠人力侦查手段已无法应对庞大的数据信息,有必要树立大数据侦查思维,运用信息化、大数据手段开展侦查工作。通过改变信息部门各自为战的现状,合理避免建设分散、信息壁垒、投入重复等信息化建设问题,宏观布局、融合发展,全面梳理非法集资犯罪中涉及的数据、业务、管理工作。另一方面,加强数据规则,丰富数据侦查手段。充分运用大数据技术,智能化改造传统侦查手段,通过研究案件制定数据侦查规则,整合情报、技侦、网安、治安等部门的现有数据资源和数据信息,通过一系列分析模型和分析方法的运用,归纳犯罪活动规律,建立非法集资犯罪实战分析数据模型,精准打击犯罪。

尤其是在网络非法集资案件中,大数据侦查手段更是发挥了重要的作用。网络非法集资借助了互联网平台传播速度快、资金成本低、覆盖范围广的优势,使非法集资呈现新的犯罪特征。网络非法集资通常是借当下金融发展过程中监管制度不完善、行业政策不明晰的漏洞,利用民众对新兴事物的好奇心和业务模式的不熟悉而逐渐衍生的犯罪行为,由于借助互联网虚拟空间,其犯罪行为面对的对象具有不特定性,并可通过多个网点同时募集资金,因此,互联网非法集资分布的地域更广,跨区域性的特点显著,社会危害性也更大。网络集资犯罪多以公司的形式出现,具有专门的技术团队开展各项犯罪活动,这些技术团队分工明确、架构清晰,提供各类包装、招募专业营销团队、跨省异地设点等职业化服务[1],使犯罪效率大大提高,涉案资金和涉案人数更多。而由于涉案资金账户众多,导致资金流向的梳理难度较普通非法集资犯罪更大,也使侦查难度提高。

为此,大数据侦查技术在网络非法集资案件的侦查过程中的运用十分必要。大数据侦查可以通过数据平台实现实时监测和数据抓取对比,将被动的侦查活动转变为主动的预警手段,同时,大数据侦查手段为快速、精准处理海量数据提供了可能,既提升了办案效率,也节省了人力成本,成为留存电子数据证据的重要手段。大数据主要通过发挥预警监测、情报侦查、关联分析等方式在案件侦查中发挥作用。大数据预警监测功能主要通过对已经发生的网络非法集资犯罪的规律和特征进行总结,并以此为基础建立模型,在具体侦查过程中,只要在模型公式中输入对应的数据,便能有效开展预警监测。例如北京市金融监管局通过"冒烟指数"对纳入监管系统的企业进行综合风险等级量化,有效监测企业非法金融活动风险。深圳市金融办建设深圳市金融风险监测预警平台、深圳市地方金融监管信息平台、灵鲲金融安全大数据平台,强化金融风险监测预警,稳妥处置各类金融风险隐患。

---

① 任怡:《论大数据背景下涉众型经济犯罪侦查工作机制》,载《中国人民公安大学学报(社会科学版)》2016 年第 2 期。

宁波市金融办建设金融风险"天罗地网"监测防控系统,其具备风险监测、风险预警、风险处置、机构监管等功能,能对金融风险进行全流程持续监控和动态分析。[①]大数据的情报侦查工作主要是通过网络抓取技术,对互联网空间内的数据开展"巡控",即在案件中对敏感词进行抓取从而发现犯罪,例如在"三维九度"网络传销案件中,公安机关通过数据服务系统掌握了网络传销的主要方式、人员架构、传销规则,确定传销组织和传销活动的存在,并依照法定程序对前期搜集的数据线索进行保留取证,根据大数据提供的数据线索进行转化,形成电子数据。大数据的关联分析技术则为预测关联交易、关联担保等风险开展分析,从而为有效锁定侦查中的资金查控、追赃减损提供帮助。

5. 运用信息手段构建非法资金查控平台

在非法集资犯罪过程中,涉案资金通常会流入平台实际控制人、联络人的资金账户中,通过查询账户资金,核对资金数据,侦查机关可以有效划定重点嫌疑对象,缩小侦查范围,进一步确定侦查方向,因此,资金流通动向是破获非法集资犯罪案件尤其是网络非法集资犯罪案件的重要突破口。而在互联网背景下,因信息技术交易迅捷、空间虚拟等特征,犯罪手段愈发多元,犯罪行为在一朝一夕之间便能完成,犯罪证据信息难以固定和留存,为此,有必要建立非法资金查控平台,通过整合银行、支付平台等资金数据资源,有效掌握犯罪嫌疑人的身份信息、社交情况,运用大数据技术,建立资金查控模型,对资金账户所有者、账户调动主体、资金账户特征、资金交易情况等方面的资金数据开展深入分析,从而锁定犯罪嫌疑人,及时掌握资金信息,并借助数据可视化技术,用图表形式将犯罪嫌疑人的资金流动情况、犯罪形式、账户资金变动情况等进行直观反映,制作犯罪嫌疑人犯罪资金数据模型,以确保侦查人员能在第一时间介入犯罪行为,掌握资金流向,研判资金动向,大大提高办案效率。此外,由于平台对操作对象、操作记录、操作地址

---

① 卜亚、夏小易:《监管科技的应用场景与风险防范》,载《金融科技时代》2023 年第 1 期。

均有记录，这些信息均可以成为电子数据证据，以提升案件电子数据证据的合法性和有效性。同时，资金查控平台的实时监控功能能帮助侦查人员合理研判非法资金流动方向，及时对相关资产账户进行冻结，减小损失，对追赃挽损也有一定帮助。

　　总之，非法集资类犯罪的形成，特别是从一开始的合法经营变为违法犯罪，既有国家金融政策因素，也有社会多方面的现实原因。民营企业有着强烈的资金需求而贷款渠道却十分有限，而民间资本不断累积却囿于政策现状难以获得稳定且高收益的投资，在需求与供给之间只要有联结点，二者便会互相结合，一旦遇到不良机会，非法集资类犯罪便由此产生。《防范和处置非法集资条例》的出台标志着我国对非法集资类犯罪的治理进入"齐抓共管、群防群治、各尽其责、通力协作"的新局面。可以预见，非法集资类犯罪还会结合新的金融现象、投资热点演变出新的形式，然而，万变不离其宗，治理部门必须秉持上述原则，坚持穿透式理念，从其"非法性""利诱性""公众性"等角度入手，透过现象看本质、穿透外观看内在，在罪刑法定原则的框架下实现对非法集资类犯罪的及时打击和有效治理。

图书在版编目(CIP)数据

信息化条件下特大城市犯罪治理研究 / 金泽刚,李勃著. -- 上海 : 上海人民出版社,2024. -- ISBN 978 -7-208-19212-6

Ⅰ. D917.6

中国国家版本馆 CIP 数据核字第 2024WD8133 号

责任编辑 冯 静 宋子莹
封面设计 一本好书

信息化条件下特大城市犯罪治理研究

金泽刚 李 勃 著

出 版 上海人民出版社
 (201101 上海市闵行区号景路 159 弄 C 座)
发 行 上海人民出版社发行中心
印 刷 上海商务联西印刷有限公司
开 本 720×1000 1/16
印 张 19.5
插 页 3
字 数 265,000
版 次 2024 年 12 月第 1 版
印 次 2024 年 12 月第 1 次印刷
ISBN 978 - 7 - 208 - 19212 - 6/D · 4411
定 价 88.00 元